KB244128

데일 카네기의
성공대화론

데일 카네기 시리즈 3
데일 카네기의 성공대화론 (양장본)

1판 1쇄 펴냄   2015년   2월 15일

지은이   데일 카네기
옮긴이   바른번역
펴낸이   하진석
펴낸곳   코너스톤
주소   서울시 마포구 독막로 15길 3-13
전화   02-518-3919
ISBN   979-11-85546-20-9 14320

데일 카네기 시리즈

3

데일 카네기의
성공대화론

데일 카네기 **지음** 바른번역 **옮김**

By Dale Carnegie

코너스톤
Cornerstone

시대의 변화를 이겨낸
고전 중의 고전

　모든 것이 워낙 빨리 변화하는 요즘은 불과 한두 해 전의 상품이나 기술, 노하우 등도 시대에 뒤떨어진 퇴물이 되기 십상이다. 이러한 시대상에 맞춰 성공의 방법, 대화의 기술, 인맥을 잘 형성할 수 있는 비법을 가르쳐준다는 책들 역시 하루가 멀다 하고 쏟아져나오고 있는 실정이다. 하지만 그럼에도 불구하고 약 60년 전 세상을 뜬 데일 카네기의 저서들은 아직도 많은 사람들의 사랑을 받으며, 스테디셀러 목록에 굳건히 자리를 잡고 있다. 데일 카네기가 왕성하게 활동하던 시기는 벌써 한 세기가 다 되어가는 오래전인데도 말이다. 그의 조언이 시대를 뛰어넘어 계속 사랑받는 이유는 무엇일까?

　아무리 시간이 흐르고 사회가 변한다 하더라도 인간의 기본적이고 핵심적인 자질은 변하지 않는다. 카네기가 쓴 책들은 학계의 연구자들이 쓴 책처럼 과학적 방법론에 따른 이론 전개나 학문적 성과를 주 내용으로 하고 있지는 않다. 그보다는 카네기 자신이 오랫동안 직장인, 경영자, 주부 등 많은 성인들에게 효과적인 커뮤니케이션 방법과 인간관계를 개선하는 방법을 가르쳐오면서 직접 경험으로 체득한 효과적인 기술에 대해 이야기하고 있다. 따라서 연역적이라기보다는 귀납적이고, 이론적이라기보다는 실증적이라는 특색 때문에 책을 읽는 독자들이 보다 쉽게 공감하게 된다.

카네기가 주목하고 연구한 수많은 사람 가운데는 유명 인사도 있지만, 널리 알려지진 않았더라도 자기 방면에서 성공을 거두며 행복하게 살아가는 사람도 많다. 카네기가 여러 책에서 자주 언급할 정도로 존경하던 인물은 링컨 대통령이다. 링컨 대통령은 부유한 가문 출신도 아니고, 외모가 좋았던 것도 아니었으며, 훌륭한 교육을 받은 것은 더더욱 아니었다. 상류사회 출신이 아닌지라 도움을 받을 별다른 인맥도 없었다. 대통령이 된 다음에도 많이 배우고 많이 가진 사람들로부터 무시당하기 일쑤였고, 원치 않은 결혼으로 인해 가정생활도 불행했다. 하지만 링컨은 여러 가지 불리한 점을 오히려 성공을 위한 원동력으로 삼았으며, 힘으로 밀어붙일 수 없는 약한 처지였기 때문에 매사에 정치력을 발휘할 수 있었다.

링컨 이외에도 카네기는 1세기 전 세계 각지에서 성공을 일구어낸 여러 유명 인사들에 관해 조사했다. 그러고는 그들이 성공을 일구어낼 수 있었던 작은 차이가 무엇인지에 집중했다. 카네기 스쿨을 통해 수많은 수강생들의 삶을 개선시키면서, 그들이 변화해간 드라마틱한 사례들 역시 책에 수록해놓았다.

고전이란 오랜 시간에 걸쳐 많은 사람들에게 널리 읽히면서 검증된 작품을 말한다. 고전은 시대의 변화를 이기며, 변치 않는 가치를 가진다. 아무리 시대가 급변한다 하더라도 인간사에는 변치 않는 가치, 불변의 원칙이 있기 마련이다. 그런 면에서 인간과 인간 사이의 관계에 집중한 데일 카네기의 저서들은 고전의 반열에 오른 것이 아닌가 생각된다.

수많은 고전들은 계속해서 새로 번역되곤 한다. 사실 시대적 차이 때문에 고전의 번역은 현대 저작물에 비해 녹록치 않다. 하지만 새로이 번역될 때마다 현대의 독자들이 빠르고 정확하게 이해할 수 있도록 대부분 개선되어간다. 데일 카네기의 책 역시 이미 여러 차례 번역되어 우리나라에 소개된 바 있지만, 당시의 시대상을 제대로 이해하지 못한 관계로 어이없는 오역이 심심치 않게 발견되곤 했다. 물론 이 번역본 역시 아무런 흠 없이 완벽하다고 할 수는 없겠지만, 가독성을 높이면서 카네기의 저술 원본이 가진 분위기와 메시지를 변색시키는 일이 없도록 최대한 노력했다.

성공을 향한 자신만의 길을 찾는 가장 쉽고 효과적인 방법은 자신의 멘토를 찾고 그의 삶을 들여다보는 것이다. 카네기는 자신이 가장 존경하는 링컨은 물론이고, 우리 주변, 아니 1세기 전에 행복하고 성공한 삶을 살다 간 많은 사람들의 사례와 그들의 성공 노하우를 우리에게 전해주고 있다. 이 책을 번역하며 수많은 사람들의 삶을 변화시킨 그의 조언을 간접적으로나마 전해 들을 수 있었던 것은 나로서도 큰 행운이었다.

역자들을 대표하며

바른번역 김명철

4 기억력 향상시키기

5 청중을 깨어 있게 만드는 비법

6 성공적인 연설을 위한 필수 요소

7 좋은 연설을 하기 위한 비결

13 깊은 인상과 확신을 주는 방법

14 청중의 관심을 끄는 법

15 행동을 이끌어내는 방법

1

용기와 자신감 계발하기

"용기는 남자의 최우선 자질이다."
— 다니엘 웹스터

"두려움의 눈으로 미래를 보는 것은 결코 안전하지 않다."
— E. H. 해리먼

"두려움과 상의하지 마라."
— 스톤월 잭슨의 좌우명

"가능하다는 생각을 품고 있으면, 아무리 어려운 일이라도 스스로를 격려하며 해낼 수 있다. 하지만 아무리 쉬운 일이라도 하지 못할 것이라 생각하면, 두더지가 파놓은 흙더미를 보고도 거대한 산으로 여길 것이다."
— 에밀리 쿠

용기와 자신감 계발하기

　1912년에 내가 대중 강연에 관한 교육과정을 시작한 이후로 그 과정을 거쳐간 비즈니스맨은 1만 8000명이 넘는다. 나는 그들에게 강의를 수강하게 된 이유와 강의에서 얻고자 하는 게 무엇인지를 적어달라고 요청했다. 물론 표현 방식은 모두 달랐지만, 글에 담긴 가장 주요한 욕구와 대다수 사람들이 근본적으로 원하는 것은 놀라울 정도로 비슷했다. 수천 명의 사람들은 대략 이렇게 고백했다. "많은 사람들 앞에서 말해야 할 때 사람들의 시선을 받는 게 너무 두려워서 생각도 잘 안 나고, 집중할 수 없으며, 말하려고 했던 내용도 기억나지 않습니다. 남들 앞에 섰을 때도 자신감과 평정심을 갖고 생각하는 능력이 있었으면 좋겠습니다. 사업상 회의나 사적인 모임에서 사람들에게 제 생각을 논리적으로 정리해 분명하게 말할 수 있었으면 좋겠습니다."

　구체적인 사례를 하나 살펴보자. 수년 전에 D. W. 겐트라는

한 신사가 필라델피아에서 내가 하는 대중 연설 강의를 듣게
되었다. 첫 강의 직후, 그는 점심 식사나 같이하자며 나를 제조
업체 모임에 초대했다. 그는 제조업체를 소유한 사장이었고,
교회와 지역사회에서 리더로 활동하며 적극적으로 인생을 살
아온 중년의 남자였다. 초대받은 날 함께 점심을 먹던 중, 그가
식탁 위로 몸을 굽히며 이렇게 말했다. "이런저런 모임에서 연
설 좀 해달라고 여러 번 부탁받았는데 한 번도 할 수가 없었습
니다. 안절부절못하는 바람에 머릿속이 백지처럼 텅 비어버려
평생 연설하는 걸 피해왔습니다. 그런데 이번에 대학 이사회
의장이 됐습니다. 그 모임에서는 회의를 진행해야 하니 무슨
말이라도 해야 하는데 말입니다…. 이렇게 늦은 나이에도 대중
연설에 대해 배울 수 있을까요?"

나는 이렇게 대답했다. "제 생각을 물으시는 건가요, 겐트 씨?
그건 전혀 고민할 문제가 아닙니다. 제가 알려드리는 몇 가지만
잘 따라 연습하시면 분명히 하실 수 있고, 그렇게 될 겁니다."

그는 내 말을 믿고 싶으면서도 한편으로는 내 말이 너무 희
망적이고 낙관적이라고 생각하는 듯했다. 그가 말했다. "그냥
저를 격려해주려고 하시는 친절한 말씀 같군요."

그가 교육과정을 모두 마친 뒤 우리는 한동안 서로 연락을
하지 못했다. 나중에서야 제조업체 모임에서 다시 만나 함께
점심 식사를 하게 되었다. 처음 식사했을 때와 같은 식탁, 같은
자리에 앉았다. 나는 그에게 지난번 우리가 나눴던 대화 내용
을 상기시키면서 그때 내가 너무 낙관적이었느냐고 물어보았

다. 그는 주머니에서 붉은 표지의 수첩을 꺼내더니 자신이 연설하기로 예정되어 있는 강연 목록과 스케줄을 나에게 보여주었다. 그러고는 이렇게 고백했다. "이제 저는 연설할 수 있는 능력이 생겼고, 연설하는 기쁨도 느끼게 됐답니다. 연설을 통해 지역사회에 더 크게 기여할 수 있게 되었다는 사실이 제 인생에서 가장 뿌듯한 일입니다."

우리가 만나기 얼마 전, 워싱턴에서 군비 제한을 위한 국제회의가 열렸다. 로이드 조지 영국 총리가 그 회담에 참석할 예정이라는 사실을 알게 된 필라델피아 침례교회에서는 곧 열릴 예정인 자신들의 대규모 집회에 로이드 조지를 연설자로 초대하는 전보를 보냈다. 로이드 조지는 자신이 워싱턴에 가게 되면 그 초대를 받아들이겠다는 답신을 보내왔다. 그리고 영국 총리를 청중에게 소개할 사람으로는 그 많은 필라델피아 침례교도 중에서 겐트 씨가 뽑혔다고 했다.

그는 3년 전 똑같은 식탁에 앉아서 자신이 사람들 앞에서 한 번이라도 제대로 연설할 수 있을지 나에게 진지하게 물어보던 바로 그 사람이었다!

그의 연설 실력은 특이할 정도로 빨리 좋아진 것일까? 전혀 그렇지 않다. 비슷한 사례가 아주 많이 있었다. 한 가지만 더 구체적인 사례를 들어보겠다. 수년 전에 브루클린에 거주하는 어떤 의사가(여기서는 그를 커티스 박사라고 부르자) 플로리다에 있는 자이언츠 팀 훈련장 근처에서 겨울을 보냈다. 그는 열렬한 야구 팬이어서 자이언츠가 연습하는 걸 자주 보러 갔다. 그러다 그는 팀 사람들과 꽤 친해졌고 팀 축하연에 초대를 받았다.

커피와 견과류가 나온 뒤 몇몇 저명한 손님들에게 '한마디하라'라는 요청이 있었다. 그때 폭발이 일어나듯 갑작스럽고도 예상치 못하게 사회자가 이렇게 말하는 게 들렸다. "의사 선생님 한 분이 이 자리에 참석하셨습니다. 커티스 박사님께 야구선수의 건강과 관련해서 한 말씀 부탁하겠습니다."

그는 준비되어 있었을까? 물론이다. 30년 가까운 세월 동안 위생학을 연구하고 의사로 일해왔으니 세상 누구보다도 준비가 잘되어 있었다. 그는 자기 자리에 앉아서 오른쪽 왼쪽 할 것 없이 옆에 앉은 사람에게 그 주제로 밤새도록 이야기할 수도 있었다. 하지만 똑같은 내용을 사람 수가 아무리 적을지라도 청중 앞에서 이야기하는 것은 전혀 다른 문제였다. 대중 앞에서 연설한다는 것은 그의 온몸을 마비시킬 만한 문제였다. 연설을 한다는 생각만으로 그의 심장박동 속도는 두 배로 빨라졌고, 불규칙해지기까지 했다. 평생 대중 연설을 해본 적이 없었으니, 그때까지 그의 머리를 채우고 있던 모든 생각이 빠르게 증발하기 시작했다.

어떻게 해야 하는 걸까? 청중들은 박수를 치고 있었다. 모두가 그를 쳐다보고 있었다. 그는 고개를 저었다. 하지만 고개를 젓자 박수 소리는 오히려 더 커졌고, 연설 요청은 더 늘어날 뿐이었다. "커티스 박사님! 연설! 연설!" 하는 외침이 점점 더 커졌고, 더 뚜렷해졌다.

너무나 괴로운 상황이었다. 일어나면 대여섯 문장도 꺼내지 못하고 주저앉을 거라는 사실을 알았다. 그래서 그는 일어난 다음 단 한마디도 하지 않은 채 그의 친구들에게 뒷모습을 보이며 조용히 연회장 밖으로 걸어 나갔다. 너무나 무안하고 창피한 순간이었다.

그가 브루클린으로 돌아와서 가장 먼저 한 일 가운데 하나는, 나의 대중 연설 강의에 등록한 것이라는 사실은 놀랄 일도 아니다. 얼굴이 시뻘개져서 아무 말도 못하게 되는 상황을 두 번 다시 겪고 싶지 않았던 것이다.

그는 상당히 성실해서 강사를 기쁘게 하는 부류의 수강생이었다. 연설할 수 있는 능력을 갖추기 위해 대충하려는 생각은 조금도 없었다. 연설 내용을 철저하게 준비했고, 의욕적으로 연습했으며, 강의에 단 한 번도 결석한 적이 없었다.

그와 비슷한 학생들이 언제나 그렇듯이, 그는 스스로도 놀랄 정도의 속도로 자신이 희망하던 경지를 넘어섰다. 강의를 몇 번 듣고 나자 긴장감은 줄어들었고, 자신감은 점점 더 늘어났다. 두 달이 지나자 그는 수강생 모임에서 가장 뛰어난 발표자가 되었다. 그리고 이제는 연설이 주는 느낌과 흥분, 연설로 얻게 되는 명성과 새 친구들을 너무 좋아하게 되었으며, 외부로부터 강연 요청도 받기 시작했다.

커티스 박사의 대중 연설을 듣고 공화당 뉴욕 시 선거위원회 위원 중 한 명이 그에게 뉴욕에서 공화당 선거 유세를 해달라고 부탁했다. 그 사람이 1년 전만 해도 청중이 두려워서 아무 말도 하지 못한 채 부끄럽고 당황한 모습으로 자리에서 일어나 연회장을 떠난 적이 있다는 사실을 알게 된다면, 그 정치인은 얼마나 놀랄까!

자신감과 용기를 갖고 여러 사람 앞에서 연설하는 동안 침착하고 명확하게 생각하는 능력은 대부분의 사람들이 생각하는 것의 10분의 1만큼도 어렵지 않다. 그 능력은 하나님의 섭리에 의해 선택된 소수의 사람들에게만 주어지는 재능이 아니다. 그 능력은 골프를 치는 것과 같다. 누구나 하고자 하는 의지만 충분하다면 자신이 갖고 있는 잠재된 능력을 계발할 수 있다.

청중 앞에 서 있을 때는 앉아 있을 때만큼 생각을 잘할 수 없는 무슨 타당한 이유라도 있다고 생각하는가? 모두들 알다시피 그래야 할 이유는 없다. 실제로는 청중 앞에 있을 때 생각을 더 잘해야 한다. 청중이 있다는 사실이 자극이 되고, 그로 인해 의욕이 생겨야 한다.

상당히 많은 연설가들이 청중이 있을 때 자극과 영감을 받고, 두뇌 작용이 더 뚜렷하고 날카로워진다고 말한다. 그런 순간에는 자기 안에 있는지도 몰랐던 생각과 사실과 아이디어가 헨리 워드 비처의 말처럼 "연기 날리듯 떠오르게" 된다. 그러면 사라지기 전에 팔을 뻗어서 잡기만 하면 된다. 이런 경험은 직접 해봐야 한다. 연습하고 인내한다면 당신도 할 수 있다. 즉 청중에 대한 두려움이 조금씩 사라지고, 자신감과 용기를 얻게 될 거란 사실만큼은 확신해도 좋다.

당신이 처한 상황이 유별나게 힘들다고 생각하지 마라. 나중에 가장 뛰어난 연설가로 한 시대를 풍미했던 사람들조차도 사회생활을 처음 시작했을 때는 눈앞을 가리는 두려움과 소심함 때문에 괴로워했다.

수많은 전투를 경험한 용사인 윌리엄 제닝스 브라이언도 처음에는 떨려서 무릎이 후들거릴 정도였다고 한다. 마크 트웨인도 처음으로 강의하기 위해 일어섰을 때는 입 안에 솜이 한가득 들어 있는 것 같았고, 맥박은 우승컵을 향해 뛰어가듯 빨라지는 것 같은 느낌이었다.

그랜트 장군은 남북전쟁 당시 빅스버그를 점령하면서 군대를 승리로 이끌었다. 하지만 대중 앞에서 연설을 하려고 하자, 마치 운동 실조증에 걸린 환자처럼 몸을 마음대로 움직일 수 없었다고 고백했다.

지금은 고인이 되었지만, 살아 있는 동안 프랑스에서 동시대인들 중 가장 권위 있는 정치 연설가였던 장 조레스는 프랑스 국민회의에서 1년 동안 아무 말도 하지 못한 채 앉아 있은 다음에야 첫 연설을 할 수 있을 정도의 용기를 갖게 되었다.

또한 로이드 조지는 이렇게 털어놓기도 했다. "처음으로 대중 연설을 하려 했을 때는 정말이지 고통스러울 정도였습니다. 혀가 입천장에 착 달라붙어 떨어지지 않더군요. 비유해서 말하는 게 아니라 진짜 말 그대로입니다. 처음에는 정말 한마디도 할 수가 없었습니다."

남북전쟁 때 잉글랜드에서 북군의 대의와 노예해방을 옹호했던 저명한 영국인 존 브라이트는 학교에 모인 시골 사람들 앞에서 처음으로 연설을 하게 되었다. 연설을 망칠까 봐 너무도 두려웠던 그는 같이 가던 동료에게 자기가 긴장해서 불안해하는 모습을 보일 때마다 박수를 쳐서 기운을 북돋아달라고 부탁했을 정도였다.

아일랜드의 위대한 지도자인 찰스 스튜어트 파넬 또한 대중 연설을 시작하던 초창기에는 아주 많이 긴장했다. 그의 형의 말에 따르면, 그는 너무 긴장한 나머지 주먹을 불끈 쥐었는데 손톱이 살을 파고들어 손바닥에 피가 날 정도였다고 한다.

디즈레일리는 처음으로 하원 의원들 앞에 섰을 때 차라리 기병대를 이끌고 돌격하는 게 낫겠다고 생각했다. 하원에서 그가 했던 개회 연설은 끔찍할 정도로 완전 실패했다. 셰리든의 개회 연설도 마찬가지였다.

실제로 영국에서 유명한 연설가들은 대부분 첫 연설에서 형편없는 경우가 많았다. 그래서 영국 의회에서는 젊은 청년이 첫 연설을 성공적으로 마치는 사례를 불길한 징조로 여기는 분위기가 있다. 그러니 기운 내시라.

나는 오랫동안 정말 많은 연설가들의 발전 과정을 지켜보고 또 조금씩 도와주다 보니, 수강생들이 처음에 어느 정도 긴장하고 불안해하며 동요하는 모습을 보면 오히려 더 반가웠다.

업무 회의에서 20명 정도의 남녀를 앞에 두고 발표할지라도 어느 정도의 책임의식과 압박, 충격, 흥분을 느끼기 마련이다. 연설가는 경주마가 재갈을 꽉 물고 있듯이 긴장하고 있어야 한다. 2000년 전 불후의 인물 키케로가 말했듯이, 정말 가치 있는 대중 연설에는 긴장감이라는 특징이 있다.

연설가들은 라디오 방송에서 말할 때조차도 자주 긴장하곤
한다. 이런 증세를 보통 '마이크 공포증'이라고 한다. 찰리 채
플린은 라디오 방송을 할 때 할 말을 전부 적어둔 대본을 갖
고 있었다. 그는 물론 청중이 낯설지 않았다. 지난 1912년에는
'연주회장에서의 하룻밤'이라는 보드빌 스케치로 미국 전역을
돌며 순회공연을 했다. 그전에 영국에서는 정식 연극 무대에
출연하기도 했다. 하지만 방음벽이 있는 방에 들어가 마이크를
잡자, 그는 눈보라가 몰아치는 2월에 대서양을 횡단하는 사람
과 같은 기분이 들었다.

유명한 영화배우이자 감독인 제임스 커크우드도 비슷한 일
을 경험했다. 그는 강연 무대에서만큼은 스타였지만, 보이지도
않는 청중들을 향해 말한 다음 방송실을 나와서는 이마에 맺힌
땀을 닦아냈다. 그러고는 이렇게 털어놓았다. "브로드웨이에
서 공연하는 첫날도 이보다 훨씬 쉬웠습니다."

어떤 이들은 연설을 아무리 자주 해도 연설 시작 전마다 이
런 지나친 자의식을 느낀다고 한다. 하지만 연설하려고 일어난
후 몇 초만 지나면 그런 느낌은 없어진다.

링컨조차도 연설을 시작하면서 두려워한 적이 몇 차례 있었
다. 그의 동료 변호사인 헌던은 이렇게 이야기한다. "링컨은 처
음에는 아주 서툴러서 주변 환경에 적응하느라 정말 고생했던
것 같아요. 자신도 없었고, 지나치게 예민하다는 생각 때문에
점점 더 불편해졌죠. 저는 그 시기에 링컨을 자주 만나면서 위
로해주었습니다. 연설을 시작할 때 링컨의 목소리는 피리 소리

처럼 높아져서 별로였어요. 그만의 방식, 태도, 어둡고 누렇고 주름지고 건조한 얼굴, 특이한 자세, 자신 없는 행동, 이 모든 게 불리해 보였지만 잠깐 동안만 그랬던 거죠." 얼마 지나지 않아 링컨은 침착하고 따뜻하고 진지한 모습을 되찾았고, 그때부터 진정한 자기만의 연설을 시작했다.

당신도 이와 비슷한 경험을 하게 될 것이다. 대중 앞에서 연설을 잘하는 사람이 되려고 노력한다면, 그것도 신속하고 효율적으로 최대의 성과를 얻고 싶다면 다음의 네 가지 요소가 필수적이다.

첫째, 강하고 집요한 의욕을 갖고 시작하라

의욕은 당신이 생각하는 것보다 훨씬 중요하다. 강사가 당신의 생각과 마음을 들여다볼 수 있어서 의욕이 어느 정도인지 알아낼 수만 있다면, 당신이 얼마나 빨리 발전할 수 있을지 거의 정확히 예측할 수 있을 것이다. 의욕이 떨어지고 무기력하다면, 그 성과의 강도나 지속성도 그와 비슷할 것이다. 하지만 고양이가 생쥐를 쫓듯 끈질기게 에너지를 쏟고 목표를 향해 나아간다면, 이 세상에 그 어떤 것도 당신을 막지 못할 것이다.

그러므로 이 주제에 관해 자기 훈련에 열정을 쏟아라. 그 혜택들을 열거해보라. 대중 앞에서 더 설득력 있게 말할 수 있는 능력과 더 커진 자신감이 어떤 영향을 줄지 생각해보라. 금전적인 측면에서 영향을 미칠 수 있으며, 또 반드시 영향을 미치게 된다는 점을 명심하라. 그로 인해 친구가 달라지고, 자신의 영향력이 커지며, 리더십을 갖춘다는 것이 무엇을 의미하는지 생각해보라. 당신이 생각하거나 상상할 수 있는 다른 어떤 활동보다도 이를 통해 더 빨리 리더십을 갖추게 될 것이다.

천시 M. 드퓨는 이렇게 말했다. "누구나 갖출 수 있는 능력 가운데 다른 사람들의 마음에 들게 말할 수 있는 능력만큼 빨리 출세하고 인정받는 방법은 없다."

필립 D. 아머는 엄청난 부를 축적한 후에 이렇게 말했다. "위대한 자본가보다는 위대한 연설가가 되는 편을 택하겠습니다."

위대한 연설가가 되는 것은 교육을 받은 사람이라면 거의 모두가 열망하는 능력이다. 앤드류 카네기가 사망한 후, 서류 뭉치 속에서 그가 서른세 살 때 만든 인생 계획이 발견되었다. 당시에 그는 2년 후부터 매년 5만 달러씩 벌어들일 수 있을 정도로 회사를 키울 수 있을 것으로 기대하고 있었다. 그리고 서른다섯 살에 은퇴해서 옥스퍼드 대학에 진학해 제대로 공부하고, '대중 앞에서 연설하는 일에 특히 관심을 기울이기로' 마음먹고 있었다.

이렇듯 새로운 능력을 실행에 옮김으로써 느끼게 될 만족과 기쁨을 생각해보라. 나는 세계 여러 곳들을 여행했고 수없이 다양한 일들을 경험했지만, 완전하고도 오래도록 내면적인 충족감을 느끼고 싶다면 청중들 앞에 서서 그들이 당신의 주장을 좇아오게 하는 일만 한 것도 없다고 생각한다. 그러다 보면 당신은 자신이 강하다는 생각이 들 것이다. 자신의 능력을 더 자랑스러워하게 될 것이다. 당신은 보통 사람들과 구분되고, 그들보다 높이 평가받게 될 것이다. 그 일에는 신비로운 매력이 있고, 절대로 잊지 못할 황홀함도 있다. 한 연설가는 이렇게 털어놓았다. "연설을 시작하기 2분 전에는 연설을 하느니 차라리 매를 맞는 게 낫겠다 싶지만, 연설이 끝나기 2분 전이 되면 끝내느니 차라리 총을 맞는 게 낫겠다 싶어요."

그 모든 노력에도 불구하고 어떤 이들은 마음이 약해져서 중도에 포기한다. 하지만 당신은 대중 앞에서 연설한다는 것이 자신에게 어떤 의미인지를 계속 생각하면서 열정이 최고조가 되도록 해야 한다. 당신이 결국에는 성공할 수 있도록 열의를 갖고 이 과정을 시작해야 한다. 여기 이 글을 읽기 위해 일주일에 하룻밤을 따로 정해두어라. 앞으로 전진하는 일은 가능한 한 쉽게 하고, 되돌아가는 일은 가능한 한 어렵게 하라.

율리우스 카이사르가 자신의 군대를 이끌고 갈리아 지방에서 배를 타고 해협을 건너 지금의 영국 땅에 상륙했을 때, 전쟁에서 확실히 승리하기 위해 무엇을 했을까? 그는 영리하게도 병사들을 60미터 아래 파도가 몰아치는 바다가 내려다보이는 회백색 석회암 절벽 위에 세워놓은 다음, 그들이 타고 온 배가 전부 시뻘건 불길에 휩싸이는 걸 지켜보도록 했다. 적의 땅에서 대륙과의 마지막 연결 고리가 없어졌으니, 되돌아갈 최후의 수단이 다 타버렸으니 남은 건 전진하고 정복하는 일밖에 없었다. 그리고 그들은 정말 그 일을 해냈다.

이것이 바로 불후의 영웅 카이사르의 정신력이었다. 청중에 대한 어리석은 두려움을 없애버리려는 이 전쟁에서 당신도 그의 정신력을 본받으면 어떨까?

둘째, 무엇에 대해서 말할 것인지 철저하게 알고 있어야 한다

자신이 할 말을 깊이 생각해야 한다. 제대로 계획하지 못했 거나 무슨 말을 해야 할지 잘 모른다면 청중들 앞에서 편안해 질 수 없다. 이는 눈 먼 사람이 다른 눈 먼 사람을 안내하는 것 과 같다. 이런 상황에 처한 연설가는 스스로를 돌아봐야 하고, 뉘우쳐야 하고, 자신이 소홀했음을 부끄러워해야 한다.

시어도어 루스벨트는 《자서전》에서 이렇게 썼다. "1881년 가을에 주 의회 의원으로 선출됐을 때, 의원들 중 내가 가장 젊 다는 사실을 알게 되었다. 다른 젊은이들이나 경험이 부족한 의원들과 마찬가지로 연설은 혼자 배우기가 굉장히 힘들었다. 그러던 중 웰링턴 공작의 말을 자기도 모르게 쉬운 말로 바꿔 표현하는(웰링턴 공작도 틀림없이 다른 누군가의 말을 쉽게 바꿔 표현했겠지 만) 어떤 고집 센 시골 영감님의 조언이 큰 도움이 되었다. 그는 '할 말이 있다는 게 확실해졌을 때, 그리고 말할 내용이 뭔지를 정확히 파악했을 때 연설하고 자리에 앉게'라고 조언했다."

이 '고집 센 시골 영감'은 루스벨트에게 긴장감을 극복하기 위한 또 하나의 조언을 해주었어야 했다. 이런 말을 덧붙였어 야 했던 것이다. "청중 앞에 섰을 때 뭔가 할 일을 찾을 수 있다 면, 가령 어떤 물건을 보여준다든지, 칠판에 단어를 쓴다든지, 지도 위에 한 지점을 가리킨다든지, 탁자를 옮긴다든지, 창문 을 활짝 열어젖힌다든지, 책이나 종이뭉치의 자리를 바꾸는 등의 의도적인 행동을 할 수 있다면, 마음이 편안해지면서 부끄러움을 떨쳐버리는 데 도움이 될 거라네."

그런 행동을 하기 위한 구실을 찾기가 항상 쉬운 건 아니지만, 어쨌든 충고의 내용은 그러하다. 가능하다면 충고를 따르되 처음 몇 번만 따르도록 하라. 아기가 일단 걸음마를 배운 다음에는 의자를 붙잡을 일은 없다.

셋째, 자신 있게 행동하라

미국 출신의 가장 유명한 심리학자 중 한 명인 윌리엄 제임스 교수는 다음과 같이 썼다.

"행동이 감정을 따르는 것 같지만 사실 행동과 감정은 동시에 발생한다. 그래서 우리는 인간의 의지로 직접 제어할 수 있는 행동을 통제함으로써 의지의 영향을 받지 않는 감정을 간접적으로나마 통제할 수 있다.

따라서 좋은 기분이 사라졌을 때 스스로의 힘으로 기분을 좋게 하기 위해서는, 자세를 바로잡고 이미 기분이 좋아진 것처럼 말하고 행동하는 것이다. 그렇게 말하고 행동해도 기분이 좋아지지 않는다면, 그때만큼은 어떻게 해도 기분이 좋아질 수 없다.

그러므로 용감해지기 위해서는 용감한 사람처럼 행동하고, 그 목표를 위한 의지력을 최대한 발휘하라. 그러면 뜻하지 않은 용감함이 뜻하지 않은 두려움을 대신하게 될 가능성이 아주 높아질 것이다."

　제임스 교수의 조언을 적용해보라. 청중을 마주할 때 용감해지기 위해서는 이미 용기가 있는 사람처럼 행동하라. 물론 준비가 되어 있지 않다면, 아무리 이런저런 행동을 다 해봐도 별소용이 없을 것이다. 하지만 무슨 말을 해야 할지 알고 있다면, 씩씩하게 밖으로 나가서 크게 심호흡하라. 실제로는 청중과 처음 대면하기 전에 30초 동안 크게 심호흡을 하라. 산소 공급이 늘어나면서 기분이 좋아지고 용기가 생길 것이다. 위대한 테너인 장 드 레즈케는 호흡을 충분히 깊게 해서 '그 위에 앉을 수 있을 정도'가 되면 긴장감이 사라진다고 말했다.

　중앙아프리카의 퓰라니 족 젊은이들은 성인이 되어 부인을 맞이하려면 채찍질당하는 의식을 거쳐야만 한다. 부족의 여인들이 북소리에 맞춰 노래하면, 허리까지 아무것도 걸치지 않은 지원자가 앞으로 걸어 나온다. 그러면 갑자기 한 남자가 무시무시한 채찍을 들고 그에게 다가가 악마처럼 지원자의 맨몸에 채찍질한다. 채찍으로 맞은 자리에는 자국이 남고, 때로는 피부가 찢겨져 피가 흐르기도 한다. 평생 지워지지 않는 상처가 만들어지는 것이다. 이런 고통을 당하는 동안 마을의 존경받는 원로는 그 지원자 가까이 앉아서 그가 움직이거나 조금이라도 고통스러운 모습을 보이는지 확인한다. 채찍질당하는 지원자가 이 시험을 무사히 통과하기 위해서는 고통을 견디면서 동시에 성스러운 노래도 불러야 한다.

　어느 시대, 어느 지역에서나 사람들은 항상 용기를 동경해왔다. 그러므로 가슴속에서 심장이 아무리 쿵쾅거릴지라도 용감하게 큰 걸음으로 앞으로 나아가서 멈춘 다음, 이 상황을 정말 즐기고 있다는 듯 행동하라.

몸을 위로 쭉 뻗어서 키가 최대한 커 보이게 하고, 청중들의 눈을 똑바로 쳐다보고, 그들 하나하나가 당신에게 갚아야 할 돈이 있는 것처럼 자신 있게 이야기를 시작하라. 그들이 당신에게 빚을 졌다고 상상하라. 빚 갚을 날짜를 미뤄달라고 당신에게 간청하기 위해 모였다고 상상하라. 그렇게 하면 심리적으로 도움이 될 것이다.

불안하게 코트 단추를 채웠다 풀었다 하지 말고, 묵주나 목걸이를 갖고 장난치지 말고, 손으로 이것저것 만지작거리지도 마라. 불안한 행동을 꼭 해야만 한다면, 아무도 볼 수 없게 양손을 등 뒤에 놓고 손가락을 비틀거나 발가락을 꼼지락거려라.

일반적으로 연설자가 가구 뒤로 숨는 일은 좋지 않지만, 처음 몇 번 정도는 탁자나 의자 뒤에 서서 가구를 꽉 붙잡는다거나 손바닥 안에 동전을 넣어 꽉 쥐고 있으면 용기가 조금 생길 것이다.

시어도어 루스벨트는 특유의 용기와 독립심을 어떻게 발전시켰을까? 대담한 모험심을 타고난 것일까? 절대 그렇지 않다. 《자서전》에서 루스벨트는 다음과 같이 털어놓았다. "나는 어렸을 때부터 꽤나 병약하고 수줍음이 많아서, 청년 시절에도 처음엔 내 자신의 능력을 신뢰하지 못하고 불안해했다. 신체뿐만 아니라 영혼이나 정신도 힘들고 고통스럽게 연마해야만 했다."

다행히도 그는 어떻게 변화할 수 있었는지에 대해 다음처럼 설명했다. "어렸을 때 매리엇이 쓴 책에서 어떤 구절을 읽고 아주 깊은 감명을 받았다. 그 글에서 어떤 작은 영국 군함의 함장이 주인공에게 어떻게 하면 대담해질 수 있는지에 대해 설명해주고 있었다. 작전에 참가하게 되면 처음에는 누구나 겁을 먹게 된다. 그러면 스스로 마음을 굳게 다잡고 전혀 겁나지 않는 것처럼 의식적으로 행동해야 한다. 그런 태도를 오래 지속하고 나면 거짓된 행동이 현실로 바뀌게 된다. 두려움을 느낄 때, 두려움을 느끼지 않는 연습을 하는 것만으로도 정말로 두려움이 없어지게 되는 것이다(나는 매리엇의 말을 그대로 인용하지 않고, 내 표현 방식대로 바꾸어 표현하고 있다).

이것이 내가 실천에 옮긴 원리였다. 회색 곰에서부터 '사나운' 말과 총잡이까지 처음엔 두려워하는 대상의 종류가 엄청 다양했지만, 그 대상들을 두려워하지 않는 것처럼 행동함으로써 점차 두려움이 없어지게 되었다. 대부분의 사람들도 마음만 먹으면 나처럼 될 수 있다."

당신도 원한다면 루스벨트와 똑같은 경험을 할 수 있다. 마셜 포슈는 이렇게 말했다. "전쟁에서 가장 좋은 방어는 공격이다." 따라서 두려움에 맞서서 두려움을 공격하라. 기회가 있을 때마다 아주 대담한 마음으로 두려움을 만나고, 두려움과 싸우고, 두려움을 정복하라.

메시지를 결정하라. 그런 다음 자신이 메시지를 전달하도록 지시받은 웨스턴 유니언(미국의 전보 통신 회사―옮긴이) 배달부라 생각하라. 우리는 배달부에게는 거의 신경 쓰지 않는다. 우리가 원하는 것은 전보의 내용이다. 메시지가 가장 중요하다. 메시지를 염두에 둬라. 메시지를 마음속에 담아둬라. 메시지를 속속들이 파악하라. 메시지를 진지하게 여겨라. 그런 다음에 그 메시지를 말하고야 말겠다고 단단히 각오한 것처럼 연설하라. 그렇게 하면 곧 연설의 달인이 되고, 틀림없이 자기 자신의 주인이 될 것이다.

넷째, 연습하라! 연습하라! 연습하라!

여기서 강조해야 할 마지막 요소는 단연코 가장 중요하다. 지금까지 읽은 내용을 전부 다 잊어버릴지라도, 연설에서 자신감을 키우는 최초의 방법이자 최후의 방법이며 결코 실패하지 않는 방법은 실제로 연설을 해보는 것이라는 사실을 잊지 마라. 진정 모든 문제는 결국 단 하나의 핵심 사항, '연습하고, 연습하고, 또 연습하라'로 요약된다. 이것이야말로 '시네 쿠오 논(sine quo non)', 즉 '없어서는 안 될' 최고의 필수 조건이다.

루스벨트는 이렇게 경고했다. "어떤 초심자든 '사냥감 열병'을 느끼기 쉽다. '사냥감 열병'이란 강렬한 정신적 흥분 상태를 의미하는 것으로 소심함과는 완전히 다르다고 할 수 있다. 이 열병은 처음으로 사슴을 목격한 사냥꾼이나 처음으로 전투를 하게 된 병사와 마찬가지로 처음으로 많은 청중들에게 연설을 해야 하는 사람에게 발병할 수 있다. 그런 사람에게 필요한 건 용기가 아니라 마음의 조절, 즉 냉정이다. 냉정은 실제 연습을 통해서만 얻을 수 있다. 습관과 반복적인 자기 제어를 연습함으로써 자신의 마음을 완벽하게 조절할 수 있어야 한다. 이는 꾸준한 노력과 의지력을 실천한다는 의미로, 대체로 습관의 문제다. 누구든지 자기 안에 의지만 있다면, 의지력을 실천할 때마다 점점 더 강해질 것이다."

그러므로 인내심을 갖고 노력하라. 주중에 업무상의 일로 너무 바빠서 준비를 미처 못했다는 이유로 이번 주 교육에 참가하지 않겠다는 생각은 하지 마라. 준비했건 준비하지 못했건, 참가하라. 일단 교육과정에 참가해 강사나 같은 반 사람들 앞에 선 후, 그들이 당신을 위한 주제를 제시하도록 만들어라.

청중에 대한 두려움을 없애고 싶은가? 무엇이 청중에 대한 두려움을 유발하는지 함께 살펴보자.

로빈슨 교수는 《정신의 형성》에서 이렇게 말한다. "두려움은 무지와 불확실성에서 유발된다." 다시 말해 두려움은 자신감이 부족해서 생기는 결과다.

그러면 자신감 부족은 왜 생기는가? 자신이 무엇을 제대로 할 수 있는지 모르는 것이 자신감 부족의 결과로 이어진다. 그리고 무엇을 할 수 있는지 모르는 이유는 경험이 부족해서다. 성공했던 경험이 자신의 경력에 쌓이게 되면, 눈부신 7월의 태양이 밤안개를 증발시키듯 두려움은 사라지게 될 것이다.

분명한 사실을 하나 말하자면, 수영을 배우기 위해서는 물속에 첨벙 뛰어드는 게 일반적인 방법이다. 당신은 이 책을 충분히 오랫동안 읽었다. 이제 책은 옆으로 밀어놓고 정말로 해야 할 일을 해보는 건 어떨까?

　가급적이면 여러 가지 주제 중에서도 잘 아는 주제를 한 가지 골라서 3분짜리 연설을 만들어보라. 혼자서 여러 번 연설을 연습해보라. 그런 다음 자신의 능력이 닿는 데까지 최대한 노력하고, 가능하다면 연설을 들려주고자 했던 사람들이나 친구들 앞에서 직접 연설해보라.

용기와 자신감 계발하기

1. 수천 명의 사람들이 대중 연설 교육을 받고 싶은 이유와 그 교육을 통해 얻고 싶은 게 무엇인지를 써주었다. 거의 모든 이가 불안감을 떨쳐내고, 일어서서 자신이 생각한 바를 말하고, 사람들 수가 몇 명이든 그들 앞에서 자신 있게 연설하고 싶다고 했다.

2. 이런 능력을 갖추는 일은 어렵지 않다. 이 능력은 신의 뜻에 따라 몇 안 되는 사람들에게만 주어지는 타고난 재능이 아니다. 골프를 칠 줄 아는 능력과 마찬가지로, 하고자 하는 의욕만 충분하다면 누구든지 자신의 잠재된 능력을 발전시킬 수 있다.

3. 대부분의 뛰어난 연설가들은 한 사람과 대화할 때보다 여러 사람들을 마주했을 때 더 많은 생각을 하고 말도 잘한다. 사람이 많을수록 그들에게는 자극과 영감이 된다는 것이다. 이 책의 조언들을 충실히 따른다면 당신도 그런 경험을 하게 될 것이다.

4. 당신의 경우가 특별하다고 여기지 마라. 나중에 유명한 연설가가 된 많은 사람들도 사회생활 초기에는 지나친 자의식으로 괴로워했고, 청중에 대한 두려움으로 몸이 거의 마비될 뻔했다. 브라이언, 장 조레스, 로이드 조지, 찰스 스튜어트 파넬, 존 브라이트, 디즈레일리, 셰리던과 그 밖에 많은 사람들도 그런 경험을 했다.

5. 아무리 자주 연설하더라도 연설을 시작하기 직전만 되면 자의식을 지나치게 느낄 수도 있다. 하지만 일어선 다음 몇 초만 지나면 그런 느낌은 완전히 사라질 것이다.

6. 이 책에서 가능한 한 많은 것들을 신속하게 효율적으로 얻어내기 위해서는 다음 네 가지 사항을 실천하라.

1) 강하고 끈질긴 의욕을 갖고 시작하라. 당신이 배우고자 노력함으로써 받게 될 혜택들을 나열해보라. 그에 대한 열정을 불러일으켜라. 그 혜택이 당신에게 금전적으로나 사회적으로는 어떤 의미가 있는지, 늘어나는 영향력과 리더십과 관련해서는 어떤 의미가 있는지 생각해보라. 당신이 얼마나 빨리 발전할 수 있을지는 당신의 의욕이 얼마나 강한지에 달려 있다는 점을 기억하라.

2) 준비하라. 무엇에 대해서 말해야 할지 모른다면 자신감을 가질 수 없다.

3) 자신 있게 행동하라. 윌리엄 제임스 교수는 다음과 같이 조언한다. "용감해지기 위해서는 용기가 있는 것처럼 행동하고, 그 목표를 위한 의지력을 최대한 발휘하면 뜻하지 않은 용기가 뜻하지 않은 두려움을 대신할 가능성이 아주 커질 것이다." 시어도어 루스벨트는 그런 방식으로 회색 곰과 사나운 말과 총잡이에 대한 두려움을 물리쳤다고 고백했다. 당신도 이런 심리적 지식을 활용해 청중에 대한 두려움을 물리칠 수 있다.

4) 연습하라. 연습이야말로 가장 중요한 요소다. 두려움은 자신감 부족에서 나오는 결과이고, 자신감 부족은 무엇을 할 수 있는지 모르는 데서 나오는 결과이며, 무엇을 할 수 있을지 모르는 것은 경험 부족에서 비롯된다. 그러므로 성공했던 경험을 자신의 경력에 쌓아가면 두려움은 사라질 것이다.

2

자신감은
준비에서 나온다

"자신감을 얻을 수 있는 최고의 방법은 말하고자 하는 것에 대해 잘 준비해 실패의 가능성을 최대한 줄이는 것이다."

— 록우드 소프,《퍼블릭 스피킹 투데이》

"'순간의 영감을 믿는다'라는 말은 유망한 사람들을 실패로 이끈 치명적인 구절이다. 영감을 얻을 수 있는 가장 확실한 방법은 준비다. 나는 용기와 능력이 있으면서도 노력이 부족해 실패하는 사람들을 많이 보았다. 연설 주제에 대해 잘 꿰고 있어야만 훌륭한 연설을 할 수 있다."

— 로이드 조지

"연설자는 청중 앞에 서기 전에 다음과 같은 편지를 친구에게 써야 한다. '나는 이런 주제에 관해 연설할 생각이며, 이런 점을 말하고 싶다.' 그리고 올바른 순서에 맞춰 말하려는 내용을 열거해야 한다. 만약 그 편지에 쓸 말이 없다면, 자신을 연설자로 초대한 곳에 할머니가 위독하셔서 참석하기 어렵다는 편지를 보내는 것이 낫다."

— 에드워드 에버렛 헤일 박사

자신감은 준비에서 나온다

　나는 1912년부터 매년 약 6000개의 연설을 듣고 비평하는 일을 해왔다. 이는 직업으로 하는 일이지만 나 스스로 즐거워하는 일이기도 하다. 이 연설을 하는 사람들은 대학생이 아니라 직장에 다니거나 전문직에 종사하는 성인들이다. 이 경험을 통해 내가 가장 확실하게 느낀 점은 이런 것들이다. 먼저 연설을 시작하기 전에는 준비를 해야 한다. 즉 분명하고 명확하면서도 말하는 사람이 강한 인상을 받은 적이 있어서 말하지 않고는 견디지 못할 어떤 이야기를 갖추는 일이 절실히 필요하다. 당신은 자신의 머리와 가슴에 진짜 메시지가 있어서 그 메시지를 청중의 머리와 가슴에도 전달해주고 싶어 최선을 다하는 연설자에게 무의식중에 끌리지 않는가? 그것이 연설을 잘하는 비밀의 절반이다.

　연설자의 머리와 가슴이 그런 상태가 되면 소위 이야기가 절로 만들어진다. 연설의 멍에는 쉽게 메워지고, 연설의 짐은 가벼워질 것이다. 연설 준비만 잘해도 이미 연설의 10분의 9는 한 셈이다.

1장에서도 말했듯이 사람들이 이 교육을 받으려는 근본적인 이유는 자신감과 용기, 자기 신뢰를 얻기 위해서다. 하지만 사람들이 저지르는 가장 결정적인 실수는 연설 준비를 소홀히 한다는 것이다. 축축한 화약과 공포탄만 가지고, 혹은 탄약도 하나 없이 전장에 나가면서 어떻게 보병대처럼 다가오는 두려움과 기병대처럼 밀려오는 근심을 물리칠 수 있겠는가? 사정이 이러하니, 청중 앞에 섰을 때 마음 편하지 않다는 게 놀라운 일은 아니다. 링컨이 대통령이었을 때 이런 말을 했다. "할 말이 없는데도 당황하지 않고 연설할 수 있을 날이 제게는 절대로 오지 않을 것입니다."

자신감을 원한다면 자신감을 키우는 데 필요한 일을 해야 하지 않을까? 사도 요한은 말했다. "온전한 사랑이 두려움을 내쫓는다." 완벽한 준비도 마찬가지다. 웹스터는 반쪽짜리 준비를 하고 청중 앞에 나서는 것은 반쪽짜리 옷을 입고 나서는 것과 마찬가지라고 말했다.

그렇다면 우리는 연설을 좀 더 꼼꼼히 준비하는 게 어떨까? 왜냐고? 어떤 사람들은 준비가 무엇인지, 그리고 준비를 잘하려면 어떻게 해야 하는지 정확하게 이해하지 못하고, 또 어떤 사람들은 시간이 부족하다는 핑계를 댄다. 따라서 이번 장에서는 이 문제를 더 자세히 다뤄보도록 하자.

연설을 준비하는 올바른 방법

준비란 무엇인가? 독서? 하나의 방편은 되겠지만 최선의 방법은 아니다. 독서가 도움이 되기도 하지만 '판에 박힌' 생각을 책에서 꺼내 제 생각인 양 말한다면, 전체적으로 무언가 부족한 연설이 될 것이다. 청중은 정확하게 무엇이 부족한지 알지 못할 수도 있지만, 연설하는 사람에게 마음을 열지는 않을 것이다.

예를 들어보겠다. 얼마 전 나는 뉴욕 시 여러 은행의 고위 간부들을 대상으로 한 연설 강좌를 진행했다. 그 강좌에 모인 사람들은 워낙 시간이 없다 보니 제대로 준비하지 못하고, 준비해야 한다는 생각 자체를 하지 못하는 일이 잦았다. 그들은 평생을 자신만의 사상을 가지고, 자신만의 신념을 지키며, 자신만의 독자적인 시각으로 사물을 보고, 자신만의 고유한 경험을 하며 살아왔다. 그런 식으로 그들은 연설에 쓸 소재를 축적하면서 40년을 보냈다. 하지만 그들 중 몇몇은 이를 잘 깨닫지 못했다. 그들은 '사각사각 소리를 내는 소나무와 솔송나무' 때문에 숲을 보지 못했다.

이 그룹은 금요일 오후 5시부터 7시 사이에 모였다. 어느 금요일, 시내의 은행에서 근무하는 한 남자분이(편의를 위해 그분을 잭슨이라고 하자) 4시 30분이 된 걸 깨달았다. '무슨 이야기를 하지?' 이런 생각을 하며 잭슨은 사무실을 나와 신문 가판대에서 〈포브스〉를 하나 사서 강의가 있는 연방준비은행으로 가는 지하철을 탔다. 그리고 〈포브스〉에 실린 '성공하기 위해 남은 시간은 10년뿐이다'라는 제목의 기사를 읽었다. 특별히 그 기사에 흥미가 있어서가 아니라, 자신에게 할당된 시간을 채우기 위해서는 주제와 상관없이 무언가에 대해 연설을 해야 했기에 그 글을 읽었다.

한 시간 후, 잭슨은 사람들 앞에 서서 자신이 읽은 기사 내용을 재미있고 설득력 있게 말하려고 애썼다.

피할 수 없는 그 결과는 어땠을까?

잭슨은 자신이 말하고자 했던 내용을 소화하지도 못했고, 완전히 이해하지도 못했다. 정확하게 표현해 '말하고자 했다'라는 게 맞다. 그는 하고자 했을 뿐이다. 연설에는 연설자가 전달하고자 하는 내용을 담은 진짜 메시지가 없었고, 그의 태도와 말투에서도 그런 점이 여실히 드러났다. 자신도 감동하지 않았는데 어떻게 청중이 더 감동하기를 기대할 수 있을까? 그는 계속 잡지 속의 기사만 언급하면서 저자가 한 이야기만 전했다. 잭슨이 한 연설에는 안타깝게도 〈포브스〉는 너무 많았고, 잭슨은 거의 없었다.

그래서 나는 그에게 대략 이런 식으로 말했다.

"잭슨 씨, 우리는 잘 알지도 못하는 그 글쓴이에게 관심이 없습니다. 그 사람은 여기 없잖아요. 우리는 당신과 당신의 생각이 궁금할 뿐입니다. 다른 사람이 하는 말이 아니라 당신이 어떤 생각을 하는지, 어떤 사람인지 말해주십시오. 잭슨 씨의 이야기를 좀 더 넣어보세요. 다음 주에도 같은 주제로 연설을 해보시는 게 어떻겠습니까? 그 기사를 다시 읽고, 잭슨 씨가 글쓴이의 의견에 동의하는지 하지 않는지를 생각해보시는 게 어떨까요? 동의하면 글쓴이의 견해를 깊이 생각해보고, 잭슨 씨의 경험에서 나온 의견으로 글쓴이의 견해를 설명해보십시오. 동의하지 않으면, 그렇다고 말하고 그 이유를 이야기해주세요. 이 기사를 당신이 연설을 시작하는 출발점으로만 삼으세요."

잭슨은 내 제안을 받아들여 그 기사를 다시 읽고 자신이 그의 의견에 전혀 동조하지 않는다는 결론을 내렸다. 그 뒤 그는 지하철에 앉아 시간을 때우는 방법으로 연설을 준비하지 않았다. 연설 내용이 혼자 자라게 두었다. 그 메시지는 그의 머릿속에서 태어난 아이와 같아서, 그의 진짜 아이들이 그러하듯이 발전하고 확장하고 성장했다. 잭슨의 딸들과 마찬가지로 머릿속의 아이도 의식하지 못하는 사이에 밤낮을 가리지 않고 자랐다. 신문 기사를 보다가 한 가지 생각이 떠올랐고, 친구와 그 주제로 토론하는 사이 불쑥 또 다른 생각이 들었다. 한 주 동안 틈틈이 주제에 관해 생각하면서 그의 생각은 점점 더 깊어지고, 쌓이고, 폭넓어지고, 두터워졌다.

다음 시간에 잭슨이 그 주제로 연설했을 때, 그는 자신만의 광산에서 캐낸 광석 내지는 자신만의 주조소에서 찍어낸 화폐라 할 만한 자신만의 뭔가를 가지고 있었다. 게다가 그는 그 기사의 필자와 의견이 달랐기 때문에 더 나은 연설을 할 수 있었다. 반대 의견만큼 사람을 일깨우는 자극제도 없기 때문이다. 불과 2주 간격으로 같은 사람이 같은 주제로 연설을 했는데, 두 가지 연설이 얼마나 놀랍게 대비되는가. 제대로 된 준비는 얼마나 어마어마한 차이를 만들어내는지!

어떻게 준비를 해야 하고, 어떻게 하면 안 되는지 또 다른 예를 살펴보자. 한 신사가 워싱턴 D. C.에서 열린 대중 연설 수업에 참여했다. 그를 우리는 플린이라고 부르기로 하자. 어느 날 오후, 플린은 미국의 수도를 예찬하는 내용의 연설을 했다. 플린은 어떤 신문사에서 발행한 홍보용 소책자에서 보이는 대로 연설 내용을 허둥지둥 긁어모았다. 연설 내용은 건조하고 일관성도 없는데다 정리되지 않은 듯했다. 그는 연설 주제에 대해 충분히 생각하지 않았다. 그 주제에 관한 열의도 없었다. 자신이 하는 말을 연설로 표현할 가치가 있다 싶을 정도로 깊이 있게 느끼지도 않았다. 플린의 연설은 평범하고, 아무런 감흥이 없었으며, 전혀 도움이 되지도 않았다.

연설에서 실패하지 않는 방법

2주 후, 공영 주차장에서 플린의 차가 도둑맞자 그의 마음은 극심하게 흔들렸다. 그는 바로 경찰서로 달려가 현상금까지 걸었지만 모두 허사였다. 경찰은 그런 범죄 상황에 일일이 대처하는 게 거의 불가능하다고 말했다. 하지만 불과 일주일 전만 해도 경찰은 손에 분필을 들고 거리를 돌아다니다 플린이 주차 시간을 15분 넘겼다는 이유로 딱지 뗄 시간은 있었다. 너무 바빠서 범인 잡을 시간이 없다는 이 '분필 경찰'의 말에 플린은 몹시 화가 났다. 그는 분개했다.

그에게는 이제 신문사에서 발행한 소책자에서 가져온 이야깃거리가 아니라, 그의 삶과 경험에서 나온 따끈따끈한 이야깃 거리가 생겼다. 실재하는 한 남자의 감정과 신념을 일깨운, 그 의 본질을 건드린 어떤 일이 여기 있었다. 워싱턴을 찬양하는 연설을 할 때는 한 문장 한 문장을 힘들게 끄집어냈지만, 이번 에는 두 발로 서서 입을 열었을 뿐인데 경찰을 향한 비난이 활 화산처럼 용솟음쳤다. 이런 연설은 잘못될 수 없다. 거의 실패 하지 않는다. 생각에 경험까지 더해졌기 때문이다.

진정한 준비란

연설을 준비한다는 것이 나무랄 데 없는 문장을 몇 개 모아 서 외우거나 적어두는 걸 뜻할까? 아니다. 그럼 개인적으로도 잘 와 닿지 않는, 평상시 하던 몇 가지 생각을 짜 맞추라는 걸 뜻할까? 전혀 아니다. 연설을 준비한다는 것은 당신의 생각과 당신의 아이디어와 당신의 신념과 당신의 충동을 모두 모아두 라는 뜻이다. 그리고 당신은 그럴 만한 생각과 충동을 갖고 있 다. 당신의 생각과 충동은 깨어 있는 모든 순간에 존재한다. 심 지어 꿈에 나타나기도 한다. 당신의 존재는 온통 감정과 경험 으로 채워져 있다. 이런 것들은 해안가의 조약돌처럼 당신의 잠재의식 속에 두텁게 깔려 있다. 준비란 당신의 마음을 움직 이는 것을 생각하고, 곱씹고, 회상하고, 고르고, 다듬어서 당신 만의 모자이크로 무늬를 만들어내는 것을 의미한다. 그다지 어 렵게 느껴지지는 않을 것이다. 실제로도 어렵지 않다. 목적에 맞게 생각하고 집중하기만 하면 된다.

드와이트 L. 무디 목사는 종교사에 길이 남을 설교를 어떻게 준비했을까? 그는 그 질문에 이렇게 답했다.

"특별한 비결은 없습니다. 주제를 고르면 큰 봉투 겉면에 제목을 써놓습니다. 저에게는 그런 봉투가 많습니다. 글을 읽다가 내가 말하려는 주제와 맞는 글을 찾으면 해당 봉투에 넣고는 그냥 둡니다. 항상 공책을 가지고 다니다가 설교 중 설명에 도움이 되는 말을 들으면 적어서 그대로 봉투에 넣습니다. 아마 1년 이상은 그렇게 봉투를 채웠을 겁니다. 새 설교를 할 때는 그동안 모아온 것들을 전부 사용합니다. 봉투에 들어 있는 것과 제가 스스로 공부한 결과만 해도 소재는 충분합니다. 다만 설교 내용을 검토할 때마다 여기는 조금 빼고, 저기는 조금 붙이고 할 뿐입니다. 그렇게 하면 설교는 절대 진부해지지 않습니다."

예일대 브라운 학장의 현명한 충고

예일 신학대가 설립 100주년을 기념하던 해, 학장인 찰스 레이놀즈 브라운 박사가 '설교의 기술'을 주제로 연속 강연을 했다. 이 강좌는 뉴욕에 있는 맥밀란 출판사에서 같은 제목의 책으로 출판되기도 했다. 브라운 박사는 30여 년간 매주 혼자 연설을 준비하고, 다른 이들이 설교를 준비할 수 있도록 훈련시키는 일을 했다. 그러니 그는 〈시편〉 91편에 대해 설교해야 하는 성직자든, 노동조합에 대한 연설을 준비하는 신발 제조공이든 상관없이 누구에게나 적용되는 현명한 충고를 할 수 있는 사람이다. 그래서 실례를 무릅쓰고 브라운 박사의 말을 인용해보겠다.

"여러분이 정한 주제와 내용에 대해 곰곰이 생각해보십시오. 그 주제와 내용이 무르익어 반응을 일으킬 때까지 생각해보십시오. 주제와 내용 속에 들어 있는 자그마한 생명의 싹을 틔우고 성장시킨다면, 그로부터 엄청나게 많은 유익한 아이디어들을 얻어낼 수 있을 것입니다.

이런 과정은 오랫동안 할수록 더 낫습니다. 일요일을 위해 실제로 여러분이 마지막 준비를 해야 하는 토요일 오전까지 미뤄놓지 마십시오. 성직자가 한 가지 메시지를 설교하기 전까지 한 달, 혹은 여섯 달, 어쩌면 1년 동안 마음에 품으면, 그로부터 새로운 아이디어가 끊임없이 나오고 결국 풍부하게 성장하는 걸 느낄 수 있습니다. 그는 길을 걸을 때라든지 기차에서 눈이 너무 피로해 책을 읽을 수 없을 때 곰곰이 생각할 수 있습니다.

사실 생각은 밤에도 할 수 있습니다. 성직자가 교회 일이나 설교 내용을 습관적으로 잠자리까지 가져가는 건 좋지 않습니다. 설교단은 설교하기엔 멋진 곳이지만 잠자리 친구로는 좋지 않습니다. 그렇다고는 해도 저는 가끔 한밤중에 어떤 생각이 떠오르면 아침까지 기다렸다가는 잊어버릴까 봐 침대에서 나와 적어두곤 합니다.

여러분이 특정 주제로 설교를 하기 위해 소재를 모으느라 바쁠 때는 주제나 내용과 관련 있어 보이는 것은 모두 적어두십시오. 적어두기로 처음 결정했던 순간 보았던 그대로 적어두십시오. 관련된 생각이라면 지금 떠오르는 생각까지도 모두 다 기록하십시오.

여러분의 아이디어를 알아볼 수 있도록 그저 몇 단어로라도 아이디어를 전부 기록하고, 마치 살아 있는 동안 다시는 지금 보는 책을 볼 수 없을 것처럼 항상 더 많은 아이디어를 얻고자 마음을 다잡으십시오. 이는 여러분의 정신이 더 많은 것을 생산해내도록 하는 훈련 방법입니다. 이 방법으로 여러분의 지적 능력은 계속 참신하고 독자적이고 창조적인 상태를 유지할 것입니다.

다른 이의 도움 없이 스스로 혼자 생각해낸 아이디어들은 모두 적어두십시오. 여러분의 지적 확장을 위해서는 루비나 다이아몬드, 순금보다도 이 아이디어들이 훨씬 더 중요합니다. 종잇조각도 좋고, 오래된 편지 뒷면이나 찢어진 봉투 조각, 휴지 등 손에 잡히는 어디에든 적어두십시오. 깨끗하고 크고 좋은 종이에 쓰는 것보다 그게 훨씬 더 좋은 방법입니다. 단순히 절약에 관한 문제가 아니라 마구잡이로 쓴 조각들이 종합해서 정리하기에 더 편하다는 걸 알게 될 것입니다.

항상 깊이 생각하고 마음속에 떠오른 생각을 전부 적어두십시오. 이 과정은 서두를 필요가 없습니다. 이는 여러분이 관여할 수 있는 특권을 가진, 가장 중요한 정신적 활동 과정 중 하나입니다. 이 방법이야말로 여러분의 정신이 성장해 진정한 생산력을 발휘하게 해줍니다.

여러분이 가장 즐겁게 할 수 있고, 또 듣는 사람들의 인생에 실제로 가장 좋은 영향을 미치는 설교는 주로 여러분 자신의 내면에서 나온 설교라는 사실을 알게 될 것입니다. 그러한 설교는 여러분의 뼈 중의 뼈이고, 살 중의 살이며, 지적 노고의 산물이고, 창조적 에너지의 성과입니다. 다른 데서 가져와 마음대로 뜯어고치고 편집한 설교에서는 언제나 다른 사람이 먹었던, 재탕한 음식과도 같은 맛이 나기 마련입니다. 살아 움직여서 걷고 또 뛰어서 하나님을 찬양하며 교회로 들어가게 하는 설교, 사람들의 마음속으로 들어가서 그들을 독수리처럼 날아오르게 하고 자기 본분을 다하는 길을 가더라도 정신을 잃고 쓰러지지 않게 하는 설교, 이런 설교야말로 설교를 하는 사람의 활력으로부터 나오는 진정한 설교입니다."

링컨이 연설을 준비하는 방법

링컨은 어떻게 연설을 준비했을까? 다행히도 우리는 링컨의 방법을 알고 있다. 또 이 책을 읽다 보면 브라운 학장이 그의 강의에서 75년 전 링컨이 썼던 방법 중 몇 가지를 추천했다는 사실을 알 수 있다. 링컨의 유명한 연설 가운데 하나는 미래를 통찰하며 한 말이다. "'집안싸움으로 분열된 집은 오래갈 수 없다.' 저는 이 정부가 절반의 노예와 절반의 자유인인 채로는 영원히 지속될 수는 없다고 생각합니다." 링컨은 식사를 하던 중에, 길을 가던 중에, 외양간에 앉아 우유를 짜던 중 등 평소에 하던 일을 열심히 하는 중에도, 어린 아들과 함께 어깨에 낡은 회색 숄을 걸치고 팔에는 시장바구니를 끼고 매일 정육점과 슈

퍼마켓에 가던 중에도 그 연설에 대해 깊이 생각했다. 어린 아들이 재잘대며 아빠에게 질문하다가 점점 짜증이 나서 아빠의 앙상한 손가락을 잡아당겨 보지만, 결국 아빠의 입을 여는 데는 실패하곤 했다. 링컨은 연설에 대한 생각에만 집중하느라 아들의 존재는 전혀 의식하지 못한 채 성큼성큼 걸어갔다.

이렇게 생각에 몰두하고 생각을 정리하는 중간중간 링컨은 갑자기 떠오른 구절이나 문장을 편지봉투나 종잇조각 등 가까이 있는 아무 데나 여기저기에 적어두었다. 그렇게 쓴 종이를 모자 속에 몰래 넣고 다니다가 자리에 앉아서 순서대로 정리하고, 내용 전체를 기록하고 수정해서 연설문과 출판물에 적절한 형태로 다듬었다.

1858년에 열린 합동 토론회에서 더글러스 상원 의원은 어디를 가든 같은 연설을 했지만, 링컨은 예전 연설을 반복하기보다는 매일 새로운 연설을 하는 게 더 수월해질 때까지 끊임없이 연구하고 숙고하고 반성했다. 링컨의 머릿속에서 그 주제는 계속해서 확대되고 있었다.

백악관에 들어가기 바로 직전, 링컨은 참고용으로 쓸 연설문 세 개와 헌법 복사본 한 부만 가지고 스프링필드에 있는 어느 가게 위에 있는 칙칙하고 먼지 자욱한 밀실로 들어갔다. 문을 잠근 후, 그는 그곳에서 누구의 침입이나 방해도 없이 취임 연설문을 작성했다.

링컨은 게티즈버그 연설문을 어떻게 만들었을까? 불행히도 그와 관련해 잘못된 소문이 떠돌고 있다. 하지만 실제 이야기는 정말 흥미롭다. 한번 살펴보자.

게티즈버그 공동묘지를 관리하는 위원회는 공식 봉헌식을 하기로 하고, 에드워드 에버렛을 연설자로 초청했다. 그는 보스턴 교회의 목사, 하버드대 총장, 매사추세츠 주지사, 미국 상원 의원, 주영대사, 국무 장관을 지냈으며, 미국에서 가장 역량 있는 연설자로 평가받는 사람이었다. 처음에 봉헌식은 1863년 10월 23일에 하기로 예정되어 있었다. 에버렛은 현명하게도 시간이 너무 촉박해 연설을 충분히 준비하기는 불가능하다고 분명하게 말했다. 그러자 위원회는 에버렛에게 준비 시간을 주기 위해 봉헌식을 한 달 정도 뒤인 11월 19일로 연기했다. 준비 기간에 마지막 사흘 동안 에버렛은 게티즈버그에서 지내면서 전장도 살피고, 그곳에서 일어났던 일들을 숙지하며 지냈다. 그렇게 골똘히 생각하고 다시 생각해보는 건 대단히 훌륭한 준비 자세였다. 그 시간 덕분에 에버렛은 게티즈버그 전투를 생생하게 느끼게 되었다.

모든 국회 의원과 대통령, 내각 관료들에게 초청장이 전송됐다. 그들 중 대부분이 거부했지만, 링컨이 참석하겠다고 하자 위원회는 깜짝 놀랐다. 대통령에게 연설을 부탁해야 하나? 위원회는 그럴 계획이 없었다. 반대 의견도 나왔다. 준비할 시간이 없다는 이유였다. 게다가 설령 시간이 있다 해도 과연 그럴 능력이 있을까? 사실 링컨은 노예제도에 대한 토론이나 쿠퍼 유니언 대학에서 뛰어난 연설을 보여주었지만, 그가 봉헌식 기념사를 하는 걸 들어본 이는 아무도 없었다. 봉헌식은 엄숙하고 장엄한 행사였다. 모험을 해서는 안 되는 일이었다. 대통령에게 연설을 부탁해야 하나? 위원회는 고민하고 또 고민했다. 하지만 그들이 미래를 내다볼 수 있었다면, 그래서 능력이 의심스러운 이 남자가 그 봉헌식에서 지금까지 그 어떤 사람이 했던 연설보다도 더 훌륭한 연설을 하리라는 것을 알았다면, 아마도 수천 번은 더 고민했을 것이다.

마침내 봉헌식 2주 전, 위원회는 링컨에게 '몇 가지 적절한 이야기'를 해달라고 뒤늦게 초청장을 보냈다. 위원회는 '몇 가지 적절한 이야기'라는 표현을 사용했다. 미국의 대통령에게 그렇게 썼다고 생각해보라!

링컨은 즉시 준비 작업에 들어갔다. 최고의 학자라는 에드워드 에버렛에게 편지를 써서 그가 하기로 한 연설문의 사본을 받았다. 그리고 하루 이틀 뒤 사진을 찍기 위해 사진관에 갈 일이 생긴 링컨은 에버렛의 원고를 가져가서 쉬는 시간 틈틈이 읽었다. 링컨은 이야기할 주제에 대해 여러 날 동안 생각했고, 백악관과 국방성 사이를 오갈 때도 생각하고, 국방성 가죽 소파에 몸을 뻗고 누워서 늦어지는 전신 보고를 기다리면서도 생각했다. 링컨은 커다란 종이 한 장에 초고를 대충 써서 그의 기다란 실크 모자 안쪽에 넣고 다녔다. 링컨은 연설에 대해 끊임없이 생각했고, 연설할 내용을 계속해서 구체화하고 있었다. 연설하기 전 일요일, 그는 자신이 신임하던 기자 노아 브룩스에게 말했다. "연설문을 제대로 쓴 건 아니라네. 어쨌든 끝낸 것도 아니고. 두세 번 정도 고쳐 썼는데, 맘에 들려면 한번 더 훑어봐야 할 것 같아."

링컨은 봉헌식 전날 밤 게티즈버그에 도착했다. 작은 마을은 사람들로 넘쳐났다. 평소 1300명이던 인구가 갑자기 늘어 1만 5000명이 된 것이다. 인도는 사람들로 꽉 막혀 지나다닐 수 없게 되었고, 남자고 여자고 먼지 나는 길거리로 다녔다. 밴드 여섯 팀이 공연을 하고 있었고, 사람들은 '존 브라운의 유해'를 노래하고 있었다. 사람들이 링컨이 머물던 윌즈 씨 집 앞으로 모여들었다. 그들은 창밖에서 사랑노래 부르듯 연설을 청했다. 링컨은 분명한 어조로 내일까지는 연설할 뜻이 없다고 짧게 답했다. 사실 그는 연설문을 '한번 더 훑어보면서' 늦은 저녁 시간을 보내고 있었다. 링컨은 옆집에 묵고 있는 수어드 국무 장관을 찾아가서 연설문을 소리 내어 읽고는 비평을 요구하기도 했다. 다음 날 아침 식사 후에도 링컨은 '한번 더 훑어보는' 작업을 계속했고, 그 작업은 행렬에 참석할 시간임을 알리는 노크 소리가 들릴 때까지 계속되었다. 대통령을 바로 뒤에서 수행하던 카 대령은 "행렬이 시작되자, 대통령은 말 위에 똑바로 앉아 육군 총사령관을 쳐다보았다. 하지만 행렬이 계속 앞으로 나아가자, 몸을 앞으로 숙이고 두 팔을 늘어뜨린 채 고개를 숙였다. 생각에 열중한 듯 보였다"라고 말했다.

우리는 그 순간조차도 링컨이 열 문장밖에 되지 않지만 영원히 빛나게 될 그 짧은 연설을 '한번 더 훑어보면서' 검토하고 있었다고 추측할 뿐이다.

링컨이 크게 관심을 보이지 않았던 몇몇 연설은 여지없이 실패했다. 하지만 그가 노예제도와 연방 정부에 대해 연설을 할 때는 놀랄 만한 능력을 발휘했다. 왜 그랬을까? 이 문제를 끊임없이 생각하고 마음 깊이 느꼈기 때문이다. 일리노이 주의 한 여관에서 링컨과 하룻밤 같은 방을 썼던 어떤 이는 다음 날 새벽에 깨어보니 링컨이 침대에 앉아 벽을 빤히 쳐다보며 이런 말을 하고 있었다고 한다. "절반은 노예, 절반은 자유인인 채로 이 정부가 영원히 지속될 수는 없어."

예수는 연설을 어떻게 준비했을까? 그는 군중으로부터 떨어져 나왔다. 그는 생각했다. 곱씹어보았다. 곰곰이 생각했다. 예수는 홀로 황무지로 나가 40일에 걸쳐 밤낮으로 금식하고 명상했다. 〈마태복음〉에는 이렇게 나온다. "이때부터 예수께서 비로소 말씀을 전파하기 시작했다." 이후 얼마 안 있어 예수는 세상에서 가장 유명한 연설인 산상수훈(山上垂訓)을 설파했다.

당신은 이렇게 주장할 수도 있다. "아주 흥미롭기는 하지만, 나는 불멸의 연설가가 되고 싶은 생각은 없습니다. 그냥 가끔씩 간단하게 발표만 할 수 있으면 됩니다."

맞는 말이다. 우리도 그런 당신의 욕구를 충분히 알고 있다. 이 책에는 당신, 그리고 당신과 비슷한 사람들이 그렇게 할 수 있도록 돕고자 하는 구체적인 목적이 있다. 하지만 당신의 연설에서 허세 부리지 않는 마음이 드러난다 해도, 당신은 유명한 연설가들이 쓰던 방법을 알면 도움을 받을 수 있고, 어느 정도는 실제로 활용해볼 수도 있을 것이다.

당신이 연설을 준비하는 방법

연설 연습을 할 때는 어떤 주제로 해야 할까? 당신이 관심 있어 하는 주제라면 어떤 것이라도 괜찮다. 다만 거의 모든 사람들이 그렇듯 짧은 발표문에서 너무 많은 이야기를 다루려는 실수는 저지르지 마라. 주제에 관한 한두 가지 관점을 정해서 충분히 제시하도록 노력하라. 짧은 발표에서는 그렇게만 할 수 있어도 다행스런 일이다.

틈틈이 생각할 시간을 가질 수 있도록 주제를 미리 정하라. 주제에 관해 7일 낮 동안 생각하고, 7일 밤 동안 꿈꿔라. 잠자리에 들기 전, 자기 전까지 생각하라. 아침에 일어나 면도하고, 샤워하면서, 차를 타고 시내에 나갈 때, 점심을 먹으러 가거나, 약속 장소에 가기 위해 엘리베이터를 기다리면서, 다리미질을 하고 저녁 밥상을 차리면서도 생각하라. 그에 대해 친구들과 토론하라. 그 주제를 대화의 소재로 삼아라.

주제에 대해 가능한 모든 질문을 자문해보라. 예를 들어 이혼에 대해 발표한다면, 왜 이혼하게 되는지, 이혼의 경제적, 사회적 효과는 어떤 것이 있는지 자신에게 물어보라. 이 폐해를 구제할 방법은? 이혼법을 획일적으로 만들어야 할까? 왜? 아니면 이혼법을 다 없애야 할까? 아예 이혼하지 못하게 만들어야 할까? 더 어렵게? 더 쉽게?

당신이 연설에 대해 공부하는 이유를 발표한다고 생각해보라. 당신은 자신에게 다음과 같은 질문을 해봐야 한다. 나는 무엇이 어려운가? 공부를 통해 얻고자 하는 것은 무엇인가? 대중 연설을 해본 적이 있는가? 해봤다면 언제였는가? 어디였는가? 어떻게 되었는가? 이 훈련이 비즈니스맨에게 도움이 된다고 생각하는 이유는 무엇인가? 자신감과 강한 존재감, 설득력 있는 말솜씨 덕분에 성공한 기업인이나 정치인을 알고 있는가? 이런 긍정적인 능력이 부족해서 만족할 만한 성공을 거두지 못한 사람도 알고 있는가? 구체적으로 생각하라. 이름은 언급하지 말고 그들에 대한 이야기만 말하라.

당신이 똑바로 서서 명확하게 생각하고 2~3분 정도 계속 이야기할 수 있다면, 그 정도가 처음 몇 번의 발표를 통해 당신에게 기대할 수 있는 전부다. '당신이 연설을 공부하는 이유'와 같은 주제는 아주 분명하기 때문에 상당히 쉽다. 당신이 그 주제와 관련된 내용을 수집하고 정리하는 데 조금만 더 시간을 낸다면, 그 내용을 잊어버리는 일은 거의 없을 것이다. 자신만의 의견, 자신만의 바람, 자신만의 경험을 이야기할 것이기 때문이다.

이번에는 당신의 사업이나 직업에 대해 발표한다고 생각해보자. 이런 이야기는 어떤 식으로 준비를 시작해야 할까? 당신에게는 이미 그에 관한 소재가 충분하다. 그렇다면 수집하고 정리하는 방법이 문제가 될 것이다. 3분 이내에 주제에 대한 이야기를 모두 쏟아내려고 하지 마라. 그렇게 해서는 발표를 완성하지 못한다. 그런 노력은 발표 내용을 너무 개략적이고 단편적으로 만들 것이다. 말하려는 주제의 한 면, 딱 한 면만 골라서 확대하고 자세하게 설명하라. 예를 들면 당신이 특별히 그 사업을 하게 된 이유, 그 직업을 갖게 된 이유를 말해보면 어떨까? 그 이유가 우연의 결과였는가, 선택의 결과였는가? 당신이 초기에 겪었던 어려움, 실패, 희망, 업적을 말해보라. 듣는 이가 흥미를 보일 만한 이야기를 구성하고, 직접 겪었던 일을 기초로 한 실제 인생의 그림을 보여주어라. 불편할 만큼 자기자랑만 하지 않고 겸손하게 할 수만 있다면, 한 사람이 살아온 진실한 이야기는 그 어떤 이야기보다 재미있다. 이런 이야기는 거의 언제나 성공하는 연설의 소재다.

아니면 당신이 하는 일을 다른 각도로 바라보자. 그 일의 문제점은 무엇인가? 그 분야의 일을 막 시작하려는 젊은이에게 어떤 조언을 해줄 수 있을까?

아니면 당신이 만나는 사람들 중 정직한 사람들과 정직하지 않은 사람들에 대한 이야기를 해보라. 당신의 문제점을 이야기해보라. 당신은 자신의 일을 통해서 세상에서 가장 재미있는 주제인 인간의 본성은 어떠하다고 배웠는가? 만약 당신이 가진 직업의 기술적인 측면에 대해 발표한다면 사람들은 당신의 연설을 재미없어 하기 쉽다. 하지만 사람들이나 그들의 성격 같은 주제는 거의 실패하지 않는 소재다.

다른 무엇보다도 추상적인 설교가 되지 않도록 하라. 설교는 지루하다. 구체적인 사례와 일반적인 이야기가 규칙적이고 계속되도록 만들어라. 당신이 관찰한 구체적인 사례에 대해 생각하고, 그 사례가 보여주는 근본적인 진실에 대해 생각하라. 이런 구체적인 예시가 추상적인 관념보다 훨씬 기억하기 쉽고,

이야기하기도 쉽다는 것을 알게 될 것이다. 그럼으로써 연설은 더 쉬워지고, 더 활기차게 될 것이다.

여기 아주 흥미로운 연설 방식이 한 가지 있다. 다음은 B. A. 포브스가 쓴 글로, 경영진이 동료들에게 책임을 위임해야 하는 필요성에 대해 쓴 기사에서 발췌한 내용이다. 사람들에 대한 사례들에 주목하기 바란다.

"오늘날 대규모 기업의 상당수가 한때는 1인 의사 결정 체제였다. 하지만 대부분이 이 구조에서 벗어나게 되었다. 그 이유는 모든 위대한 조직이 '한 사람의 거대한 그림자'라고 할지라도, 지금의 기업과 산업이 운영되는 규모는 너무 어마어마해서 아무리 능력이 뛰어난 거인이라도 주변에 그 강력한 지휘권을 발휘할 수 있게 도와줄 현명한 동료들을 반드시 끌어모아야 하기 때문이다.

울워스는 언젠가 내게 자신의 회사를 오랫동안 1인 의사 결정 체제로 운영해왔다고 말했다. 그러다 건강이 나빠져 병원에서 몇 주를 보내는 동안, 자신이 원하는 만큼 사업을 확장하려면 경영 책임을 나누어야 한다는 사실을 깨달았다.

베들레헴 철강 회사 또한 오랫동안 1인 의사 결정 체제였다. 중요한 일은 찰스 슈왑이 거의 다 했다. 이후 차츰 유진 G. 그레이스가 성장하기 시작했고, 슈왑이 거듭 말한 바에 따르면 이내 슈왑보다 능력 있는 철강맨이 되었다.

이스트먼 코닥도 초기 단계에는 조지 이스트먼 위주로 돌아갔지만, 현명한 그는 이미 오래전에 조직을 효율적으로 구성했다. 시카고의 대형 통조림 공장들은 모두 설립자가 재직하던 시기에 비슷한 일을 겪었다. 스탠더드 오일도 일반적인 생각과는 달리 몸집이 커진 후에는 1인 체제로 운영된 적이 없다.

J. P. 모건은 위대한 인물이었음에도 유능한 동료를 골라내서 책임을 나눠야 한다고 굳게 믿는 사람이었다.

아직도 1인 의사 결정 체제로 사업을 운영하고자 하는 야심 찬 경영인들이 있지만, 그들이 원하건 원치 않건 간에 현대 기업 운영의 엄청난 규모로 인해 자신들의 책임을 타인에게 위임할 수밖에 없다."

어떤 사람들은 자신의 사업에 관한 이야기를 할 때, 자신이 관심 있는 내용만 말하는 실수를 범한다. 이야기하는 사람이라면 자기 자신이 아니라 듣는 이를 즐겁게 하는 이야기를 찾아내려고 해야 하지 않을까? 듣는 이의 관심사에 호소하려고 해야 하지 않을까? 예를 들어 화재보험을 파는 사람은 화재를 예방하고 재산을 지키는 방법에 관해서 이야기해야 하지 않을까? 은행원은 재무 상담이나 투자 상담을 해주어야 하지 않을까?

준비하는 동안 청중을 연구하라. 청중의 요구와 희망에 대해 생각하라. 때로는 이런 준비가 전투의 절반이다.

어떤 주제를 준비할 때 같은 주제에 대해 다른 사람은 어떻게 생각하는지, 어떻게 얘기했는지 알아보기 위해 독서를 강력히 권한다. 다만 스스로 생각을 철저히 정리한 다음 책을 읽어라. 이 점이 대단히 중요하다. 그런 다음에 도서관에 가서 사서에게 당신이 찾는 책에 관해 말하라. 당신이 이러저러한 주제에 관해 연설을 준비하고 있음을 말하라. 그리고 솔직하게 도움을 청하라.

당신이 자료 조사에 익숙하지 않다면 도서관 사서가 제공해주는 편의에 깜짝 놀랄 것이다. 사서가 전해주는 자료들은 정확히 당신이 고른 주제에 관한 한 권의 책일 수도 있고, 현안이 되고 있는 공적인 문제에 관한 토론에서 찬반 양측의 핵심 주장에 관한 개요나 보고서일 수도 있으며, 금세기 초 이래 다양한 주제에 관해 잡지에 실렸던 글을 모아놓은 '독자들을 위한 정기출판물 안내서'일 수도 있고, '정보 요청' 연감이나 '세계 연감', 백과사전 혹은 기타 수십 종의 참고 서적일 수도 있다. 이 자료들은 당신이 준비 작업을 하는 데 사용할 도구들이다. 이 자료들을 활용하라.

힘을 비축하는 비법

루서 버뱅크는 죽기 직전에 이런 말을 했다. "나는 종종 수백만 종의 식물 표본을 만들어 최고의 종을 한두 개만 선택한 다음, 나머지 열등한 표본들은 모두 폐기하곤 했다." 연설도 이처럼 넉넉하면서도 까다로운 마음가짐을 갖고 준비해야 한다. 100가지 생각을 모으고 90가지는 버려라.

사용할 가능성이 별로 없어 보이는 정보나 소재까지 모두 수집하라. 그다음 꼼꼼하게 손질함으로써 당신은 자신감을 더 얻을 수 있고, 당신의 생각과 감정, 연설하는 태도까지 바뀔 것이다. 이는 준비 과정에서 중요하고 기본적인 요소인데도, 대중 앞에서 연설하든 사적으로 대화하든 말하는 사람들이 매번 간과하는 사실이다.

아서 던은 이렇게 말한다.

"나는 영업 사원, 외판원, 선전원까지 수백 명을 훈련시켰습니다. 그러면서 그들 대부분이 자신이 파는 물건에 대해 모든 것을 아는 것, 그리고 판매를 시작하기 전에 그런 지식을 숙지하는 일이 얼마나 중요한지를 모른다는 큰 약점을 발견했습니다. 많은 영업 사원들이 제 사무실로 와서 상품 설명서와 판매하는 데 쓸 만한 말을 몇 마디 듣고 나면, 그 즉시 나가서 물건을 팔려고 욕심을 냅니다. 그중 많은 사람들이 일주일도 버티지 못하며, 48시간을 버티지 못하는 사람도 적지 않습니다. 식품 판매를 전문으로 하는 영업 사원이나 외판원을 교육하고 훈련시킬 때, 저는 그들이 식품 전문가가 될 수 있도록 노력합니다. 저는 그들에게 농무부에서 발행하는, 음식 내 수분과 단백질, 탄수화물, 지방, 회분 등의 함유량이 적혀 있는 식품 차트를 공부하게 했습니다. 그들이 팔고자 하는 제품을 구성하는 성분을 연구하게 했습니다. 그들을 며칠 동안 학교에 다니게 한 다음 시험에 통과하게 했습니다. 다른 영업 사원에게 물건을 팔아보라고 했습니다. 판매 권유를 가장 잘한 사람에게 상금도 걸었습니다.

저는 자신의 상품을 연구하는 데 필요한 준비 기간을 참지 못하는 영업 사원들을 종종 봤습니다. 그들은 이렇게 말했습니다. '가게 주인한테 이걸 다 말할 시간이 없을 겁니다. 그 사람들은 너무 바쁩니다. 제가 단백질이니 탄수화물이니 얘기해도 듣지 않을 테고, 듣는다 해도 제가 무슨 얘기를 하는지도 모를 겁니다.' 저는 이렇게 답했습니다. '고객을 위해서가 아니라 당신 자신을 위해 이 모든 내용을 배우는 겁니다. 당신이 이 상품을 하나부터 열까지 다 알게 된다면, 그 상품에 대해 당신은 무어라 설명하기 힘든 힘을 갖게 됩니다. 긍정적인 기운을 얻고, 정신적으로 튼튼해지고 강해져서 당신은 다른 사람이 저항할 수도, 물리칠 수도 없는 사람이 될 겁니다.'"

스탠더드 오일의 역사를 다룬 책을 펴낸 것으로 유명한 언론인 아이다 M. 타벨이 수년 전 나에게 말한 바로는, 그녀가 파리에 있을 때 〈매클루어즈 매거진〉의 설립자인 S. S. 매클루어가 애틀랜틱 케이블에 대해 짧은 기사를 써달라고 연락했다고 한다. 아이다는 런던으로 가서 애틀랜틱 케이블의 유럽 책임자를 인터뷰해서 기사를 쓰기 위한 자료를 충분히 수집했다. 하지만 그녀는 거기서 멈추지 않았다. 아이다는 정보를 비축하고 싶어서 대영박물관에 전시된 모든 종류의 케이블에 대해 연구하고, 케이블의 역사에 관한 책을 읽고, 심지어 런던 근교의 제조 공장에 찾아가서 케이블 제조 과정을 살펴보기도 했다.

왜 아이다는 쓸 수 있는 양보다 10배나 많은 정보를 수집했을까? 그녀가 그랬던 이유는, 그렇게 함으로써 자신이 정보를 비축한 힘을 얻게 될 거라고 생각했기 때문이었다. 그녀는 알고 있지만 표현하지 않은 내용이 그녀가 표현한 얼마 안 되는 내용들을 강력하고 생생하게 뒷받침해준다는 사실을 알고 있었다.

에드윈 제임스 커텔은 대략 3000만 명의 사람들에게 연설을 했다. 그럼에도 최근 그가 나에게 털어놓은 바로는, 연설하고 집으로 돌아가는 길에 그 연설에서 좋은 말을 빼먹었던 일이 떠올라 자책하게 되지 않으면 그 연설을 망쳤다고 여긴다고 한다. 왜 그럴까? 그는 연설가가 주어진 시간 동안 말할 수 있는 분량보다 훨씬 더 많이, 지나치다 싶을 정도로 풍족하게 예비 자료가 있어야만 연설을 잘할 수 있다는 것을 오랜 경험으로 알고 있었기 때문이다.

"뭐라고!" 당신은 이렇게 반박할지 모른다. "이 책 저자는 그 일을 모두 해낼 시간이 내게 있다고 생각하나 보지? 내게는 봐야 할 업무도 있고, 아내와 아이들도 둘이나 있으며, 키워야 할 에어데일테리어 두 마리도 있다는 사실을 알아주면 좋겠군…. 나는 박물관으로 달려가서 자료를 살펴보거나 책을 뒤적거리거나 대낮에 침대에 앉아서 연설문을 중얼거리고 있을 여유가 없거든."

하지만 나는 당신의 그런 사정을 잘 알고 있고, 또 그에 대해 충분히 배려도 하고 있다. 앞으로 주어질 주제는 당신이 이미 상당히 생각한 문제들이 될 것이다. 때로는 연설에 대해 아무런 준비도 하지 말고 오라고 할 때도 있을 것이다. 그런 다음, 당신을 청중 앞에 세우고는 쉬운 주제를 제시하며 즉석연설을 하게 만들 것이다. 이 방법은 당신에게 가장 필요한 훈련, 즉 남들 앞에 서서 떨지 않고 제대로 생각할 수 있는 훈련이다. 업무상 만남에서 당신이 해야만 하는 종류의 일이 바로 이런 것이기 때문이다.

이 훈련 과정에 참여하는 사람 가운데는 연설을 미리 준비하는 법을 배우는 데 관심이 없는 사람도 있을 것이다. 그들은 사업상의 여러 만남에서 당황하지 않고 대화에 잘 참여하는 정도를 바랄 뿐이다. 이런 수강생들은 종종 수업에 와서 다른 사람들이 발표하는 것을 듣고 몇 가지 배울 점을 얻기를 선호하기도 한다. 제한적으로 사용한다면 이런 방법도 추천할 만하다.

하지만 지나치게는 하지 마라. 이 장에서 제시하는 방법을 따르라. 이 방법은 여러분이 찾고 있는 편안함과 자유로움, 그리고 연설을 효과적으로 준비하는 능력을 알려줄 것이다.

만약 당신이 발표를 준비하고 계획할 만한 여유가 생길 때까지 미루기만 한다면, 당신은 결코 그런 여유를 찾지 못할 것이다. 하지만 습관적으로 익숙한 일을 하는 것은 그리 어려운 일이 아니지 않은가? 그러니 일주일에 어느 특정한 하루를 정해서 8시부터 10시까지는 오로지 이 과제에만 전념하도록 습관화하면 어떨까? 그게 확실한 방법이며 체계적인 방법이다. 왜 당장 시도하지 않는가?

자신감은
준비에서 나온다

1. 연설자가 머릿속에, 가슴속에 분명한 메시지와 말하고자
   하는 내적 동기가 있으면, 거의 틀림없이 그 연설자에 대
   한 평판은 높아지게 된다. 준비가 잘되어 있는 연설은 이
   미 10분의 9는 전달한 셈이나 마찬가지다.

2. 준비란 무엇인가? 기계적인 문장 몇 개를 종이에 적어두는
   것인가? 멋진 구절을 외우는 것인가? 전혀 그렇지 않다. 진
   정한 준비는 당신의 마음속에서 무언가를 퍼 올리는 것, 생
   각을 모으고 정리하는 것, 그리고 자신의 확신을 소중히 여
   기며 발전시키는 것이다.

   (사례를 들자면, 뉴욕에 사는 잭슨이 〈포브스〉에 실린 글에서 다른 사람
   의 생각을 단순히 반복하려고 했을 때, 그는 실패했다. 하지만 그 글을 자
   신의 연설을 위한 출발점으로만 이용하고, 자신의 생각을 발전시키며 자
   신의 사례를 제시했을 때 비로소 그는 성공했다.)

3. 자리에 앉아서 30분 안에 연설을 만들어내려고 노력하지
   마라. 연설은 스테이크처럼 주문하면 바로 요리할 수 있는
   게 아니다. 연설문은 성장해야 한다. 미리 주초에 주제를
   정하고, 그 주제에 관해 틈틈이 생각하고, 깊이 있게 곰곰
   이 생각하고, 그 주제를 생각하면서 잠들고, 꿈도 그 주제
   에 관한 것을 꾸어라. 그 주제로 친구들과 토론도 하라. 그
   주제를 대화의 소재로 삼아라. 그 주제와 연관이 있을 만
   한 모든 질문을 자기 자신에게 물어보라. 당신에게 떠오르
   는 모든 생각과 사례를 종이에 기록하고, 더 많은 걸 찾기
   위해 계속 노력하라. 그러면 목욕을 하거나, 차를 몰고 시
   내로 나가거나, 저녁 식사를 기다리는 등의 시간에 아이디

어와 제안과 사례들이 수시로 당신의 머릿속을 스쳐 지나 갈 것이다. 이것이 링컨이 사용한 방법이다. 또한 대부분 의 성공적인 연설가들이 사용한 방법이기도 하다.

4. 자기 자신만의 생각을 정리한 다음, 시간이 된다면 도서관 으로 가서 당신이 선택한 주제에 관한 책을 읽어라. 사서 에게 도움을 청하라. 많은 도움을 받을 수 있다.

5. 당신이 사용하려고 생각하는 분량보다 훨씬 더 많은 자료 를 수집하라. 루서 버뱅크의 방식을 본받아라. 그는 단지 한두 개의 매우 뛰어난 종을 얻기 위해 수백만 종의 식물 표본을 만들어내곤 했다. 100가지의 생각을 모으고 90가 지는 버려라.

6. 비축하는 힘을 늘리기 위해서는 당신이 쓸 수 있는 분량보 다 훨씬 더 많은 양을 숙지하고, 정보 저장고를 가득 채우 면 된다. 연설을 준비할 때는 아서 던이 영업 사원들을 교 육시킨 방법이나 아이다 타벨이 애틀랜틱 케이블에 대한 기사를 준비할 때 사용했던 방법을 활용하라.

3

유명한 연설가는
어떻게 연설을 준비했을까

"엄청난 양의 잡다한 사실들이 머릿속에 출렁이며 떠다니는 것과 잘 정리되고 분류, 저장되어 간단히 처리하고 즉시 전달할 수 있는 것 사이에는 큰 차이가 있다."
— 로리머,《자수성가한 상인이 대학에 다니는 아들에게 보낸 편지》중에서

"교육받은 사람과 그렇지 않은 사람과의 커다란 차이는 문제의 핵심을 파악하는 능력에 있다. 지성의 훈련이야말로 대학교육으로부터 얻을 수 있는 가장 큰 이득이다."
— 존 그리어 히번, 프린스턴 대학 총장

"교육받은 사람들 가운데서도 우수한 정신의 소유자를 우리가 한눈에 알아볼 수 있는 이유는 무엇일까? 우리가 그런 인상을 받게 되는 진짜 이유는 그 사람의 사고가 체계적이기 때문이다."
— S. T. 콜리지

유명한 연설가는
어떻게 연설을 준비했을까

언젠가 뉴욕 로터리 클럽의 어느 오찬에 참석한 적이 있었다. 그날은 유명한 정부 관계자가 연설하기로 되어 있었다. 그가 높은 지위에 있었기 때문에 우리는 그를 주목했고, 또 그의 연설을 기대했다. 그는 자기 부처의 활동에 대해 이야기하기로 되어 있었는데, 이는 뉴욕의 거의 모든 사업가들이 관심을 갖는 내용이었다.

그는 주제와 관련된 지식을 많이 알고 있었고, 사용할 수 있는 양보다 훨씬 많은 정보를 가지고 있었다. 하지만 그는 연설을 미리 준비하지 않았다. 자료를 추려내지도, 질서 정연하게 배열하지도 않았다. 그럼에도 불구하고 무지하면 용감한 것인지 경솔하고 맹목적으로 연설을 시작했다. 그는 자기가 어디로 가고 있는지 모르고 있었다.

간단히 말해 그의 머리는 뒤죽박죽이었고, 우리에게 베푼 그의 '지적 연회'도 그랬다. 그는 먼저 아이스크림을 가져온 다음에 우리 앞에 스프를 놓았다. 다음으로 생선과 견과류가 나왔다. 그리고 거기에 더해 스프와 아이스크림, 먹음직스러운 붉은 청어를 섞은 것처럼 보이는 것도 있었다. 나는 어느 때 어느 곳에서도 그처럼 혼란스러운 연설자는 본 적이 없다.

그는 즉흥적으로 말하려 했지만, 도저히 안 되겠다 싶었는지 주머니에서 한 뭉치의 메모를 꺼내면서 비서가 찾아주었다며 고백했다. 누구도 그 말의 진실성을 의심하지 않았다. 메모지들 또한 고철을 가득 실은 무개화차만큼이나 전혀 정리가 되어 있지 않았다. 그는 이쪽부터 저쪽까지 훑어보면서 어떻게든 정리해 혼란에서 빠져나오려 애쓰면서 초조하게 메모를 뒤적였고, 그러면서 말을 하려 했다. 그는 사과하고, 물을 달라고 해서 떨리는 손으로 한잔 마시고, 몇 문장을 드문드문 내뱉고, 반복하고, 다시 메모를 들여다보았다.

시간이 갈수록 그는 더 곤혹스럽고, 갈피를 못 잡으며 난처해졌다. 초조해서 이마에서 땀이 솟아났고, 땀을 닦아낼 때는 손수건이 부들부들 떨렸다. 청중석에 있던 우리는 동정심과 난처한 심정으로 그가 크게 실패하는 모습을 지켜보며 앉아 있었다. 마치 우리 일인 것만 같아 직간접적으로 난처하고 괴로웠다. 하지만 신중한 곳은 찾아볼 수 없던 고집스러운 연설자는 허둥대고, 메모를 살피고, 사과하고, 물을 마시는 일을 계속했다. 연설자를 제외한 모든 사람들은 이 애처로운 광경이 완전한 실패로 치닫고 있음을 깨달았다. 그래서 연설자가 자리에 앉으며 필사적인 노력을 끝냈을 때 모두 안도하지 않을 수 없었다. 그 연설은 내가 지금까지 들었던 것 중 가장 불편한 연설이었고, 그는 내가 지금까지 만난 사람 중 가장 부끄럽고 굴욕적인 연설자였다. 만약 루소가 연애편지 쓰는 법에 대해 연설했다면 그러했을 것이다. 무슨 말을 해야 할지 모르는 상태로 시작했고, 그래서 자신이 무슨 말을 내뱉는지 모르는 채 연설을 끝냈다.

이 이야기의 교훈은 바로 이것이다. 허버트 스펜서의 말을 기억하자. "생각이 정리되어 있지 않은 사람은 생각을 많이 할수록 생각이 점점 더 혼란스러워진다."

정신이 온전한 사람이라면 아무 계획도 없이 집짓기를 시작하지는 않을 것이다. 그런데도 왜 그는 막연한 개요나 진행 순서도 없이 연설을 시작했을까? 연설은 목적이 있는 항해이고, 그래서 계획해야 한다. 자신도 모르는 곳에서 시작하는 사람은 대개 자기도 모르는 곳에 도착하게 된다.

나는 대중 연설에 관심 있는 사람들이 모이는 전 세계 모든 건물의 출입문 위에 30센티미터 정도 크기의 타오르는 빨간색 글씨로 나폴레옹의 이 말을 쓰고 싶다. "전쟁의 기술은 과학이다. 철저히 계산하고 계획하지 않으면 성공할 수 없다."

이는 전투뿐만 아니라 연설에서도 진실이다. 하지만 연설자들이 이 사실을 알고 있을까? 또는 만약 알고 있다면 그 말에 따라 행동할까? 그렇지 않다. 절대 그렇게 하지 않는다. 그저 생선 스튜 한 그릇보다 약간 더 많은 계획과 준비만 하는 연설이 허다하다.

어떤 특정한 아이디어에 가장 효과적인 준비는 무엇일까? 스스로 연구하기 전까지는 누구도 말할 수 없다. 이는 항상 새로운 문제이자 모든 연설자들이 끊임없이 묻고 대답해야 하는 영원한 질문이다. 항상 효과 있는 약은 없다. 하지만 적어도 여기서 구체적인 사례들을 통해 순서대로 정리한다는 것이 무슨 뜻인지 간단히 설명할 수는 있다.

상을 받은 연설은 어떻게 구성되어 있을까

아래에 소개된 연설은 내 교육과정을 수강한 어느 학생이 몇 년 전 '전미 부동산협회'에서 했던 연설이다. 이 연설은 여러 도시에서 제출한 27개의 다른 연설들과 경쟁한 결과 1등을 차지했다. 이 연설은 명확하고 생생하고 재미있게 제시된 사실들이 가득해서 잘 구성되어 있다. 이 연설에는 혼이 있다. 이 연설은 질서 정연하다. 읽고 공부할 가치가 있다.

"의장님, 그리고 회원 여러분.

144년 전에 이 위대한 나라 미국은 우리 필라델피아에서 탄생했습니다. 따라서 그런 역사적 기록이 있는 이 도시는 강력한 미국 정신이 있으며, 그 정신이 이 도시를 전국에서 가장 거대한 산업 중심지로 만들었을 뿐만 아니라 전 세계에서 가장 크고 아름다운 도시 중 하나로 만들었습니다.

필라델피아는 인구가 200만에 가깝고, 밀워키와 보스턴, 파리, 베를린을 합친 것과 같은 면적이며, 약 337제곱킬로미터의 땅 가운데 거의 32제곱미터가 넘는 최고의 토지를 아름다운 공원과 광장, 가로수 큰길로 만들었고, 그래서 지역 주민들에게는 휴양과 오락을 위한 공간을 제공하고 있으며, 보통 미국 시민이라면 누구나 누려야 할 제대로 된 환경을 갖추고 있습니다.

여러분, 필라델피아는 크고 깨끗하고 아름다운 도시일 뿐만 아니라 어디에서나 세계의 거대한 공장으로 알려져 있습니다. 이곳이 세계의 공장이라 불리는 이유는 조업일 기준으로 10분마다 10만 달러 가치의 상품을 만들어내는 9200개의 산업 시설에 고용된 4만 명이 넘는 어마어마한 산업 일꾼들이 있고, 유명 통계 전문가에 따르면 이 나라의 모직 제품, 가죽 제품, 편직물 상품, 직물, 펠트 모자, 철물, 공구, 축전지, 강철로 만든 배, 기타 수많은 상품을 생산하는 데 필라델피아에 필적할 만한 도시가 없기 때문입니다. 우리는 밤낮으로 두 시간마다 철도 차량을 한 대씩 만들고 있으며, 이 거대한 나라의 사람들 절반 이상이 필라델피아에서 만든 시내 전차를 타고 있습니다. 우리는 분당 1000개의 시가를 제조하고, 지난해에는 115개의 양말 공장에서 이 나라의 모든 남성, 여성, 어린이당 두 켤레의 스타킹을 생산해냈습니다. 우리는 영국과 아일랜드를 합친 것보다 더 많은 양의 카펫과 러그를 만들고, 사실 우리의 전체 상공업계는 워낙 커서 지난해 어음 교환액 370억 달러는 전국의 모든 자유 국채를 살 수 있을 정도의 규모입니다.

하지만 여러분, 우리는 놀라운 산업적 진보가 매우 자랑스럽고, 필라델피아가 이 나라에서 가장 큰 의료, 예술, 교육의 중심 중 하나라는 사실이 자랑스럽지만, 세계의 어느 도시보다도 많은 개인 주택이 필라델피아에 있다는 사실에 훨씬 더 큰 자부심을 느낍니다. 필라델피아에는 39만 7000호의 주택이 있는데 7.6미터 넓이로 이 주택들을 나란히 한 줄로 놓는다면, 그 줄은 필라델피아부터 캔자스에 있는 컨벤션 센터를 통과해 덴버에 이르기까지 총 3027여 킬로미터가 될 것입니다.

하지만 여러분이 주목해주셨으면 하는 것은, 이 수만의 주택을 우리 도시의 노동자들이 소유하고 있거나 그곳에 거주하고 있다는 사실입니다. 한 사람에게 디디고 설 땅과 거처할 곳이 있을 때, 사회주의와 볼셰비즘으로 알려진 외래 질병에 감염되지 않는다는 사실이 중요합니다.

우리의 집과 교육 기관과 거대한 산업이 우리 도시에서 태어난 진정한 미국 정신에 의해 만들어졌기 때문에, 필라델피아는 유럽식 무정부주의가 자라날 비옥한 토양이 아니라 우리 선조들의 유산입니다. 필라델피아는 이 위대한 나라의 어머니 도시이고, 미국의 자유의 근원지입니다. 첫 번째 미국 국기가 만들어진 도시이고, 미국의 첫 번째 의회가 열린 도시이며, 독립선언문이 서명된 도시이고, 미국인이 가장 사랑하는 자유의 종이 수만의 남녀와 어린이들에게 영감을 주고 있는 도시입니다. 그러므로 우리에게는 황금 송아지를 숭배하는 것이 아니라 미국 정신을 널리 퍼뜨리고 자유의 불이 계속 타오르게 할 성스러운 사명이 있다고 믿습니다. 하나님의 허락 아래 워싱턴 정부, 링컨과 시어도어 루스벨트는 모든 인류의 영감이 될 것입니다."

이 연설을 분석해보자. 이 연설이 어떻게 구성되어 있고, 어떻게 효과를 발휘하는지 알아보자. 먼저 이 연설에는 시작과 끝이 있다. 이는 정말 보기 드문 장점이다. 당신이 생각하는 것보다 훨씬 드문 장점이다. 이 연설은 어딘가에서 시작해 날아가는 야생 기러기처럼 곧장 앞으로 나아간다. 꾸물대거나 시간을 낭비하지 않는다.

이 연설은 신선하고 개성이 있다. 이 연설자는 다른 연설자들이 그들의 도시에 대해서 말하지 못할 사실을 말하는 것으로 시작한다. 필라델피아가 나라 전체의 탄생지임을 알려준다.

그는 필라델피아가 세계에서 가장 크고 아름다운 도시 중 하나라고 말한다. 하지만 그 주장 자체는 평범하고, 진부하고, 외따로 있어서 사람들에게 그리 큰 감명을 주지는 못할 것이다. 이 연설자는 그런 사실을 이미 알고 있는지 "밀워키와 보스턴, 파리, 베를린을 합친 것과 같은 면적이다"라고 말함으로써 청중들이 필라델피아의 규모를 상상해볼 수 있게 한다. 이는 분명하고 구체적이다. 흥미롭다. 놀랍다. 주목을 끈다. 통계를 한 페이지 가득 제시하는 것보다 연설자의 생각을 더 잘 전달한다.

다음에 그는 필라델피아가 "어디에서나 세계의 거대한 공장으로 알려져 있다"라고 단언한다. 과장되게 느껴지지 않는가? 마치 선전 문구 같다. 만약 그가 바로 다음 포인트로 넘어갔다면 아무도 납득하지 못했을 것이다. 하지만 그는 그러지 않았다. 이 연설자는 잠깐 멈춰 "모직 제품, 가죽 제품, 편직물 상품, 직물, 펠트 모자, 철물, 공구, 축전지, 강철로 만든 배" 등 필라델피아가 세계에서 선도하고 있는 품목들을 열거한다. 그러자 이제는 그다지 선전 문구처럼 들리지 않는다. 그렇지 않은가?

필라델피아는 "밤낮으로 두 시간마다 철도 차량을 한 대씩 만들고 있으며, 이 거대한 나라의 사람들 절반 이상이 필라델피아에서 만든 시내 전차를 타고 있습니다."

이 말을 듣고 우리는 '어, 그건 몰랐는데' 하며 생각에 잠긴다. '어제 나는 그 전차를 타고 시내에 간 거군. 내일 보면 우리 마을이 전차를 어디서 샀는지 알겠어.'

"분당 1000개의 시가를 (…) 이 나라의 모든 남성, 여성, 어린이당 두 켤레의 스타킹."

우리는 이 말에서 계속 감명을 받는다. '아마 내가 좋아하는 시가는 필라델피아에서 만들었을 거야. 그리고 내가 신은 이 양말도….'

연설자는 다음에 무엇을 하는가? 처음에 언급했던 필라델피아의 크기라는 주제로 돌아와서 자신이 그때 잊어버렸던 어떤 사실을 제시하려고 하는가? 아니, 전혀 그렇지 않다. 그는 그 내용을 다 마칠 때까지 한 가지 내용에 충실하기 때문에 다시 그 부분으로 돌아갈 필요가 없다. 그 점에 대해서는 이 연설자에게 당연히 감사하지 않을 수 없다. 해질녘 박쥐처럼 산만하게 여기저기로 돌진하고서 다시 돌아가는 연설자보다 더 혼란스럽고 정신없는 게 무엇이겠는가? 하지만 많은 연설자들이 실제 그렇게 한다. 자기 논점을 1, 2, 3, 4, 5 순서대로 다루는 대신, 축구팀 주장이 27, 34, 19, 2 식으로 신호를 부르는 것처럼 다룬다. 아니, 그보다 더하게 27, 34, 27, 19, 2, 34, 19 식으로 다룬다.

하지만 이 연설자는 헛돌지도, 갔던 길을 돌아오지도, 오른쪽 왼쪽으로 갑자기 방향을 틀지도 않고, 그가 말했던 기관차처럼 예정 시간대로 곧장 나아간다.

그렇지만 그는 이제 전체 연설에게 가장 약한 부분을 드러낸다. 그는 "필라델피아가 이 나라에서 가장 큰 의학, 예술, 교육의 중심 중 하나"라고 주장한다. 그는 그저 그렇게 말하고는 서둘러 다른 주제로 넘어간다. 그 사실에 생동감을 부여하고, 생생하게 만들고, 기억에 새기기 위해 단 12개의 단어만 썼을 뿐이다. 총 65단어로 되어 있는 문장 속에서 딱 12개의 단어는 길을 잃고 밑으로 가라앉았다. 이건 효과가 없다. 당연하다. 사람의 마음은 강철로 된 올무처럼 기계적으로 작동하지 않는다. 그는 이 부분에 아주 적은 시간을 들였고, 너무 대략적이고 모호하고 그 자신도 감명을 받지 못한 듯 보여서 청자에게 주는 효과도 거의 제로에 가까웠다. 어떻게 해야 했을까? 그는 이 부분을 필라델피아가 세계의 공장이라는 사실을 밝히기 위해 썼던 것과 똑같은 방식으로 입증할 수 있었음을 알고 있었다. 그는 분명 알고 있었다. 또한 그는 시합을 하는 동안 스톱워치로 자신의 시간이 측정되고 있으며, 자신에게 주어진 5분의 시간을 1초도 넘길 수 없다는 사실도 잘 알고 있었다. 그래서 다른 내용을 위해서 이 내용을 간략하게 처리해야만 했던 것이다.

"세계 어느 도시보다도 많은 개인 주택이 필라델피아에 있다." 그의 주제에서 이 사실을 인상적이고 설득력 있게 만들기 위해 그는 어떤 방법을 쓰고 있을까? 먼저 39만 7000이라는 숫자를 제시한다. 두 번째로 이 숫자를 구체적으로 그린다. "7.6미터 넓이로 이 주택들을 나란히 한 줄로 놓는다면, 그 줄은 필라델피아부터 캔자스에 있는 컨벤션 센터를 통과해 덴버에 이르기까지 총 3027여 킬로미터가 될 것입니다."

청중들은 대개 문장이 끝나기 전에 언급한 숫자를 잊는다. 하지만 그 그림을 잊을까? 그건 거의 불가능했을 것이다.

냉정한 사실 자료에 대한 이야기는 이쯤하기로 하자. 이 연설이 사람을 감동시키는 힘은 사실 관계에서 나오는 게 아니다. 이 연설자는 절정 부분에서 사람들의 감정을 움직이고 흥분시키고자 했다. 그래서 이제 마지막 부분에서 감정적인 자료를 다룬다. 그는 주택을 소유한다는 것이 어떤 의미인지를 설명한다. "사회주의와 볼셰비즘으로 알려진 외래 질병"을 비난하고, 필라델피아를 "미국의 자유의 근원지"로 칭송한다. 자유! 마법 같은 단어, 감정으로 가득한 말, 수백만 명의 사람들이 목숨을 바쳐 지킨 자유. 이 구절은 그 자체로도 좋지만, 청중이 귀하고 성스럽게 여기는 역사적인 사건과 문헌들을 구체적으로 참고해서 뒷받침함으로써 몇 배의 효과를 거둔다. "첫 번째 미국 국기가 만들어진 도시이고, 미국의 첫 번째 의회가 열린 도시이며, 독립선언문이 서명된 도시이고, 미국인이 가장 사랑하는 자유의 종이 수만의 남녀와 어린이들에게 영감을 주고 있는 도시입니다. (…) 자유의 불이 계속 타오르게 할 성스러운 사명이 있다고 믿습니다. 하느님의 허락 아래 워싱턴 정부, 링컨과 시어도어 루스벨트는 모든 인류의 영감이 될 것입니다." 이것이 진정한 절정이다!

이 이야기의 구성에 대해서는 이쯤 해두자. 구성의 관점에서는 지금 그대로 훌륭하다. 하지만 혼과 생명력 없이 차분한 방식으로 표현되었다면 이 연설은 슬픈 결과를 낳았을지도 모르며, 아마 틀림없이 실패로 끝났을 것이다. 하지만 연설자는 깊은 진정성에서 우러난 감정과 열정으로 자신이 정성 들여 쓴 대로 연설했다. 이 연설이 1등상을 타고, 시카고 컵을 받은 것은 놀랄 일이 아니다.

콘웰 박사가 연설을 준비한 방법

이미 이야기했듯이 최고의 준비에 대한 의문을 풀 절대적인 규칙은 없다. 모든 혹은 대부분의 연설에 맞는 계획이나 책략, 도표는 없지만, 몇몇 경우에 유용한 몇 가지 연설 계획 방법은 있다. 유명한 책《내 인생의 다이아몬드》의 저자인 고 러셀 H. 콘웰 박사는 언젠가 내게 다음과 같은 개요를 바탕으로 그의 수많은 연설을 썼다고 알려주었다.

1. 사실들을 언급하라.

2. 언급한 사실로부터 주장하라.

3. 행동을 호소하라.

이 교육과정에 참여했던 많은 수강생들이 이 계획이 유익하고 자극이 된다는 것을 깨달았다.

1. 뭔가 잘못된 것을 제시하라.

2. 어떻게 그 잘못을 해결할 수 있는지 제시하라.

3. 협력을 요청하라.

또는 다른 방식으로 말하기 위한 방법이 있다.

1. 고쳐야 할 상황이 있다.

2. 우리는 그 문제에 대해서 이러저런 것을 해야 한다.

3. 당신은 이러한 이유들 때문에 도와야 한다.

이 교육과정의 15장에는 '행동을 이끌어내는 방법'이라는 제목이 붙어 있고, 또 다른 연설 구성이 제시되어 있다.

1. 흥미로워할 관심을 확보하라.

2. 신뢰를 얻어라.

3. 사실을 언급하고 당신 제안의 장점을 사람들에게 알려주어라.

4. 사람들을 행동하게 할 동기에 호소하라.

관심이 있는 사람은 지금 15장을 펴서 이 구성을 상세히 살펴보기 바란다.

베버리지 상원 의원이 연설을 준비한 방법

상원 의원이었던 앨버트 J. 베버리지는《대중 연설의 기술》이라는 매우 짧으면서도 실용적인 책을 썼다. 이 유명한 정치 운동가는 이렇게 말한다.

"연설자는 자신의 주제에서 대가가 되어야 한다. 모든 사실을—한 측면의 데이터뿐만 아니라 다른 측면, 모든 측면의 자료를 전부—수집하고, 정리하고, 공부하고, 소화해야 한다는 뜻이다. 그리고 그 내용들이 단순한 억측이나 증명되지 않은 주장이 아닌 사실인지를 확인하라. 어떤 것도 당연하게 생각하지 마라.

그러므로 모든 사항을 조사하고 확인하라. 이는 틀림없이 힘든 조사 과정이 될 것임에 틀림없다. 하지만 그래서 어떻단 말인가? 당신은 국민들에게 알리고, 가르치고, 조언하려고 나서지 않았는가? 당신은 당신 스스로가 권위자라고 주장하고 있지 않은가?

어떤 문제의 사실을 모으고 정리하면서 이 사실들에서 도출할 수 있는 해법에 대해 당신 스스로 생각해내라. 그러면 연설에 독창성과 개인적인 힘이 생길 것이다. 생생하고 설득력이 있을 것이다. 연설에 몰입하게 될 것이다. 그런 뒤에 할 수 있는 한 분명하고 논리적으로 자기 생각을 써라."

다시 말해서 양 측면의 사실을 보여주고, 그 사실들이 알기 쉽고 확실하게 말하는 결론을 제시하라.

우드로 윌슨이 연설을 구성한 방법

우드로 윌슨에게 연설 방법을 설명해달라고 하자, 그는 이렇게 말했다. "나는 다루고 싶은 화제를 나열하는 것으로 시작합니다. 화제들을 내 마음속에서 자연스러운 관계로 정리하면서 연설의 뼈대를 서로 맞추고 빠르게 써냅니다. 그러는 편이 시간을 많이 절약해준다는 것을 알게 되면서 나는 빨리 쓰는 습관을 들였습니다. 그러고 나서 나는 표현을 바꾸고, 문장을 고치고, 자료를 덧붙이면서 내 타자기로 베낍니다."

시어도어 루스벨트는 특유의 루스벨트 식 방법으로 연설을 준비했다. 모든 사실들을 찾아내 검토하고, 평가하고, 결과를 밝혀내고, 흔들리지 않는 확신을 갖고 결론에 다다랐다.

그런 다음 메모장을 놓고 말을 받아쓰게 했는데, 그럴 때는 연설을 매우 빨리 받아써서 흥분과 자연스러움, 살아 있는 느낌이 들었다. 이제 그는 타이핑한 복사본을 검토하고, 수정하고, 삽입하고, 지우는 등 연필 자국으로 온통 채운 뒤에 전체를 다시 구술했다. 그는 이렇게 말했다. "수고를 들이고, 최고의 판단력을 발휘하며, 주의 깊게 계획하는 등 오랫동안 사전 작업을 하지 않고 뭔가를 얻은 적은 없습니다."

때로 그는 비평가들을 불러서 말하는 것을 받아쓸 때 듣게 하거나 자기 연설문을 읽어주기도 했다. 그는 자기 이야기의 정당성에 대해서 비평가들과 토론하려 하지 않았다. 내용에 대한 그의 생각은 확고해서 되돌릴 수 없었다. 그는 무엇에 대해서 말하는가가 아니라 어떻게 말하는가에 대해서 듣고 싶었다. 계속해서 그는 자르고, 고치고, 개선하면서 타이핑된 복사본들을 검토했다. 신문에 실린 연설문은 이런 과정을 거쳤다. 물론 그는 연설문을 외우지 않았다. 즉흥적으로 연설했다. 그래서 종종 그가 실제로 한 연설은 신문에 실리고 다듬어진 것과 약간 차이가 있었다. 하지만 받아쓰고 수정하는 일은 훌륭한 준비 과정이었다. 이를 통해 그는 자료에 익숙해지고, 논점을 순서대로 정리할 수 있었다. 이런 준비 과정을 통해 그는 유창함과 확신, 다른 식으로는 얻기 힘든 세련미를 갖출 수 있었다.

올리버 로지 경은 내게 연설문을 받아쓰는 것, 빠르면서도 핵심을 포함하도록 받아쓰고, 청중에게 실제로 말하고 있는 것처럼 받아쓰는 것이 준비하고 연습하는 데는 훌륭한 방법임을 알게 되었다고 말했다.

이 교육과정에 참여한 많은 수강생들은 녹음기에 연설을 녹음하는 것이 도움이 된다는 사실을 깨닫고 자신의 연설을 직접 녹음해서 들어보았다. 자기가 연설하는 모습이 어떤지 느껴질까? 그렇다. 때로 환상이 깨지고 잘못을 깨닫는 것이 두렵기도 하지만, 이는 가장 유익한 연습이다. 적극 추천한다.

당신이 말하려 하는 것을 실제로 써보는 연습은 당신을 생각하도록 만들 것이다. 이는 당신의 생각을 명확하게 해줄 것이다. 당신의 기억에 생각을 더해줄 것이다. 지적인 탈선을 최소한으로 줄여줄 것이다. 또한 발음을 개선시켜줄 것이다.

벤저민 프랭클린의 옛날 이야기 활용법

벤저민 프랭클린은 자서전에서 자신이 발음을 어떻게 고쳤는지, 단어를 사용하는 능력을 어떻게 발전시켰는지, 생각을 정리하는 방법을 어떻게 익혔는지에 대해서 이야기한다. 그의 삶에 대한 이 이야기는 문학 고전이 되었는데, 대부분의 고전과는 달리 읽기 쉽고 아주 재미있다. 그 책은 단순하고 쉬운 영어의 모델이다. 장래에 연설가와 작가를 꿈꾼다면 재미있고 유익하게 읽을 수 있다. 내가 인용하는 부분이 마음에 들 거라고 기대하며 일부를 소개한다.

"이맘때 나는 정치 간행물 〈스펙테이터〉 한 권을 보게 되었다. 제3호였다. 이전에는 한번도 그 잡지를 발견한 적이 없었다. 나는 그 잡지를 사서 읽고 또 읽으며 즐거워했다. 매우 잘 쓴 글이라고 생각해서 가능하면 따라 하고 싶었다. 모방해보고자 하는 생각에 나는 각 문장의 개요를 짧게 메모하고 며칠 동안 그대로 두었다. 그리고 책을 보지 않고 그 문장을 다시 완성시켜보았다. 적절하다고 생각되는 단어를 사용해서 메모한 개요를 전에 쓰인 것만큼 충분하고 상세하게 표현해 다시 완성해보았다. 그리고 내가 쓴 〈스펙테이터〉를 원본과 비교하면서 내 실수를 발견하고 다시 고쳤다.

만일 내가 운문 짓는 법을 훈련한다면 더 많은 단어들을 알

수 있고, 또 자유롭게 사용할 수 있을 것이란 생각도 들었다. 강약을 맞추기 위해 같은 의미지만 길이가 다른 단어를 찾거나, 운을 맞추기 위해 소리가 다른 단어를 계속 찾는 등 여러 가지 다양한 표현 방식을 추구하기 때문이다. 그래서 나는 옛날이야기 가운데 일부를 골라 운문으로 만들고, 원래의 내용을 잊을 때쯤 그 운문을 다시 산문으로 만들어보았다. 때로는 적어놓은 메모를 섞어놓고는 몇 주 지난 후에 내 생각에 가장 좋은 순서가 되도록 정리해 완전한 문장을 만들면서 이야기를 완성해보기도 했다. 나 스스로 생각을 가다듬는 훈련을 하기 위해서였다. 후에 나의 작업을 원본과 비교해보면서 많은 결점을 찾아냈고, 교정했다. 때로는 비록 사소한 부분이지만 내가 쓴 글이 더 낫다고 느낄 때도 있었다. 그럴 때는 나도 글을 잘 쓰는 사람이 될 수 있지 않을까 하는 희망을 품었다."

메모로 카드놀이를 하라

앞에서 메모를 만들라고 조언했다. 다양한 생각과 사례를 종이에 요약하고, 그 종잇조각으로 혼자 카드놀이를 하라. 이 메모 더미들은 당신이 할 연설의 주요 내용들이다. 메모들을 각각 더 작은 분량으로 나눠라. 그리고 오직 최고의 밀알들만이 남을 때까지 왕겨들을 버려라. 때로는 밀알 중에도 제쳐놓고 쓰지 않을 것들이 있을 것이다. 제대로 작업한다고 해도 모은 자료를 전부 다 사용하지는 못한다.

연설이 완성될 때까지 수정 과정을 멈춰서는 안 된다. 심지어 연설할 내용이 만들어진 다음에도 요점과 개선 사항들이 생각날 것이다.

좋은 연설자는 보통 네 가지 종류의 연설이 있음을 깨닫는다. 그 네 가지 종류는 자신이 준비한 연설 하나, 실제로 연설했던 하나, 신문에서 연설했다고 보도하는 하나, 그리고 집에 돌아갈 때 이렇게 할 걸 하고 생각하는 것 하나다.

연설할 때 원고를 사용해도 될까

링컨은 뛰어난 즉흥 연설가였지만, 백악관에 들어간 후에는 미리 신중하게 모두 글로 적을 때까지 어떤 연설도(자기 고문단에게 하는 비공식적인 연설조차도) 하지 않았다. 물론 그는 취임 연설을 읽을 의무가 있었다. 그런 성격의 역사적인 공문서의 빈틈없는 문체는 즉흥적으로 하기에는 너무 중요하다. 하지만 일리노이 시절의 링컨은 연설할 때 메모조차 사용하지 않았다. "메모는 듣는 사람을 늘 싫증나고 혼란스럽게 합니다." 그가 말했다.

우리들 중 누가 그의 말을 반박할 수 있을까? 연설할 때 메모는 흥미를 약 50퍼센트 정도 떨어뜨리지 않는가? 연설자와 청중 사이에는 중요한 접촉과 친밀감이 있어야 하는데, 메모가 이런 느낌을 막고 있지 않는가? 아니면 적어도 어렵게 하지는 않는가? 메모가 부자연스러운 분위기를 만들지 않는가? 메모는 청중들로 하여금 연설자라면 반드시 갖고 있어야 할 자신감이나 여분의 능력이 있다고 느끼지 못하게 하지 않는가?

반복해서 말하지만, 준비하는 동안에는 공을 들여 많은 메모를 만들어라. 당신은 혼자 연설을 연습할 때 메모를 참고하고 싶을 것이다. 청중과 마주하고 있을 때 주머니에 메모가 있으면 기분이 더 편할 것이다. 하지만 특별 객차에 있는 망치와 톱, 도끼처럼 메모는 대형 충돌사고가 일어나거나, 완전히 난파되거나, 죽음이나 재앙의 위협이 있을 때 쓰기 위한 비상용 도구여야 한다.

꼭 메모를 써야 한다면 아주 짧게 만들고, 큰 글자로 종이의 넓은 면에 적어라. 그리고 연설할 장소에 일찍 가서 탁자 위 책들 속에 메모를 숨겨라. 꼭 필요할 때 메모를 슬쩍 보되 청중에게서 자신의 약점을 감추려 노력하라.

하지만 이 모든 이야기를 했음에도 불구하고 메모를 사용하는 것이 더 현명할 때가 있다. 예를 들면 처음 몇 마디를 하는 동안 어떤 사람들은 너무 긴장하고 청중을 의식한 나머지 준비한 연설이 전혀 기억나지 않는다. 결과는? 옆길로 샌다. 그렇게 신중하게 연습한 내용을 잊어버린다. 큰길을 벗어나서 늪에서 허둥댄다. 그런 사람들은 첫 연설을 하는 동안 손에 요약한 메모 몇 장을 드는 것이 낫지 않을까? 아이는 걸음마를 시작할 때 가구를 꽉 쥐고 있지만 오랫동안 잡고 있지는 않는다.

글자 그대로 외우지 마라

연설문을 읽지 말고 글자 그대로 외우려고도도 하지 마라. 그런 일은 시간을 허비하고 큰 실패로 이어진다. 하지만 이렇게 경고했음에도 불구하고 이 글을 읽고 있는 어떤 사람들은 그렇게 할 것이다.

만일 외운다면 연설하려고 일어설 때 연설자들은 과연 무엇을 생각할까? 메시지? 아니다. 연설자들은 정확한 표현을 떠올리려 할 것이다. 인간의 정신이 대개 작동하는 것과는 반대로 앞으로의 일이 아니라 과거를 되짚어 생각할 것이다. 전체적으로 발표가 딱딱하고, 차갑고, 재미없고, 인간미가 느껴지지 않을 것이다. 부탁하건대 그런 쓸데없는 일에 시간과 에너지를 낭비하지 마라.

사업상 중요한 면담이 있을 때 자리에 앉아서 무엇을 말할지 글자 그대로 외우는가? 그렇게 하는가? 물론 아닐 것이다. 주요 아이디어를 마음속으로 확실히 이해할 때까지 깊이 생각할 것이다. 어쩌면 메모 몇 개를 적고 기록들을 참고할 것이다. 당신은 자기 자신에게 말한다. "이런저런 사항들을 이야기해야지. 이런 이유들로 어떤 것을 해야 한다고 말해야지…." 그러고는 스스로 이유를 정리하고 구체적인 예로 설명한다. 이렇게 하는 것이 사업상 면담을 준비하는 방법 아닌가? 연설을 준비할 때는 왜 이런 상식적인 방법을 사용하지 않는가?

아포맷톡스에서의 그랜트 장군

남북전쟁에서 패배한 리 장군이 항복 조건을 작성해달라고 했을 때, 연합군의 수장이었던 그랜트 장군은 파커 장군을 돌아보며 펜과 종이를 갖다 달라고 했다. 그랜트 장군은 《회고록》에 이렇게 썼다. "내가 펜을 잡고 조건을 작성하려 하는데,

처음에 어떤 단어를 써야 할지 떠오르지 않았습니다. 내가 아는 것은 오로지 내 생각뿐이었으므로, 나는 내 생각을 명확하고 오해의 여지가 없도록 표현하고자 했습니다."

그랜트 장군은 첫 단어를 알 필요가 없었다. 그에게는 자신의 생각이 있었던 것만으로도 충분했다. 그에게는 확신이 있었다. 말하고 싶은, 정말 분명히 말하고 싶은 무언가가 있었다. 그 결과 의식적으로 노력하지 않아도 그가 자주 쓰는 구절들이 저절로 튀어나왔다. 다른 사람들도 마찬가지다. 의심스럽다면 아무나 한 사람을 때려눕혀 보라. 그가 일어나면서 무슨 말을 해야 할지 몰라 우물쭈물하는 일은 없을 것이다.

2000년 전에 호라티우스는 이렇게 썼다.

어떤 단어를 써야 하나 찾지 말고
오직 사실과 생각을 추구하라.
그러면 찾지 않아도 단어가 밀려올 것이다.

마음속에 자신의 생각을 확고히 한 다음, 연설을 처음부터 끝까지 미리 연습하라. 주전자의 물이 끓기를 기다릴 때, 길을 걸을 때, 엘리베이터를 기다릴 때, 조용히 마음속으로 연습하라. 방에서 홀로 나가서 큰 소리로 동작을 해가며 활기와 에너지를 갖고 말하면서 연설을 검토하라.

캔터베리의 캐논 녹스 목사는 성직자가 같은 설교를 여섯 번 해보기 전에는 설교의 진정한 메시지를 전달할 수 없다고 말하곤 했다.

그렇다면 당신은 적어도 그 정도의 연습을 하지 않고서 연설을 통해 자신의 진짜 메시지를 전할 수 있기를 바라도 되는 걸까? 연습할 때 진짜 청중이 앞에 있다고 상상해보라. 청중이 있을 때 실감나게 연설할 수 있을 정도로 상상하라.

이런 상상을 실감나게 하면, 실제로 당신 앞에 수많은 청중이 있을 때도 그 상황을 이미 겪어봤던 것처럼 여겨 자연스럽게 행동할 수 있다. 수많은 범죄자들이 교수대로 향하면서 허풍을 떨 수 있는 것도 같은 이치다. 그들은 이미 상상 속에서 수천 번이나 그런 상황을 그려봤기 때문에 두려움이 줄어들어서, 실제로 처형당하는 순간을 마치 예전에 몇 번이나 겪었던 일처럼 여긴다.

왜 농부들은 링컨을 '엄청 게으르다' 라고 생각했을까

이런 방식으로 연설을 연습한다면 많은 유명 연설가들의 예를 충실히 따르고 있는 것이다. 영국의 수상인 로이드 조지는 웨일스에 있는 자기 고향의 토론회 멤버였을 때, 시골길을 산책하며 종종 나무와 울타리 기둥을 상대로 몸짓을 섞어가며 말하곤 했다.

젊은 시절 링컨은 브레켄리지 같은 유명한 연설가의 연설을 들으러 왕복 50~60킬로미터의 거리를 걸어 다녔다. 그런 곳을 다녀오고 나면 그는 흥분한 채 연설가가 되겠다고 결심하고, 밭에서 일꾼들을 모은 다음 나무 그루터기에 올라가 연설을 하고 이야기를 들려주었다. 링컨의 고용주는 이 엄청 게으른 놈이 농담과 웅변술로 다른 노동자들을 망치고 있다고 말하며 화를 냈다.

영국 총리였던 애스퀴스는 옥스퍼드에서 학생 토론 모임에 적극 참여하면서 자신의 능력 중 최고의 재주를 얻었다. 후에는 자신이 직접 토론 클럽을 만들기도 했다. 우드로 윌슨은 토론회에서 연설을 배웠다. 헨리 워드 비처도 그랬다. 위대한 에드먼드 버크도 마찬가지였다. 엘리후 루트는 예전에 뉴욕 23번가에 있는 YMCA의 문학회에서 연설 실력을 길렀다.

유명한 연설가들의 경력을 살펴보면 그들 모두에게서 하나의 공통된 사실을 발견할 수 있는데, 그들은 연습하고 또 연습했다. 그리고 이 과정에서 가장 빨리 발전한 이들은 가장 많이 연습한 사람들이었다.

그렇게 연습할 시간이 없는가? 그렇다면 조셉 초트가 사용했던 방식대로 해보라. 그는 출근할 때 조간신문을 한 부 산 다음 신문에 고개를 파묻었다. 그러면 아무도 그를 방해할 수 없었다. 그러고는 시답지 않은 그날의 스캔들과 가십을 읽는 대신 연설을 생각하고 계획했다.

천시 M. 드퓨는 철도 회사 사장, 그리고 상원 의원으로서 상당히 활발히 활동했다. 하지만 그 와중에 거의 매일 밤 연설을 했다. 그는 말한다. "나는 연설 때문에 내 업무가 지장받도록 놔두지 않습니다. 저는 늘 오후 늦게 사무실을 나와 집에 와서 연설을 준비했습니다."

누구나 하루에 세 시간 정도는 자신이 하고 싶은 것을 할 수 있다. 다윈이 건강이 나빠졌을 때 연구한 시간도 딱 그 정도였다. 24시간 중 세 시간, 그 시간을 현명하게 사용한 덕분에 다윈은 유명해졌다.

시어도어 루스벨트는 대통령 재임 시절에 짧은 인터뷰를 오전 내내 연이어 해야 하는 경우가 자주 있었다. 하지만 그는 약속 시간 틈틈이 생기는 잠깐의 여유 시간조차 활용하기 위해 책을 곁에 두었다.

만약 너무 바빠서 시간에 쫓긴다면, 아놀드 베넷의 《시간 관리론》를 읽어보라. 100쪽 정도를 뜯어내서 바지 뒷주머니에 넣고 잠깐 시간이 날 때 읽어라. 이 방법으로 나는 이틀 동안 그 책을 다 읽었다. 그 책은 어떻게 시간을 절약할 수 있는지, 하루를 좀 더 효율적으로 활용하려면 어떻게 해야 하는지를 가르쳐준다.

당신은 업무에서 벗어나 휴식과 기분전환을 할 필요가 있다. 연설을 연습하는 것은 바로 그런 식이 되어야 한다. 가능하다면 이 과정을 함께 배우는 다른 사람들과 일주일에 한 번 정도 더 만나서 연설을 연습하라. 그것이 불가능하다면 당신의 가정에서 가족들과 함께 즉흥 연설 놀이를 하라.

더글러스 페어뱅크스와 찰리 채플린이 하던 놀이

더글러스 페어뱅크스와 찰리 채플린은 돈이 드는 여흥을 충분히 즐길 수 있을 정도로 수입이 많은 사람들이다. 하지만 그들은 그러한 부와 명성에도 불구하고 자신들이 즐겁게 저녁 시간을 보낼 수 있는 흥미로운 오락거리를 만들어냈다. 그 놀이는 다름 아닌 즉흥 연설을 하는 것이었다.

몇 해 전, 더글러스 페어뱅크스는 〈아메리칸 매거진〉에 이러한 사실을 다음과 같이 밝혔다.

"어느 날 저녁 식사 자리에서 찰리 채플린과 농담을 주고받던 나는 공식적으로 사람들에게 그를 소개하는 듯한 말을 했다. 분위기상 그는 자리에서 일어나서 소개에 걸맞은 인사를 해야 했다. 그 일을 계기로 일종의 게임이 만들어졌는데, 우리는 지금까지 2년 동안 거의 매일 저녁 그 게임을 하고 있다. 우리 세 사람(메리 픽포드, 나, 채플린)은 종이쪽지에 각각 한 가지 주제를 적고는 그 쪽지를 섞은 다음 각자 한 장씩 뽑는다. 자신이 어떤 주제를 뽑았든지 각자 1분 동안 그 주제로 연설을 해야 한다. 한 번 적었던 단어는 다시 적지 않는다. 그래서 우리의 연설은 항상 새롭다. 그리고 어떤 단어를 적든 제한은 없다.

한번은 '신앙'과 '전등갓'이라는 두 개의 단어가 제시된 적이 있었다. 그 가운데 '전등갓'이라는 단어가 내 몫이 되었기 때문에 나는 '전등갓'이라는 주제로 1분간 연설을 하느라 진땀을 흘렸던 기억이 난다. 쉬울 거라고 생각하는 사람은 직접 해보라. 시작은 다음처럼 용감하게 할 수 있다. '전등갓에는 두 가지 용도가 있습니다. 하나는 불빛을 부드럽게 바꾸는 것이고, 다른 하나는 장식의 효과를 내는 것입니다.' 그런데 만약 나보다 전등갓에 대해 훨씬 많이 알고 있지 않다면 여기서 끝이다. 어쨌든 나는 어렵사리 연설을 마쳤다.

　하지만 내가 말하고 싶은 것은 이 게임을 하면서부터 우리 세 사람이 민감해졌다는 사실이다. 우리는 잡다한 주제에 관해 상당히 많이 알게 되었다. 그리고 그보다 훨씬 중요한 것은 우리가 어떤 주제에 대해서든 아주 짧은 시간 안에 자신이 알고 있는 지식과 생각을 결합해 간략하게 제시하는 법을 배우고 있다는 사실이다. 우리는 남들 앞에 서서 생각하는 법을 배우고 있다. '배우고 있다'라고 말하는 이유는 우리가 아직도 이 게임을 하고 있기 때문이다. 지난 2년간 우리는 이 게임에 싫증을 느낀 적이 없으며, 이는 우리가 지금도 성장하고 있음을 의미한다."

1. 나폴레옹은 이렇게 말했다. "전쟁의 기술은 과학이다. 철저히 계산하고 깊이 생각하지 않으면 어떤 것도 성공할 수 없다." 이는 전투뿐만 아니라 연설에서도 마찬가지다. 연설은 항해다. 어딘지 모르는 곳에서 출발한 연설자는 대개 어딘지 모르는 곳에 도착한다.

2. 아이디어를 정리하고 모든 이야기를 어떻게 구성해야 하는지에 대해 어떤 경우에나 들어맞는 완벽한 규칙은 없다. 각각의 연설은 나름대로의 문제들이 있다.

3. 연설자는 어떤 내용을 연설하고자 할 때는 철저하게 다뤄야 하고, 다시 언급해서는 안 된다. 한 예로 필라델피아를 주제로 상을 받은 연설을 보라. 여기저기로 돌진하고 나서 해질녘 박쥐처럼 목적 없이 다시 돌아가서는 안 된다.

4. 콘웰 박사는 다음과 같은 방법으로 연설을 만들었다.

    1) 사실들을 언급하라.

    2) 언급한 사실로부터 주장하라.

    3) 행동을 호소하라.

5. 이런 방법도 도움이 될 수 있다.

    1) 뭔가 잘못된 것을 보여주어라.

    2) 어떻게 해결할 수 있는지 보여주어라.

    3) 협력을 요청하라.

6. 다음은 하나의 훌륭한 연설 계획이다.

    1) 흥미로워할 관심을 확보하라.

2) 신뢰를 얻어라.

3) 사실을 언급하고 당신 제안의 장점을 사람들에게 알려주어라.

4) 사람들을 행동하게 할 동기에 호소하라.

7. 상원 의원인 앨버트 J. 베버리지는 이렇게 조언했다. "주제의 양 측면에 대한 모든 사실을 수집하고, 정리하고, 연구하고, 소화해야 한다. 증명하고 사실임을 확인한 후 그 사실의 해결책을 스스로 생각해내라."

8. 연설하기 전에 링컨은 수학적 엄밀함을 이용해 결론을 생각해냈다. 마흔이 되어 의회의 일원이 된 후, 그는 궤변을 간파하고 자신의 결론을 증명할 수 있도록 유클리드 기하학을 공부했다.

9. 시어도어 루스벨트는 연설을 준비할 때 모든 사실을 직접 확인하고 평가한 다음, 연설을 매우 빠르게 받아쓰고 타이핑으로 베껴 쓴 복사본을 고치고 최종적으로 다시 처음부터 받아썼다.

10. 가능하다면 녹음기로 연설을 녹음해서 들어보라.

11. 메모는 연설의 재미를 약 50퍼센트 망친다. 메모를 피하라. 무엇보다도 연설을 읽지 마라. 청중은 낭독 연설 듣는 것을 참지 못한다.

12. 연설을 생각하고 정리한 후에는 길을 걸을 때 조용히 연습하라. 혼자 어딘가에 가서 제스처를 써가면서 연설을 처음부터 끝까지 검토하라. 실제 청중들에게 연설하고 있다고 상상하라. 많이 연습할수록 연설할 순간이 되었을 때 더 편안해지는 기분이 든다.

4

기억력 향상시키기

"비즈니스에서 가장 성가시고 비싼 대가를 치르는 것 중 하나가 건망증이다… 어떤 인생을 살아가든 좋은 기억력에는 헤아릴 수 없는 가치가 있다."

— 〈새터데이 이브닝 포스트〉

"한번 습득한 것을 잊지 않는 사람은 언제나 성취하고 발전해가는 반면, 예전에 알고 있던 것을 잊어버리고 나서 다시 익히느라 시간을 보내는 사람은 그저 현상 유지에 그치고 만다."

— 윌리엄 제임스 교수

"내가 중요하다고 생각하는 것에 대해 말하고자 할 때는 청중에게 전달하려는 내용이 무엇인지 생각해본다. 나는 사실이나 주장을 적는 대신, 생각나는 논지와 사실들의 흐름을 두세 장 혹은 네 장 정도의 종이에 메모한다. 그리고 구체적인 단어들은 연설할 때 떠오르는 것을 사용하도록 놔둔다. 때로 짧은 구절들은 정확성을 기하기 위해 기록해두기도 하는데, 보통 마무리하는 말이나 끝맺는 문장들이다."

— 존 브라이트

기억력 향상시키기

"평균적인 사람은 실제 타고난 기억력의 10퍼센트도 사용하지 못한다. 우리는 기억의 자연법칙을 위반하고 나머지 90퍼센트를 낭비하고 있다." 저명한 심리학자인 칼 시쇼 교수가 말했다.

당신은 이런 평균적인 사람들 중 한 명인가? 만약 그렇다면 당신은 사회적으로나 금전적으로 불리한 여건 속에서 어려움을 겪고 있을 것이다. 따라서 당신은 이 장에 관심을 갖고 여러 번 읽으면 도움이 될 것이다. 이 장에서는 기억의 자연법칙에 대해 설명하고, 비즈니스와 사교적인 대화뿐만 아니라 연설을 할 때도 어떻게 이 법칙을 사용하는지 보여주려 한다.

'기억의 자연법칙'은 아주 간단하다. 딱 세 가지 법칙이 있을 뿐이다. 소위 '기억 체계'는 이 세 가지 법칙을 바탕으로 만들어졌다. 간단히 말하면 세 가지 법칙은 인상, 반복, 연상이다.

첫 번째 기억의 비법은 당신이 기억하고 싶어 하는 것에 대한 깊고 생생하며 지속적인 인상을 갖는 것이다. 그러기 위해서는 집중해야만 한다. 시어도어 루스벨트를 만난 사람들은 모두 그의 놀라운 기억력에 놀랐다. 그의 특별한 재능은 이런 기억력 때문이었다. 뭔가에 대한 인상을 머릿속에 물로 쓴 듯 쉽게 잊지 않고 강철에 새긴 듯했기 때문이다. 그는 최악의 조건에서도 집중할 수 있도록 꾸준한 연습을 통해 자신을 훈련시켜 왔다. 1912년 시카고에서 열린 혁신당 대회 중에 루스벨트의 본부는 콩그레스 호텔에 있었다. 군중들은 울면서 현수막을 흔들고 "우리는 테디를 원한다! 우리는 테디를 원한다!"라고 소리 지르면서 도로로 밀려들어 왔다. 군중들의 함성 소리, 밴드의 음악 소리, 정치인들의 출입, 급히 치러지는 회의들, 이런 상황에서 평범한 사람이라면 정신을 못 차렸을 것이다. 하지만 루스벨트는 이런 모든 상황에서도 아랑곳하지 않고, 그의 방에서 흔들의자에 앉아 그리스 역사가인 헤로도토스의 책을 읽고 있었다. 브라질 열대림을 여행하는 동안에도 마찬가지였다. 그는 저녁에 캠핑장에 도착하자마자 커다란 나무 밑 마른자리를 찾았다. 그런 다음 캠핑 의자를 꺼내 앉더니 기번의 《로마제국 쇠망사》를 읽기 시작했다. 그는 비가 내리는 것도, 캠프가 소란스럽고 분주한 것도, 열대림에서 들려오는 소리도 모두 잊고 책에 몰입했다. 이런 사람이 자신이 읽은 내용을 기억한다는 것은 그리 놀랄 일도 아니다.

5분간 생생하고 강렬하게 집중하면 멍하니 며칠을 보내는 것보다 더 큰 결과를 가져올 것이다. 헨리 워드 비처는 "집중하면서 보낸 한 시간은 몽롱하게 보낸 몇 년보다 더 많은 것을 해낸다"라고 썼다. 베들레헴 철강 회사의 회장으로서 1년에 100만 달러 이상을 번 유진 그레이스도 이렇게 말했다. "내가 배운 것 중에 다른 무엇보다 더 중요한 게 있다면, 그리고 어떤 상황에서도 매일 연습하는 게 있다면 지금 하고 있는 특정한 일에 집중하는 것이다."

이것이 기억력에 대한 비밀 중 하나다.

그들은 빚나무를 볼 수 없었다

토머스 에디슨은 그의 보조 연구원 27명이 6개월 동안 매일 그의 전구 공장에서 뉴저지 주 멘로 공원에 있는 주 작업장까지 가면서 어떤 특정한 길을 이용한다는 사실을 알게 되었다. 그 길가에는 빚나무가 한 그루 있었는데, 27명 중 어느 누구도 그 나무의 존재를 알지 못했다.

에디슨은 이렇게 열변을 토했다. "평균적인 인간의 뇌는 눈이 보는 것의 1000분의 1도 보지 않는다. 우리의 관찰력—진짜 관찰력—이 얼마나 형편없는지 믿을 수 없을 정도다."

어떤 사람을 당신의 친구 2~3명에게 소개시켜주면, 2분 뒤에 그는 당신 친구들의 이름을 하나도 기억할 수 없을 것이다. 왜일까? 그는 처음부터 당신 친구들에게 충분한 주의를 기울이지 않았고, 그들을 정확히 관찰하지 않았기 때문이다. 그는 아마도 자신이 형편없는 기억력을 가지고 있다고 말할 것이다. 하지만 형편없는 것은 기억력이 아니라 관찰력이다. 그는 안개

속에서 찍은 사진이 잘 나오지 않았다고 카메라를 탓하지 않
을 것이다. 하지만 자신의 정신은 다소 흐릿하고 안개가 낀 것
같은 인상을 기억하기를 기대한다. 당연히 인상을 기억할 수는
없다.

〈뉴욕 월드〉를 발행했던 조셉 퓰리처는 자신의 편집 사무실
에 근무하는 모든 직원들의 책상 위에 세 단어를 적어두도록
지시했다.

정확성

정확성

정확성

우리가 원하는 것이 바로 이 정확성이다. 상대의 이름을 정
확하게 들어라. 이런 노력을 고집하라. 이름을 다시 말해달라
고 부탁하라. 이름의 철자를 물어라. 그는 당신이 관심을 가져
주었다며 우쭐해할 것이고, 당신은 그의 이름에 집중했기 때문
에 이름을 기억할 수 있을 것이다. 당신은 분명하고 정확하다
는 인상을 남길 수 있을 것이다.

왜 링컨은 소리 내서 읽었을까

어린 시절 링컨은 시골 학교에 다녔다. 바닥은 판자로 되어
있고, 창문에는 유리 대신 글씨 연습용 책에서 찢어낸 기름 먹
은 종이를 바른 학교였다. 교과서가 단 한 권뿐이었기 때문에

선생님은 큰 소리로 책을 읽어주었다. 학생들은 선생님이 읽은 뒤에 다 같이 한꺼번에 내용을 따라 반복했다. 그 때문에 학교는 늘 소란스러워서 이웃들은 '시끄러운 학교'라고 불렀다.

'시끄러운 학교'에서 링컨은 평생 동안 유지한 습관이 하나 생겼다. 그는 평생 기억하고 싶은 것은 큰 소리로 읽었다. 매일 아침 스프링필드에 있는 자신의 변호사 사무실에 도착하면, 그는 긴 의자에 몸을 뻗고 길고 볼품없는 한쪽 다리를 옆 의자 위로 걸쳐놓고 신문을 크게 읽었다. 그의 파트너는 이렇게 말했다. "그 때문에 짜증났죠. 못 견딜 정도였습니다. 한번은 왜 그런 식으로 읽는지 물어봤어요. 그랬더니 그는 '소리 내서 읽으면 두 가지 감각으로 이해하게 되거든. 먼저 내가 읽는 것을 보게 돼. 그리고 두 번째로 그 소리를 듣는다네. 그래서 내용을 더 잘 기억할 수 있게 되지'라고 대답했습니다."

그의 기억력은 비상했다. "내 머리는 무언가를 새기기엔 매우 어려운 강철 조각 같다. 하지만 일단 새긴 후에는 지우는 게 거의 불가능하다."

두 가지 감각에 호소하는 것은 그가 무언가를 새기기 위해 사용한 방법이었다. 당신도 그렇게 해보라.

이상적인 방법은 기억하고 싶은 것을 보고 듣는 것뿐만 아니라 만지고, 냄새 맡고, 맛보는 것이다.

하지만 무엇보다도 봐야 한다. 우리는 시각적으로 기억한다. 눈으로 본 인상들은 오래 기억된다. 우리는 종종 어떤 사람의 이름은 기억할 수 없어도 얼굴은 기억할 수 있다. 눈에서 뇌로 연결되는 신경들은 귀에서 뇌로 연결된 신경들보다 25배 더 넓다. 중국에는 "한 번 보는 것이 천 번 듣는 것보다 낫다"라는 속담이 있다.

기억하고 싶은 이름, 전화번호, 연설의 개요를 적고 눈으로 보라. 그리고 눈을 감고 불 속에서 타오르는 듯한 글씨로 시각화하라.

마크 트웨인은 어떻게 메모 없이 말하기를 배웠는가

마크 트웨인은 시각을 활용한 기억 방법을 알게 된 후 수년 동안 그의 연설을 방해해왔던 메모를 버릴 수 있게 되었다. 여기 그가 〈하퍼스 매거진〉에 털어놓은 이야기가 있다.

"날짜는 숫자로 되어 있기 때문에 기억하기 어렵다. 숫자는 보기에 단조롭고 눈에 띄지 않아서 잘 인식되지 않는다. 숫자는 그림을 만들어내지 않으므로 눈에 잘 들어오지 않는다. 그림을 이용하면 날짜를 잊지 않을 수 있다. 특히 자신이 그림을 만들 수 있다면 거의 모든 것을 오래 기억할 수 있다. 자기 스스로 그림을 그린다는 것은 매우 중요한 포인트다. 나는 경험을 통해 이러한 사실을 깨달았다. 30년 전 나는 매일 밤 외워서 강연을 했고, 헷갈리지 않기 위해 밤마다 메모를 준비해야 했다. 메모는 문장 앞부분을 적어놓은 것으로, 이런 식이었다.

'그 지역의 날씨는…'

'당시의 관습은…'

'하지만 캘리포니아에서는 결코…'

이 구절들은 모두 11개였는데, 강연을 요약하는 도입부를 알려줌으로써 내가 내용을 건너뛰지 않도록 해주었다. 하지만 종이 위에 적힌 내용들은 거의 비슷해 보였다. 아무런 이미지도 만들지 못했다. 나는 이 구절들을 외우고 있었지만, 순서를 기억하는지 확신하지는 못했다. 그러므로 항상 순서를 적은 메모를 옆에 두고 순간순간 봐야 했다. 한번은 메모를 제자리에 두지 않아서 찾지 못했는데, 그날 저녁의 공포는 상상조차 할 수 없을 것이다. 나는 이제 다른 방법을 찾아야만 한다는 것을 깨달았다. 그래서 그다음 날 저녁, 적절한 순서에 따라 10개의 첫 글자를 외우고 열 손가락 손톱에 I, A, B 등 잉크로 쓴 후 강단에 올랐다. 하지만 그건 해결책이 아니었다. 나는 한동안 손가락을 따라가고 있었지만 곧 놓쳐버렸고, 그 후에는 내가 마지막으로 사용한 손가락이 어떤 것이었는지 확신할 수 없었다. 읽고 난 후에 글자를 없애면 어느 정도 성공할 수 있겠지만, 그러면 손가락의 글자를 지우는 내 행동이 사람들의 호기심을 불러일으킬 테니 그럴 수는 없었다. 그것 말고도 궁금해할 것은 충분히 많았다. 청중들에게 나는 강연 주제보다 손톱에 더 관심 있는 사람처럼 보였을 것이다. 그래서 강연이 끝난 후 한두 사람은 내 손에 무슨 문제가 있는지 묻기도 했다.

그림에 대한 생각이 떠오른 것은 그때였다! 그리고 내 문제들은 사라졌다. 2분 만에 펜으로 6장의 그림을 그렸고, 그림들은 11개의 핵심 문장이 했던 역할을 완벽하게 해냈다. 나는 그림이 완성되자 그 그림들을 모두 없애버렸다. 눈을 감으면 언제나 그 그림들을 볼 수 있다고 확신했기 때문이다. 그게 25년 전의 일이다. 그 강의에 대한 기억은 이미 20년 전에 잊어버렸다. 하지만 나는 언제든 다시 그 강의 내용을 쓸 수 있다. 아직도 내 머릿속에서 그 그림들이 잊히지 않기 때문이다."

최근 나는 기억에 관해 강연할 기회가 있었다. 나는 이 장에 있는 소재들을 매우 광범위하게 사용하고 싶었다. 나는 핵심을 기억하기 위해 그림을 이용했다. 창문 밖에서 군중들이 소리치고 밴드가 연주하는 동안 역사서를 읽는 루스벨트의 모습을 머릿속에 그렸다. 토머스 에디슨이 벚나무를 바라보는 장면을 떠올렸다. 링컨이 큰 소리로 신문을 읽는 모습을 그렸다. 마크 트웨인이 청중 앞에서 손가락의 잉크를 지우는 장면을 상상했다.

나는 어떻게 그림의 순서를 기억했을까? 1, 2, 3, 4 이런 식으로? 아니다. 그런 식은 너무 어려웠을 것이다. 나는 숫자를 그림으로 바꾸었고, 그 주제에 해당하는 그림과 결합시켰다. 예를 들어 숫자 1(One)은 달리기(Run)와 발음이 비슷하기 때문에 1에 대한 상징으로 경주마를 만들었다. 나는 루스벨트가 그의 방에서 경주마에 올라탄 채 책을 읽고 있는 모습을 그렸다. 2(Two)는 동물원(Zoo)을 선택했다. 나는 토머스 에디슨이 쳐다보는 벚나무가 동물원의 곰 우리 안에 있도록 했다. 3(Three)은 발음이 비슷한 나무(Tree)를 대상으로 그림을 그렸다. 나는 링컨이 나무 꼭대기에서 팔다리를 아무렇게나 뻗고 앉은 채 동료에게 큰 소리로 신문을 읽어주고 있는 모습을 떠올렸다. 4(Four)는 문(Door)을 상상했다. 마크 트웨인이 문의 문설주에 기대서서 청중들에게 연설하면서 손가락에 묻은 잉크를 침으로 지우고 있도록 만들었다.

이 글을 읽는 많은 이들이 이런 방법을 우습게 여길지도 모른다는 사실을 잘 알고 있다. 사실 이 방법은 우습다. 바로 그 점이 이 방법이 효과가 있는 이유 중 하나다. 기이하고 우스운 것을 기억하기는 상대적으로 쉽다. 만약 내가 말하고자 하는 핵심의 순서를 숫자로만 기억하려고 했다면 쉽게 잊어버렸을 것이다. 하지만 내가 방금 전에 설명했던 방법대로 하면 잊어버리는 것은 거의 불가능하다. 세 번째 핵심 내용을 기억하고 싶으면 나는 나무 꼭대기에 무엇이 있었는지 생각해보기만 하면 된다. 그러면 바로 링컨의 모습이 떠오른다.

나는 내 편의대로 1에서 20까지의 숫자들을 그 숫자와 발음이 비슷한 그림들로 골라서 바꾸어놓았다. 여기에 그 그림들을 적어두었다. 30분 정도만 시간을 들여 이 그림 숫자들을 기억해두면, 기억에 심어놓은 20개 정도의 항목은 정확한 순서대로 반복할 수도 있고, 어떤 항목이 여덟 번째고 열네 번째인지, 세 번째는 무엇이었는지 등을 말하면서 무작위로 건너뛸 수도 있을 것이다.

여기 그림 숫자들이 있다. 한번 시도해보기 바란다. 분명 재미있다고 생각할 것이다.

1(One). 달리기(Run)―경주마를 시각화한다.

2(Two). 동물원(Zoo)―동물원의 곰 우리를 본다.

3(Three). 나무(Tree)―세 번째 대상이 나무 꼭대기에 누워 있는 것처럼 그린다.

4(Four). 문(Door)―또는 수퇘지(Wild boar). 어떤 물건이나 동물이든 4(Four)처럼 발음되는 것을 선택한다.

5(Five). 벌집(Bee hive)

6(Six). 아프다(Sick)―적십자 간호사를 그린다.

7(Seven). 천국(Heaven)―금으로 덮인 길과 하프를 연주하는 천사들을 떠올린다.

8(Eight). 출입구(Gate)―대문을 그린다.

9(Nine). 포도주(Wine)―탁자 위의 병이 쓰러져 있고, 포도주가 쏟아져서 아래에 있는 물건 위로 떨어진다. 그림에 동작을 집어넣으면 기억하는 데 도움이 된다.

10(Ten). 굴(Den)―깊은 숲 속의 바위 동굴 안에 있는 야생동물의 굴.

11(Eleven). 미식축구 선수 11(Eleven)명―그들이 운동장을 미친 듯이 가로지르는 모습. 내가 열한 번째로 기억하고 싶은 대상을 그들이 하늘 높이 치켜들고 달리는 모습을 그린다.

12(Twelve). 선반에 놓기(Shelve)―누군가 선반에 무엇인가를 올려놓는 모습을 그린다.

13(Thirteen). 다치기(Hurting)―상처에서 피가 뿜어져 나오고 열세 번째 대상을 붉게 물들이는 것을 그린다.

14(Fourteen). 구애(Courting)―한 커플이 어딘가에 앉아 사랑을 나누고 있다.

15(Fifteen). 들어올리기(Lifting)―세계 헤비급 챔피언이었던 존

L. 설리번 같은 강한 남자가 그의 머리 위로 무엇인가를 높이 들어 올리고 있다.

16(Sixteen). 참패(Licking)—주먹싸움.

17(Seventeen). 발효시키기(Leavening)—주부가 밀가루를 반죽하면서 열일곱 번째 대상을 반죽 속에 넣고 있다.

18(Eighteen). 기다리기(Waiting)—한 여자가 깊은 숲 속 갈림길에서 누군가를 기다리면서 서 있다.

19(Nineteen). 비통(Pining)—한 여자가 울고 있다. 그녀의 눈물이 열아홉 번째 대상 위로 떨어지는 모습을 그린다.

20(Twenty). 풍요의 뿔(Horn of Plenty)—꽃과 과일, 곡식으로 넘치는 염소의 뿔.

만약 당신이 시험해보고 싶다면 몇 분 동안 이 그림 숫자들을 외우기 바란다. 원한다면 당신만의 그림을 만들어도 좋다. 10(Ten)이라면 굴뚝새(Wren)나 만년필(Fountain pen), 암탉(Hen), 구취 제거제인 센센(Sen-Sen)처럼 어떤 것이든 10(Ten)처럼 발음 나는 것을 사용하면 된다.

열 번째로 기억해야 할 대상이 풍차라고 가정해보자. 암탉이 풍차에 앉아 있는 모습을 그리거나 풍차가 만년필에 채울 잉크를 길어 올리는 모습을 그리면 된다. 그리고 열 번째 대상이 무엇이었는지 질문을 받으면, 열 번째가 무엇인지에 대해서는 전혀 고민하지 않아도 된다. 암탉이 어디에 앉아 있는지만 떠올려라. 이런 방법이 효과가 있을까 의심하는 사람도 있겠지만,

한번 시험해보라. 아마 남다른 기억력으로 사람들을 깜짝 놀라게 할 것이다. 적어도 당신은 재미있다고 느낄 것이다.

《신약성경》처럼 긴 책을 외우는 방법

카이로에 있는 알 아즈하르 대학은 세계에서 제일 큰 대학 중 하나다. 이슬람계 교육 기관으로 재학생이 2만 1000명이다. 입학시험에서 모든 지원자들은 이슬람교의 경전《코란》을 암송해야 한다.《코란》은 대략《신약성경》만큼 길고, 전부 암송하는 데 3일이 걸린다!

중국 학생들, 또는 이른바 '학동(學童)'들도 중국의 종교 관련 책과 고전을 암기해야만 한다.

아랍이나 중국 학생들 가운데 많은 학생들은 평범한 능력을 갖고 있을 뿐인데, 어떻게 이처럼 놀라운 기억력이 필요한 일을 해내는 것일까?

두 번째 기억의 자연법칙인 '반복'을 통해서다. 만일 충분히 자주 반복한다면 당신은 거의 무한히 긴 내용을 암기할 수 있다. 당신이 기억하고 싶은 지식을 반복해서 암기하라. 그 지식을 활용하라. 적용하라. 대화를 할 때 새로운 단어를 이용하라. 낯선 사람의 이름을 기억하고 싶다면 그 사람의 이름을 자주 불러라. 당신이 대중 연설에서 주장하고 싶은 내용의 핵심을 평소 대화할 때 말해보라. 사용된 지식은 오래 기억되는 경향이 있다.

가치 있는 반복은 무엇인가

하지만 맹목적이고 기계적으로 반복하는 암기는 충분하지 않다. 현명한 반복, 즉 확고하게 정립되어 있는 몇몇 정신적 특성에 따른 반복이 우리가 해야 할 일이다. 예를 들어 에빙하우스 교수는 학생들에게 'deyux''qoli' 등과 같은 무의미한 철자 목록을 외우라고 했다. 교수는 학생들이 무의미한 철자들을 3일에 걸쳐 38번 반복하면, 한 번에 68번 반복 암기했을 때와 같은 수만큼의 단어를 기억한다는 사실을 알아냈다. 다른 심리학 실험들도 비슷한 결과를 보여주었다.

이러한 사실은 우리의 기억이 어떻게 작용하는지에 관한 상당히 중요한 발견이다. 이는 사람이 어떤 것을 외울 때까지 한 자리에 앉아서 계속 반복하면, 같은 결과를 달성하기 위해 일정한 간격을 두고 반복할 때보다 두 배의 시간과 에너지가 든다는 것을 알고 있음을 의미한다.

이러한 정신적 특색—우리가 그렇게 부를 수 있다면—은 다음의 두 가지 요소로 설명할 수 있다.

첫째, 반복하는 사이에 우리의 잠재의식은 연관성을 더 견고하게 만들기 위해 바쁘다. 제임스 교수가 현명하게 말했듯이 "우리는 겨울 동안 수영을 배우고, 여름 동안 스케이트 타기를 배운다."

둘째, 정신이 간격을 두고 작업함으로써 지속적인 활동에 의한 압박으로 피로해지지 않는다. 《아라비안나이트》를 번역한 리처드 버튼 경은 27개 언어를 모국어처럼 구사했다. 하지만 그는 어떤 언어도 한번에 15분 이상 공부하거나 연습한 적이 없다고 고백했다. "15분이 지나면 뇌는 신선함을 잃어버리거든요."

이제 이런 사실들을 확인한 상식이 있는 사람이라면 누구도 연설 하루 전날 밤까지 준비를 미루지는 않을 것이다. 만약 미룬다면 그의 기억력은 당연히 잠재되어 있는 효율성의 절반밖에 활용되지 않을 것이다.

여기 우리가 어떻게 망각하는지에 관한 아주 유용한 발견이 있다. 심리학 실험들은 우리가 배운 새로운 내용들은 처음 8시간 동안 잊어버리는 것이 나중에 30일 동안 잊어버리는 것보다 더 많다는 것을 반복적으로 보여준다. 얼마나 놀라운 비율인가! 그러니 사업상 회의나 학부모회 모임, 클럽 모임에 가기 직전, 연설을 하기 바로 전에 자료들을 훑어보고 사실들을 확인해서 당신의 기억을 새롭게 만들어라.

링컨은 이런 연습이 어떤 가치가 있는지 알고 있었고, 실제로 그 방법을 활용했다. 게티즈버그에서 링컨은 대학자인 에드워드 에버렛 다음에 연설을 할 예정이었다. 에버렛의 길고 정중한 연설이 막바지에 다다르자, 링컨은 자기 앞사람이 연설할 때면 늘 그러듯이 눈에 띌 정도로 긴장했다. 그는 황급히 안경을 고쳐 쓰더니 주머니에서 원고를 꺼내 조용히 읽으며 기억을 새롭게 했다.

윌리엄 제임스 교수가 말하는 기억력 향상의 비결

기억에 관한 두 가지의 법칙은 이 정도로 하겠다. 하지만 세 번째 법칙인 '연상'은 기억에 필수적인 요소다. 사실 연상은 기

억 자체에 관한 설명이다. 다음은 제임스 교수의 현명한 발언
이다.

"우리의 정신은 기본적으로 연상하는 기계다. (…) 가령 내가
잠시 동안 가만히 있다가 명령하는 목소리로 '기억하라! 기억
해내라!'라고 말했다고 하자. 그러면 당신의 기억력은 내 명령
에 따라 과거에서 어떤 확실한 이미지를 재생시킬 수 있을까?
물론 아니다. 당신의 정신은 텅 빈 공간을 응시하며 '당신은 내
가 무엇을 기억하기를 바라는 겁니까?'라고 물을 것이다. 한마
디로 정신은 신호가 필요하다.

하지만 만약 내가 생일을 기억하라거나 아침에 무엇을 먹었
는지 기억하라거나 음계에서 음의 연속을 기억하라고 말한다
면, 당신의 기억력은 즉시 요청한 결과를 불러낼 것이다. 신호
는 수많은 가능성들 속에서 특정한 사실을 결정한다. 이런 일
이 어떻게 일어나는지 살펴보면, 신호란 기억해낸 사물과 밀접
하게 관련된 어떤 것임을 곧 깨닫게 될 것이다. '내 생일'이란
말은 특정한 년, 월, 일과 아주 밀접한 관계가 있다. '오늘 아침
식사'라는 말은 커피, 베이컨, 달걀로 이어지는 가능성들을 제
외한 모든 다른 가능성들을 잘라낸다. '음계'라는 말은 도, 레,
미, 파, 솔, 라, 시, 도와 오래된 이웃이다.

사실 연상의 법칙은 외부에서 침입해 들어오는 감각이 방해
하지 않으면 거의 모든 사고의 흐름을 지배한다. 마음속에 떠
오르는 것은 무엇이든 꺼내야 하며, 꺼낼 때 그 대상은 어떤 것
과의 연상으로서 이미 마음속에 있다. 이것은 당신이 생각해내

는 것은 물론 당신이 기억해내는 모든 것에도 적용된다. (…)

훈련된 기억력은 연상에 관한 조직화된 체계를 바탕으로 한다. 그리고 그 장점은 두 가지 특성에 달려 있다. 첫 번째는 연상의 지속성이고, 두 번째는 다양성이다. 그러므로 '좋은 기억력의 비결'이란 우리가 기억하고자 하는 모든 사실들에 관해 다양하고 복합적인 연상을 만드는 것이다. 하지만 사실과의 연상을 형성하는 것이 그 사실에 대해 가능한 한 많이 생각하는 것이 아니고 무엇이겠는가? 요약하자면 비슷해 보이는 외적 경험들을 한두 사람 가운데 자신의 경험에 대해 더 많이 생각하고, 그 경험들을 다른 것들과 체계적으로 관계를 만들어내는 사람이 최고의 기억력을 가진 사람이 될 것이다."

어떻게 사실들을 서로 연결시킬 것인가

좋다! 그러면 우리는 사실들을 어떻게 서로 체계적인 관계로 만들어낼 것인가? 사실들의 의미를 찾고, 사실들을 계속 생각하는 것이 답이다. 예를 들어 당신이 어떤 새로운 사실에 대해 아래와 같이 묻고 질문에 답한다면, 그 과정은 새로운 사실이 다른 사실들과 체계적인 관계를 맺는 데 도움이 될 것이다.

1. 왜 이렇게 되었는가?
2. 어떻게 이렇게 되었는가?
3. 언제 이렇게 되었는가?
4. 어디에서 이렇게 되었는가?

5. 누가 이렇게 말했는가?

예를 들어 새로운 사실이 낯선 사람의 이름이라면, 그리고 흔한 이름이라면 우리는 같은 이름을 가진 친구에 그 이름을 연결시킬 수 있을 것이다. 반면 특이한 이름이라면 흔한 이름이 아니라고 말할 수 있는 기회를 얻을 수 있다. 그러면 낯선 사람은 자신의 이름에 대해 말하게 된다. 예를 들어 이 장을 쓰는 동안 나는 소터 부인을 소개받았다. 나는 그녀에게 이름의 철자를 물어보고 이름이 독특하다고 말했다. 그러자 그녀는 이렇게 대답했다. "네, 매우 흔치 않은 이름이죠. 그리스어로 '구원자'라는 뜻이에요." 그리고 그녀는 내게 아테네에서 온 남편의 지인들과 그곳에서 그들이 고위 관료를 지냈다는 이야기를 해주었다. 나는 사람들이 자기 이름에 대해 말하게 하는 것이 매우 쉽고, 그럼으로써 내가 그들의 이름을 더 잘 기억할 수 있다는 사실을 깨달았다.

새로 만나는 사람의 얼굴을 세심하게 관찰하라. 눈동자나 머리카락 색깔을 확인하고, 그의 특징을 눈여겨보라. 그가 어떻게 옷을 입었는지 확인하라. 그가 말하는 방식을 들어보라. 그의 외모와 성격에 관한 깨끗하고 날카로우며 선명한 인상을 기억하며 그의 이름과 연결시켜라. 다음번에 이런 선명한 인상을 떠올리면, 그들의 이름을 기억해내는 데 도움이 될 것이다.

어떤 사람을 두세 번 만났을 때, 그의 사업이나 직업은 기억나는데 그의 이름은 기억나지 않는 경험이 있는가? 그 이유는 그 사람의 직업이 분명하고 구체적인 어떤 것이기 때문이다. 직업은 의미를 갖는다. 그의 의미 없는 이름이 가파른 지붕에서 우박이 떨어지듯 굴러가 버리는 동안 직업은 반창고처럼 기억에 딱 붙을 것이다. 따라서 그의 이름을 확실히 기억하기 위해 이름을 그의 직업에 연결할 문구를 만들어야 한다. 이 방법의 효과에 대해서는 의심할 여지가 없다. 예를 들어보겠다.

최근 필라델피아 주의 펜 애슬레틱 클럽에서 이 교육과정에 참석하기 위해 20명의 서로 모르는 사람들이 만났다. 사람들은 각자 일어서서 이름과 직업을 말해야 했다. 그리고 소개한 후에는 두 가지를 연결하기 위해 문구를 만들었다. 그러자 거기 모인 사람들은 몇 분 안에 방 안에 있는 다른 사람들의 이름을 전부 기억할 수 있었다. 심지어는 교육과정이 끝난 뒤에도 그들의 이름이나 직업을 잊지 않았다. 그들의 이름과 직업이 서로 결합되어 있었기 때문이다. 그들의 이름과 직업은 그들의 기억 속에 딱 달라붙어 있었다.

다음은 그때 모인 사람 중 10명의 이름을 알파벳 순서대로 적은 것이다. 그리고 그 옆에 있는 것은 이름과 직업을 연결하기 위해 사용했던 다듬지 않은 어구들이다.

G. P. Albrecht (모래 채취업) — "Sand makes all bright(모래는 모든 것을 밝게 만든다)."

George A. Ansley (부동산 중개업) — "To sell real estate, advertise in Ansley's Magazine(부동산을 팔려면 〈앤슬리스

매거진〉에 광고하라)."

G. W. Bayless (아스팔트업) — "Use asphalt and pay less(아스팔트를 사용하고 돈을 적게 내세요)."

H. M. Biddle (모직업) — "Mr. Biddle piddles about the wool business(비들 씨는 모직업에서 빈둥빈둥)."

Gideon Bocricke (광산업) — "Boericke bores quickly for mines(보크리크는 광산을 빠르게 뚫는다)."

Thomas Devery (인쇄업) — "Every man needs Devery's printing(모두 데버리 씨의 인쇄가 필요하다)."

O. W. Doolittle (자동차 매매업) — "Do little and you won't succeed in selling cars(노력하지 않으면 자동차를 팔 수 없다)."

Thomas Fischer (석탄업) — "He fishes for coal orders(그는 석탄을 주문받으려고 낚시질을 한다)."

Frank H. Goldey (목재업) — "There is gold in the lumber business(목재업에 금이 있네)."

J. H. Hancock (〈새터데이 이브닝 포스트〉) — "Sign your John Hancock to a subscription blank for the Saturday Evening Post(〈새터데이 이브닝 포스트〉 구독 신청서에 존 핸콕의 이름을 써 넣자)."

날짜를 외우는 방법

날짜는 당신이 이미 확실히 알고 있는 중요한 날짜와 연결시키면 가장 잘 기억할 수 있다. 가령 미국인에게는 수에즈 운하가 1869년에 개통되었다고 기억하는 것이 남북전쟁 종전 4년 후에 개통되었다고 기억하는 것보다 훨씬 더 어렵지 않겠는가? 만약 호주에 유럽인이 처음 정착한 때가 1788년이라는 것을 미국인이 외우려고 한다면, 그 연도는 마치 자동차에서 느슨한 볼트가 빠지는 것처럼 쉽게 잊힐 것이다. 1776년 7월 4일과 연관 지어 생각한다면, 그리고 독립선언 후 12년 뒤에 정착이 시작되었다고 기억한다면 훨씬 잘 기억할 것이다. 이는 느슨한 볼트를 꽉 조이는 것과 같다. 그러면 기억이 오래 유지된다.

전화번호를 선택할 때도 이 원칙을 기억하는 것이 좋다. 가령 세계대전 기간 중에 나의 전화번호는 1776번이었다. 이 번호를 외우기 어려워하는 사람은 없었다. 만약 전화 회사에서 1492, 1861, 1865, 1914, 1918 같은 번호를 얻어낼 수 있다면, 당신 친구들은 전화번호부를 뒤질 필요가 없을 것이다. 당신이 무미건조하게 전화번호를 알려준다면, 친구들은 당신의 전화번호가 1492번이었다는 사실을 잊을지도 모른다. 하지만 당신이 "내 전화번호를 쉽게 기억할 수 있어. 콜럼버스가 미국을 발견한 게 1492년이야"라고 말한다면, 그들은 전화번호를 잊지 못할 것이다.

이 글을 읽는 호주인, 뉴질랜드인, 캐나다인은 물론 1776, 1861, 1865 대신에 자국의 역사에서 중요한 날짜를 선택하면 된다.

다음의 연도를 가장 잘 기억할 수 있는 방법은 무엇일까?

a. 1564년—셰익스피어 탄생

b. 1607년—영국인들이 미국에 처음 이주해 제임스타운을 설립

c. 1819년—빅토리아 여왕 탄생

d. 1807년—로버트 E. 리 탄생

e. 1789년—바스티유 감옥 함락

순전히 기계적인 반복에 의해 북부 연방에 가입한 13개 주를 순서대로 외우려고 하면 당신은 틀림없이 힘들다고 생각할 것이다. 하지만 그 사실들을 이야기에 연결시키면 시간과 노력을 훨씬 덜 들이고도 쉽게 기억할 수 있다. 아래 문단을 딱 한 번만 읽어보라. 집중해서. 다 읽었을 때 정확한 순서대로 13개 주의 이름을 외울 수 있는지 확인해보라.

"어느 토요일 오후, 델라웨어(Delaware)에서 온 젊은 여성이 짧은 여행을 위해 펜실베이니아(Pennsylvania)를 지나는 열차표를 한 장 샀다. 그는 여행 가방에 뉴저지(New Jersey)에서 만든 스웨터를 챙겨 넣고 친구 조지아(Georgia)를 만나러 코네티컷(Connecticut)을 방문했다. 다음 날 아침, 그녀와 친구는 메리(Maryland)네 땅에 있는 성당의 미사(Massachusetts)에 참가했다. 그리고 집으로 가는 남행 열차(South Carolina)를 타고 뉴욕(New York)에서 온 흑인 요리사 버지니아(Virginia)가 구운 새로운 햄(New Hampshire)으로 식사를 했다. 저녁 식사 후에 그들은 다시 북부행(North Carolina) 열차를 타고 아일랜드(Rhode Island)로 달려갔다."

어떻게 연설의 핵심을 기억할 것인가

우리가 무언가를 생각해내는 데는 단 두 가지 방법이 있다. 하나는 외부 자극을 통해서이고, 다른 하나는 이미 기억하고 있는 무엇을 연상해서다. 이를 연설에 적용하면 다음과 같은 의미가 있다. 첫째, 당신은 메모와 같은 외부 자극의 도움을 받아 핵심을 기억할 수 있다. 하지만 누가 메모를 보는 연설자를 보고 싶어 할까? 둘째, 이미 기억하고 있는 다른 것을 연상해서 핵심을 기억할 수 있다. 어떤 방의 문이 다음 방으로 연결되듯 자연스럽게 첫 번째 연상이 필연적으로 두 번째로 연결되고, 두 번째 연상이 세 번째로 연결되도록 논리적인 순서대로 배열해야 한다.

이 말은 간단하게 들리지만, 두려움 때문에 사고력이 마비되곤 하는 초보자들에게는 결코 쉬운 일이 아니다. 하지만 핵심을 한데 묶기 위해서 쉽고, 빠르고, 거의 누구나 이용할 수 있는 방법이 있다. 나는 터무니없는 문장을 이용한다. 설명을 위해서 당신이 '소, 담배, 나폴레옹, 집, 종교'처럼 아무런 연관도 없고, 따라서 기억하기도 어려운 완전히 뒤죽박죽된 개념들에 대해서 토론하고 싶어 한다고 가정해보자. 이 우스꽝스러운 문장을 이용해서 사슬의 고리처럼 이 단어들을 조합할 수 있는지 확인해보라. "소가 담배를 피우면서 나폴레옹을 낚았고, 집은 종교 때문에 불타버렸다."

이제 앞의 문장을 손으로 가리고 다음의 질문에 답해보라. 앞에서 세 번째로 말한 대상은 무엇인가? 다섯 번째는? 네 번째는? 두 번째는? 첫 번째는?

이 방법이 효과가 있는가? 물론 효과가 있을 것이다! 기억력을 향상시키고 싶은 사람은 이 방법을 사용하길 권한다.

어떤 대상이건 이런 방법을 사용해 서로 연결시킬 수 있다. 그리고 연결하는 데 사용되는 문장이 우스꽝스러울수록 기억하기도 더 쉬워진다.

완전히 잊어버린 경우 어떻게 해야 하는가

연설자가 충분히 준비하고 주의를 기울였음에도 불구하고 교회 사람들 앞에서 연설을 하던 도중 갑자기 머릿속이 텅 비고, 아무 말도 못한 채 청중들을 바라보는 끔찍한 상황을 가정해보자. 혼란과 패배감에 주저앉기에는 연설자의 자존심이 허락하지 않는다. 은혜로운 10~15초만 있다면 다음 말을, 적어도 어떤 말을 생각해낼 수 있을 것 같다. 하지만 청중을 앞에 둔 상태에서 제정신이 아닌 침묵의 15초는 재앙에 가깝다. 이럴 때는 어떻게 해야 할까? 최근에 한 유명한 미국 상원 의원이 이런 상황에 빠졌다. 그는 청중들에게 자신의 목소리가 잘 들리는지, 뒤쪽에서도 제대로 들리는지 물었다. 그는 자신의 목소리가 충분히 크다는 것을 알고 있었다. 그는 답변이 필요한 게 아니었다. 다만 시간이 필요할 뿐이었다. 그리고 그 짧은 시간 동안 그는 생각을 정리했고, 연설을 계속해나갔다.

하지만 이런 정신적인 혼란이 닥쳤을 때 최고의 구원책은 새로운 문장을 시작하기 위해 마지막 문장에 있던 단어나 문구, 생각을 이용하는 것이다. 이 방법은 테니슨이 시에서 읊는 냇물처럼 별 의도 없이도 끝없는 사슬을 만들어낸다. 그러면 실제로 이 방법이 어떻게 사용되는지 살펴보자. 사업에서의 성공에 관한 이야기를 하고 있는 한 연설자가 있다. 그는 다음과 같이 말한 후에 정신적으로 막다른 골목에 부딪혔다고 상상해보자.

"보통의 직원들이 성공하지 못하는 이유는 자신의 일에 대해 진정한 관심을 갖지 않고 주도적으로 일하지 않기 때문입니다."

'주도적.' '주도적'이라는 단어로 문장을 시작하라. 무슨 말을 하게 될지, 문장이 어떻게 끝날지 모르겠지만 그럼에도 불구하고 일단 시작하라. 어설픈 연설이 완전한 패배보다 낫다.

"주도적이라는 것은 독창성이고, 누군가 말하기를 무작정 기다리지 않고 스스로 하는 것입니다."

이 말은 그다지 재기 넘치는 것은 아니다. 연설의 역사에 남을 만한 명연설도 아니다. 하지만 고통스러운 침묵보다 낫지 않은가? 우리의 마지막 문구는 무엇이었나? '누군가 말하기를 기다리는 것'이었다. 좋다. 이 말로 새로운 문장을 시작해보자.

"독창적으로 생각하지 않는 직원에게 계속 이야기하고, 그를 안내

해주고 이끌어주는 일만큼 사람을 힘들게 하는 게 무엇인지 상상이나 할 수 있을까요?"

자, 우리는 하나의 주제를 끝냈다. 이제 다음 주제로 넘어가자. 이번에는 상상력에 관해 이야기해야 한다.

"상상력은 필요합니다. 비전을 가져야 합니다. 솔로몬은 '비전이 없는 곳에서 사람은 죽는다'라고 말했습니다."

이제 아귀가 들어맞는 두 단락을 만들었다. 자신감을 갖고 계속하자.

"매년 비즈니스 전선에서 패배하는 직원들의 숫자는 진정 한탄스럽습니다. 저는 한탄스럽다고 말했습니다. 조금만 더 충성심과 야망, 열정을 가졌더라면 패배한 사람들이 성공과 실패를 가르는 경계선 안쪽에 있었을 것이기 때문입니다. 하지만 비즈니스에서의 실패는 결코 그런 것을 눈감아주는 법이 없습니다."

이런 식으로 계속한다. 연설자가 이렇게 진부한 이야기를 하는 동안 동시에 계획한 연설의 다음 주제에 대해, 그가 원래 이야기하고자 했던 것을 열심히 생각해야만 한다.
이런 끝없이 이어지는 생각의 사슬 방법을 계속하면 연설자는 어느 순간 건포도를 넣은 푸딩이나 카나리아 새의 가격에 대한 엉뚱한 이야기로 빠질 것이다. 하지만 건망증 탓에 일시적으로 모든 것을 잊어버린 상처받은 정신에는 훌륭한 응급 처치가 된다. 그리고 이 방법은 헐떡이며 죽어가는 수많은 연설을 소생시키는 방법이 되어왔다.

모든 분야의 기억력을 향상시킬 수는 없다

나는 이 장에서 생생한 인상을 얻고, 반복하고, 사실들을 연상하는 방법을 어떻게 하면 더 개선할 수 있는지에 대해 설명했다. 하지만 제임스 교수가 지적했듯이 기억력이란 기본적으로 연상의 문제라서 "전반적이고 기본적인 기억력의 향상은 있을 수 없다. 관련된 것들로 이루어진 특수한 체계로 결합된 것들에 대한 기억만 향상이 가능하다."

예를 들어 매일 셰익스피어의 작품 한 구절을 외운다면 우리는 문학적인 어구에 대한 기억력을 놀라울 정도로 향상시킬 수 있다. 새로 외우는 구절들은 기억 속에서 관련된 수많은 친구를 찾아 연결될 것이다. 하지만 《햄릿》부터 《로미오와 줄리엣》에 이르기까지 모든 구절을 외운다고 해서 면직물 시장에 대한 내용이나 선철에서 실리콘을 제거하기 위한 제강법을 외우는 데는 도움이 되지 않는다.

다시 한 번 말하겠다. 이 장에서 논의한 원칙들을 적용하고 사용하면 기억하는 방법이나 효율성을 개선할 수는 있다. 하지만 이러한 원칙들을 따르지 않는다면, 야구에 관한 1000만 가지 사실을 외운다고 해도 주식시장에 관한 사실을 기억하는 데는 조금도 도움이 되지 않을 것이다. 그렇게 연관 없는 정보들을 한데 연결시키는 것은 불가능하다. "우리의 정신은 기본적으로 연상하는 기계다."

기억력 향상시키기

1. 저명한 심리학자인 칼 시쇼 교수는 이렇게 말한다. "평균적인 사람은 실제로 타고난 기억력의 10퍼센트도 사용하지 못한다. 우리는 기억의 자연법칙을 위반하고 나머지 90퍼센트를 낭비하고 있다."

2. '기억의 자연법칙'은 인상, 반복, 연상의 세 가지다.

3. 당신이 기억하고 싶은 것에 대해 깊고 생생한 인상을 획득하라. 그러기 위해서는 다음을 따르라.

   1) 집중하라. 시어도어 루스벨트의 뛰어난 기억력의 비결이다.

   2) 자세히 관찰하라. 정확한 인상을 얻어라. 안개 속에서 카메라는 정확한 사진을 찍을 수 없다. 당신의 정신도 흐릿한 인상을 계속 간직하지 못할 것이다.

   3) 가능한 많은 감각을 통해 인상을 얻어라. 링컨은 기억하고 싶은 것은 무엇이든 큰 소리로 읽었고, 시각적, 청각적 인상을 모두 얻었다.

   4) 무엇보다 시각적 인상을 확실히 얻어라. 시각적 인상은 강력하다. 눈에서 뇌로 연결되는 신경은 귀에서 뇌로 가는 신경보다 25배 더 넓다. 마크 트웨인은 메모를 이용할 때 연설의 개요를 기억하지 못했다. 하지만 메모를 던져버리고 그의 다양한 핵심 내용들을 기억하기 위해 그림을 이용하자, 모든 문제가 해결되었다.

4. 기억의 두 번째 법칙은 반복이다. 수천 명의 이슬람 학생들은 《신약성경》만큼 긴 코란을 반복의 힘으로 암기한다. 우리가 충분히 자주 반복한다면 온당한 범위 내에서 어떤 것이든 기억할 수 있다. 하지만 반복에 관해 다음의 사실

들을 명심하자.

1) 앉아서 외워질 때까지 계속해서 반복하지 마라. 한두 번 반복하고 나서 손에서 내려놓아라. 나중에 되돌아와서 다시 반복하라. 그런 식으로 간격을 두고 반복하면 한자리에 앉아서 외우는 데 드는 시간의 절반이면 외울 수 있다.

2) 우리는 외우고 난 후 나중에 30일 동안 잊는 것만큼이나 8시간 동안에도 많이 잊는다. 그러므로 연설을 하러 올라가기 몇 분 전에 메모를 다시 확인하라.

5. 기억의 세 번째 법칙은 연상이다. 어떤 것을 기억하는 유일한 방법은 그 내용을 다른 사실과 연결시키는 것이다. 제임스 교수는 이렇게 말한다. "마음속에 떠오르는 것은 무엇이든 꺼내야 합니다. 그리고 꺼낼 때 그 대상은 어떤 것과의 연상으로서 이미 마음속에 있습니다…. 자기 경험에 대해 더 많이 생각하고, 그 경험들을 다른 것들과 체계적으로 관계를 만들어내는 사람이 최고의 기억력을 가진 사람이 될 것입니다."

6. 어떤 사실을 이미 기억하고 있는 다른 것들과 연결하고 싶을 때는 새로운 사실을 모든 각도에서 생각해보라. 다음의 질문들을 해보라. "왜 이렇게 되었는가? 어떻게 이렇게 되었는가? 언제 이렇게 되었는가? 어디서 이렇게 되었는가? 누가 이렇게 말했는가?"

7. 새로 만나는 사람의 이름을 기억하려면 이름을 어떻게 쓰는지 등의 질문을 하라. 그의 외모를 자세히 살펴보라. 그의 얼굴과 이름을 연결해보라. 그의 직업을 알아내서 펜 애슬레틱 클럽에서 했던 것처럼 그의 이름과 직업을 연결할 말도 안 되는 문구를 만들어보라.

8. 날짜를 기억하려면 이미 기억하고 있는 유명한 날짜와 연결하라. 예를 들어 셰익스피어 탄생 300주년은 남북전쟁 중에 일어났다.

9. 연설의 핵심을 기억하기 위해서는 처음 핵심이 자연스럽게 다음으로 연결되도록 논리적인 순서대로 정렬해야 한다. 게다가 주요 핵심을 뽑아 터무니없는 문장을 만들 수도 있다. 예를 들면 이런 식이다. "소가 담배를 피우며 나폴레옹을 낚았고, 집이 종교 때문에 불타버렸다."

10. 만약 모든 주의를 기울였음에도 불구하고 무엇을 말하고자 했는지 갑자기 잊어버렸다면, 새로운 문장의 첫 번째 단어로 마지막 문장의 마지막 단어를 이용하면 완전히 실패하지 않을 수도 있다. 이 방법은 다음 주제가 생각날 때까지 계속할 수 있다.

5

청중을 깨어 있게 만드는 비법

"천재성은 집중력에서 나온다. 가치 있는 것을 성취한 사람은 고양이를 쫓아가는 불도그처럼 온몸의 신경을 곤두세운 채 집요하고 끈질기게 목표물을 쫓아간 사람이다."

─W. C. 홀먼, 내셔널 캐시 레지스터 사의 전 판매 담당 임원

"남성이든 여성이든 열정적인 사람은 만나는 사람들을 언제나 자석처럼 끌어당긴다."

─M. 애딩턴 브루스

"진심을 다하라. 열정이 열정을 부른다."

─러셀 H. 콘웰 박사

"나는 열정으로 끓어오르는 사람을 좋아한다. 진흙 웅덩이가 되기보다는 간헐천이 되는 것이 낫다."

─존 G. 셰드, 마셜필드 사의 전 CEO

"그는 최선을 다하였으므로 하는 일마다 잘되었다."

─《구약성경》, 〈역대기〉 하편

청중을 깨어 있게
만드는 비법

나는 세인트루이스 주에서 열린 상공회의소 모임에서 셔먼 로저스와 연설을 한 적이 있다. 만약 내 연설 순서가 더 빨랐고 적당한 핑계거리가 있었다면, 나는 연설을 한 후에 즉시 자리를 떠났을 것이다. 왜냐하면 그에게는 '벌목공 웅변가'라는 별명이 있었기 때문이다. 나는 소위 '웅변가'라는 부류를 밀랍으로 만든 꽃과 비슷하다고 여겼기 때문에, 솔직히 따분한 연설을 듣게 될 것으로 예상했다. 하지만 그날 내 예상은 빗나갔다. 로저스의 연설은 내가 들었던 최고의 연설 가운데 하나였다.

그러면 셔먼 로저스는 누구인가? 그는 서부 지역의 깊은 숲에서 생의 대부분을 보낸 진짜 벌목공이다. 그는 대중 연설의 원칙들에 대해 달변을 늘어놓고 있는 책은 알지도 못했고, 그 내용에 신경 쓰지도 않았다. 그의 연설은 세련되지는 않았지만 예리했다. 그는 문법적인 실수를 저지르기도 했고, 연설의 이론적인 교본을 따르지 않은 경우도 있었다. 하지만 이런 실수

는 연설을 망치는 단점들이 아니다. 연설을 망치는 것은 진정
성의 부재다.

그의 연설은 벌목꾼과 벌목꾼 책임자로 살아왔던 경험을 토
대로 생생하게 살아 움직이는 날것이었다. 그의 연설에서는 책
냄새를 맡을 수 없었다. 그의 연설은 살아 있는 생명체였다. 웅
크리고 있다 뛰어올라 청중을 덮쳤다. 그의 입에서 나오는 말
한마디 한마디는 그의 가슴에서 불꽃처럼 뜨겁게 피어올랐다.
청중들은 전율을 느꼈다.

그의 성공 비결은 무엇이었을까? 경이로운 성공의 비결에
대해 에머슨은 다음과 같이 말했다. "역사에 기록된 위대한 성
취는 모두 열정의 승리다."

마법의 단어인 '열정(enthusiasm)'은 '안에'를 뜻하는 그리스
어 'en'과 '신'을 뜻하는 그리스어 'theos'의 두 단어에서 유
래되었다. 어원을 따져볼 때, 열정이란 '우리 안에 있는 신'이
라는 의미를 갖고 있다. 결국 열정적인 사람은 '신들린' 듯한
사람이다.

열정은 물건을 광고하거나 팔 때, 혹은 어떤 일을 되게 만
들 때 가장 효과적이고 중요한 자질이다. 단일 품목으로는 지
구상에서 가장 대규모로 광고를 하는 어떤 사람이 30년 전에
50달러도 채 안 되는 돈만 들고 시카고에 도착했다. 그는 매년
3000만 달러의 풍선껌을 파는 사람, 뤼글리다. 그의 사무실 벽
에는 에머슨의 다음과 같은 말이 액자에 적혀 걸려 있다. "열정
없이 이룬 위대한 업적은 없다."

나도 대중 연설의 기법을 중요하게 생각하던 때가 있었다. 하지만 시간이 흐를수록 연설에 담긴 영혼을 더 신뢰하게 되었다.

브라이언은 이렇게 말했다. "자신이 하는 말의 의미를 잘 알고 진심으로 그렇다고 믿는 사람의 말은 설득력이 있다. 그 말에는 진정성이 있다. 진정성이 없는 연설자에게 지식은 별 도움이 되지 않는다. 설득력 있는 연설이란 오직 마음에서 마음으로 전달되기 때문이다. 연설자가 청중에게 자신의 감정을 속이기란 어렵다. 거의 2000년 전, 로마 제국의 시인은 이에 대해 이렇게 말했다. '만약 다른 이의 눈에서 눈물이 흐르게 하려면, 자신의 슬픔이 먼저 드러나야 한다.'"

마틴 루터는 이렇게 말했다. "만약 내가 멋진 곡을 쓰거나, 좋은 글을 쓰거나, 기도를 잘하거나, 설교를 잘하고 싶다면 감정이 격앙되어야 한다. 그래야 내 핏줄 안의 모든 피가 소용돌이치고 이해력이 날카로워진다."

당신과 내가 그야말로 감정이 반드시 격앙되어야만 하는 것은 아닐지 모르겠지만, 깨어 있어야 하고 진지함과 진실함으로 충만해야 한다는 것은 분명하다.

심지어 말도 격려의 말을 해주면 영향을 받는다. 동물 조련사로 유명한 레이니는 말의 분당 심장 박동 수를 10 이상 올리는 욕설을 알고 있다고 한다. 청중도 말처럼 예민하다.

이러한 사실이 기억해야 할 중요한 핵심이다. 연설을 할 때 청중의 태도를 결정하는 것은 언제나 연설자다. 연설자의 손 안에 청중이 있다. 만약 연설자에게 열의가 없다면 청중도 그럴 것이다. 만약 연설자가 우물쭈물한 태도를 보이면 청중도 그럴 것이다. 만약 연설자가 연설에 마음을 조금만 둔다면 청중도 그럴 것이다. 하지만 연설자가 자신이 말하려는 것에 대해 진지한 태도를 보이고 마음에서 우러나 남에게 전해질 정도의 확신을 갖고 있다면, 청중들도 연설자의 태도에 영향을 받을 것이다.

뉴욕 출신의 유명한 만찬 연설가인 마틴 W. 리틀턴은 이렇게 말한다. "사람이 이성에 의해 움직인다고 믿고 싶지만, 사실 세상사는 감정에 의해 움직입니다. 심각하거나 재치 있는 태도로 청중을 움직이려는 연설자는 실패하기 쉽지만, 진정한 확신을 가지고 호소하는 연설자는 절대 실패하지 않습니다. 주제가 백색레그혼 종 닭을 사육하는 문제든, 아르메니아에서 기독교인들이 겪는 고난이든, 국제연맹에 관한 것이든 상관없이 진정으로 사람들에게 하고 싶은 말이 있다는 확신이 있으면, 그 사람의 연설은 불꽃처럼 타오를 것입니다. 그가 자신의 확신을 보여주기 위해 어떤 표현을 사용하는지는 그리 중요하지 않습니다. 단지 어떤 진지함과 감정적인 힘을 가지고 청중에게 전달하는지가 중요합니다.

열의와 진정성과 열정만 있다면 연설자의 영향력은 넓게 퍼질 것입니다. 500개의 단점이 있다 해도 그는 좀처럼 실패하지 않습니다. 위대한 루빈스타인조차 틀린 건반을 누른 적이 많았지만, 아무도 신경 쓰지 않았습니다. 왜냐하면 전에는 석양을 보더라도 창고 너머 지평선으로 지고 있는 크고 붉은 둥근 물체 말고는 아무것도 보지 못하던 사람들의 영혼에 쇼팽의 시를 들려주었기 때문입니다."

역사적 기록에 따르면, 아테네의 강력한 지도자 페리클레스는 연설을 시작하기 전 신들에게 자신의 입에서 가치 없는 말은 한마디도 나오지 않게 해달라는 기도를 했다고 한다. 그가 하는 말에는 영혼이 담겨 있어 아테네 시민들의 가슴속을 파고들었다.

미국에서 가장 유명한 여류 소설가 가운데 한 명인 윌라 캐서는 이렇게 말했다. "모든 예술가들의 비밀은 열정이다. 그리고 모든 대중 연설가는 예술가가 되어야 한다. 이것은 누구나 아는 비밀이지만 아무도 훔쳐갈 수 없다. 영웅 심리 같은 값싼 재료로는 흉내 내지 못한다."

정열… 느낌… 영혼… 진정성이 담긴 감정. 당신의 연설에 이런 요소들을 담아라. 그러면 청중은 당신의 사소한 단점을 용서해줄 것이다. 아니, 전혀 인식하지 못할 것이다. 역사는 이런 사실을 보여준다. 링컨은 불쾌할 정도로 높은 음으로 연설했다. 고대 그리스 웅변가 데모스테네스는 말을 더듬었다. 후커는 목소리가 너무 작았다. 커런은 말을 더듬는 것으로 유명했다. 셰일은 거의 쉿소리를 냈다. 최연소 영국 수상이던 젊은 피트의 목소리는 탁하고 듣기에도 불편했다. 하지만 이들 모두에게는 자신의 단점들을 이겨낼 수 있는 진정성, 열정, 그리고 절실함이 있었다. 그것이 다른 모든 단점을 별것 아닌 것으로 만들었다.

간절히 말하고 싶은 것이 있어야 한다

언젠가 〈뉴욕타임스〉에 브랜더 매튜스 교수의 다음과 같은 흥미로운 글이 실린 적이 있다.

"좋은 연설의 기본은 연설자에게 진정으로 말하고 싶은 것이 있어야 한다. 나는 몇 년 전 컬럼비아 대학의 커디스 메달 수상자 선정위원회 3인 가운데 한 명이었을 때 이를 깨달았다. 후보는 대여섯 명의 대학생들이었다. 그들 모두 뛰어난 기교를 가지고 있었고, 좋은 결과를 얻기 위해 노심초사했다. 하지만 단 한 사람을 제외하고 나머지 학생들이 추구하는 것은 메달 그 자체였다. 그들은 누군가를 설득하고자 하는 욕구가 거의 없거나 전혀 없었다. 그들은 웅변 기교를 드러내기에 적합한 주제를 선택했다. 자신들의 주제에 대해서 깊은 개인적인 관심은 없었다. 따라서 그들이 하는 연설은 웅변 기교를 자랑하는 것에 불과했다.

하지만 줄루 족의 왕자는 예외였다. 그의 연설 주제는 '근대 문명에 기여한 아프리카'였다. 그는 자신이 내뱉는 모든 말에 깊은 느낌을 담았다. 그의 연설은 단순한 훈련용이 아니었다. 강한 확신과 열정에서 나오는 살아 있는 연설이었다. 그는 자신의 대륙과 사람들을 대표해서 말했다. 그에게는 간절히 말하고 싶은 것이 있었다. 그는 누구나 공감할 수 있을 만큼 진정성을 담아 말했다. 기교면에서는 비록 다른 몇몇 경쟁자보다 부족했지만, 메달은 그에게 돌아갔다. 그의 연설에는 웅변이 가져야 할 진정한 열정이 담겨 있었기 때문이다. 그의 열정적인 호소와 비교하면 다른 연설들은 껍데기만 그럴듯했다."

많은 연설가들이 같은 이유로 실패한다. 그들의 표현은 확신에서 나온 것이 아니며, 어떤 욕구나 힘도 담겨 있지 않다. 마치 화약 없는 총을 쏘는 것과 같다.

아마 당신은 이렇게 말할 것이다. "네, 좋습니다. 하지만 당신이 그토록 높이 평가하는 진정성, 영혼, 열정은 어떻게 가질 수 있나요?" 이것 하나는 분명하다. 겉으로만 맴도는 연설을 통해서는 절대 얻을 수 없다. 분별력을 가진 사람이라면 누구나 당신의 말이 피상적인 것인지, 아니면 마음속 깊은 곳에서 우러나오는 것인지 구별할 수 있다. 마음을 다하라. 캐내라. 당신 안에 숨어 있는 자원을 찾아내라. 사실을 확인하고, 사실 뒤에 숨은 원인을 밝혀라. 집중하라. 사실에 빠져 고민하고 성찰해 그 의미를 찾아라. 결국 철저하고 올바르게 준비하는 데 모든 것이 달려 있다고 할 수 있다. 가슴으로 준비하는 것은 머리로 준비하는 것만큼이나 필요하다. 예를 들어보자.

나는 언젠가 미국 은행협회 뉴욕 지부 사람들을 대상으로 절약 캠페인 기간에 연설을 할 수 있도록 교육한 적이 있다. 그들 중 특히 열정이 부족한 사람이 있었다. 그가 연설한 것은 단지 연설을 하고자 했기 때문이지 절약에 강한 열정이 있었기 때문은 아니었다. 그 사람을 교육시키기 위한 첫 번째 단계는 그의 정신과 마음을 뜨겁게 하는 것이었다. 나는 그에게 혼자만의 시간을 갖고 열정이 느껴질 때까지 그 주제를 계속 생각해보라고 말했다.

뉴욕 시 유언 공증 기록을 보면, 사망 시에 아무런 재산도 남

기지 않는 사람이 85퍼센트, 1만 달러 이상의 유산을 남기는
사람은 3.3퍼센트에 불과하다. 나는 그 사실을 그에게 상기시
켰다.

그는 자신이 사람들에게 부탁을 하는 것이 아니며, 할 수 없
는 일을 시키는 것도 아님을 계속 되새겨야 했다. 그는 이런 식
으로 생각해야 했다. '지금 나는 사람들이 노년의 의식주를 해
결할 수 있도록, 그리고 사후에는 부인과 아이들의 생활을 보
호할 수 있도록 준비시키고 있는 것이다.' 또한 자신이 커다란
사회봉사를 하는 것이라고 생각해야 했다. 그는 예수 그리스도
의 복음을 실제적이고 현실적으로 설파하고 있다는 십자군 전
사와 같은 믿음으로 충만해야 했다.

그는 이런 사실들을 곰곰이 생각하고 가슴 깊이 새겼다. 그
리고 그 중요성을 깨달았다. 그는 스스로 관심을 갖게 되었고,
열정을 불러일으켰으며, 자신이 맡은 사명을 신성하다고 여기
게 되었다. 그런 다음 연설을 하자, 그의 말에는 확신이 담겨 있
었다. 사실 절약에 관한 그의 연설은 상당한 관심을 받아 미국
최대 은행에서 그를 영입해갈 정도였고, 후에 그는 남미 지역
의 지점장으로 승진하게 되었다.

승리의 비결

한 젊은이가 볼테르에게 소리쳤다. "나는 살아야 합니다." 그
러자 볼테르가 이렇게 대답했다. "나는 그 필요성을 인식하지
못하겠네."

당신의 말에 대한 세상의 태도는 대부분 이럴 것이다. 세상은 당신이 하는 말의 필요성을 잘 인식하지 못한다. 성공하고 싶다면, 당신 스스로 그 필요성을 느껴야 하고 확신해야 한다. 지금 당장 그 사실을 세상에서 가장 중요하게 여겨야 한다.

드와이트 L. 무디는 은총이라는 주제로 설교를 준비하다가 진리를 구하고자 하는 강렬한 마음에 사로잡혀 모자를 집어 들고 서재를 벗어나 거리로 나갔다. 그리고 처음 만난 사람에게 갑작스레 이렇게 질문했다. "은총이 무엇인지 아십니까?" 이처럼 진실한 감정과 열정으로 불타오르는 사람이라면, 청중들에게 마법과 같은 영향력을 행사하더라도 전혀 놀랍지 않다.

얼마 전, 내가 파리에서 교육을 진행했을 때의 일이다. 어떤 사람이 감흥 없는 연설을 며칠씩 계속했다. 그는 학생으로는 무난했으며, 여러 가지 사실들도 정확하게 알고 있었다. 다만 그 자신에게 뜨거운 관심이 없었던지라 그 사실들을 하나로 결합시키지 못했다. 그에게는 열정이 없었던 것이다. 그는 중요한 얘기를 하고 있다는 느낌을 청중들에게 주지 못했고, 자연스럽게 청중은 그의 연설에 주의를 기울이지 않았다. 청중은 그가 중요성을 부여하는 만큼만 그의 연설을 받아들였다.

나는 몇 번씩 그의 연설을 중단시키며, 그에게 진지하게 관심을 쏟고 깨어 있으라고 강조했다. 하지만 이미 차가워진 라디에이터에서 뜨거운 김을 뽑아내려 애쓴다는 느낌이 들었다. 마침내 나는 준비하는 방법이 잘못되었음을 그가 깨닫게 하는 데 성공했다.

나는 머리와 가슴 사이에 아주 긴밀한 의사소통이 이뤄져야 함을 그에게 이해시켰다. 사람들에게 단순히 사실을 제시하는 데 그치지 말고, 그 사실에 대한 자신의 생각을 드러내야 함을 인식시켰다.

그다음 주가 되자, 그는 표현할 만한 가치가 있다고 생각하는 어떤 이야기를 말했다. 마침내 무엇인가에 열정적인 관심을 갖게 된 것이다. 그는 마치 새커리가 베키 샤프(W. M. 새커리의 소설 《허영의 시장》의 여주인공—옮긴이)를 사랑하듯 그 메시지를 사랑하고 있었다. 그 주제에 대해서라면 어떤 수고도 마다하지 않을 준비가 되어 있었다.

그의 연설은 강렬한 박수를 받았다. 극적인 승리였다. 그는 조금이나마 마음으로 느낄 수 있는 진실함을 만들었다. 이것이 준비의 기본 요건이다. 2장에서 이미 보았듯이 연설, 그것도 진정한 연설의 준비는 몇 가지 기계적인 어구를 종이에 적거나 구절을 암기하는 것이 아니다. 책이나 신문에 있는 남의 생각 서너 가지를 가져오는 것은 더더욱 아니다. 절대 그런 것이 아니다. 준비는 당신의 정신, 마음, 인생의 깊은 곳으로 파고들어 가 본질적으로 당신 자신의 것이라 할 만한 확신과 열정을 끄집어내는 작업이다. 당신의 것! 그것을 파내라. 파내고 또 파내라. 분명 당신에게 있다. 절대 의심하지 마라. 당신이 꿈도 꾸지 못한 엄청난 것들이, 금광이 그곳에 있다. 당신은 당신의 잠재 능력에 대해 알고 있는가? 그렇지 않을 것이다. 제임스 교수가 말하기를, 보통 사람은 자신이 가진 정신적 잠재력의 10분의 1도 계발하지 못한다고 한다. 8기통짜리 엔진에서 실린더 하나에만 불꽃이 튀고 있는 것보다 더 안타까운 상황이 아니겠는가.

그렇다. 연설에서 중요한 것은 차가운 수사가 아니라 그 뒤에 있는 인간, 영혼, 확신이다. 버크와 피트, 윌버포스와 폭스 같은 유명한 연설가들은 하원에서 셰리든이 워렌 헤이스팅스를 공격하는 연설을 듣고, 그 연설이야말로 영국에서 나온 가장 설득력 있는 웅변이었다고 했다. 하지만 셰리든은 그 연설의 큰 장점이 차가운 문자 안에 있기엔 너무 정신적이고 빛을 잃기 쉽다고 생각했다. 그래서 그는 5000달러짜리 출판 계약을 거절했다. 오늘날 그 연설은 남아 있지 않다. 하지만 우리가 그 연설문을 본다고 해도 틀림없이 실망할 것이다. 그 연설을 위대하게 만든 특성이 사라졌기 때문이다. 몸 안에 솜을 넣고 날개를 펼친 채 박제사의 가게에 걸린 독수리처럼 빈 껍데기만 남아 있을 것이기 때문이다.

당신의 연설에서 가장 중요한 요소는 당신 자신임을 항상 명심하라. 깊은 지혜가 담긴 에머슨의 통찰에 귀를 기울여라. "당신이 하는 말이 곧 당신 자신이다." 이 말은 자기표현에 관한 기술 중 가장 중요한 말이다. 한 번 더 반복하겠다. "당신이 하는 말이 곧 당신 자신이다."

재판을 승리로 이끈 링컨의 연설

링컨은 그 사건의 승리가 자신의 연설 덕분이라는 말에 찬성하지 않을지도 모른다. 하지만 진심을 담은 연설의 힘을 그가 알고 있었음은 틀림없다. 어느 날 미국 독립전쟁에서 남편을 잃고 나이가 들어 허리가 굽은 미망인이 다리를 절뚝이며 그의 사무실에 찾아왔다. 그러고는 연금 업무 대행인이 그녀가 받아야 할 돈을 받아주면서 그 절반인 200달러를 수수료로 떼어갔다고 말했다. 링컨은 화가 나서 즉각 소송을 제기했다.

그는 이 사건을 어떤 식으로 준비했을까? 그는 워싱턴 일대기와 독립전쟁에 관한 기록들을 읽으며 열정적으로 준비했다. 변론에서 그는 애국자들을 반발하게 만들고, 자유를 위해 투쟁하게 만들었던 압제의 사례들을 하나하나 열거했다. 그는 애국자들이 말없이 겪었던 고난, 즉 포지 계곡의 얼음과 눈 위에서 제대로 먹지도 못하고 신지도 못한 채 피가 흐르는 발을 끌며 견뎌야 했던 고통을 묘사했다. 그리고 격앙된 태도로 그런 영웅의 미망인으로부터 연금의 절반을 강탈한 악당을 향해 돌아섰다. 피고에게 반론의 여지가 없을 정도의 통렬한 질타를 쏟아낸 링컨의 눈은 불타오르고 있었다. 그는 변론을 이렇게 마무리 지었다.

"세월은 지나갑니다. 독립전쟁의 영웅들은 죽고, 미국은 독립을 쟁취했습니다. 용사들은 안식을 취하고, 이제 다리를 절거나 앞을 보지 못하거나 상처 입은 미망인이 배심원 여러분에게, 그리고 저에게 와서 그 억울함을 풀어달라고 호소합니다. 그분은 예전부터 지금 같은 모습은 아니었습니다. 전에는 젊고 아름다운 여성이었으며, 걸음걸이에는 탄력이 있었고, 얼굴은 희었으며, 목소리는 예전 버지니아 산등성이에 울리던 그 어떤 소리보다 달콤했습니다. 하지만 지금의 그녀는 가난하고, 의지할 곳이 없습니다. 어릴 때 지내던 곳으로부터 수백 마일이나 떨어져 있는 일리노이 주의 넓은 벌판에서 그녀는 독립전쟁의 용사들이 쟁취한 특권을 누리고 있는 우리들에게 동정심을 갖고 도와달라고, 남자답게 보호해달라고 호소합니다. 제가 묻고 싶은 것은 우리가 그녀의 친구가 될 것인가 하는 것입니다.”

변론이 끝나자 눈물을 흘리는 배심원들도 있었다. 그리고 그 노부인이 요구한 금액 전부를 배상하라는 판결이 내려졌다. 링컨은 그녀가 부담해야 할 비용에 대한 보증인이 되어주고, 호텔 숙박비와 돌아가는 여비도 부담했다. 게다가 소송비용 또한 한 푼도 받지 않았다.

며칠 뒤, 공동 사무실에서 링컨의 변론 메모가 적힌 작은 쪽지를 발견한 링컨의 동료 변호사가 쪽지에 적힌 글을 보며 미소 지었다.

계약 없음 – 전문 서비스 아님 – 비상식적인 수수료 – 피고가 유보한 돈을 원고에게 주지 않음 – 독립전쟁 – 포지 계곡의 비참함을 묘사할 것 – 원고의 남편 – 입대하는 군인 – 피고, 반론의 여지없음 – 끝.

당신의 뜨거운 마음과 열정을 일으키는 데 가장 먼저 필요한 것은 다른 사람에게 호소하고 싶은 진짜 메시지를 갖게 될 때까지 준비하는 것이다.

진실하게 행동하라

1장에서 우리는 제임스 교수의 다음과 같은 말에 주목한 바 있다. "행동과 감정은 동시에 발생한다. 그래서 우리는 인간의 의지로 직접 제어할 수 있는 행동을 통제함으로써 의지의 영향을 받지 않는 감정을 간접적으로나마 통제할 수 있다."

그러므로 진실하고 열정적인 사람이 되기 위해서는 진실하고 열정적으로 행동해야 한다. 탁자에 기대지 말고 서라. 몸을 똑바로 세우고 가만히 서 있으라. 몸을 앞뒤로 흔들지 마라. 위아래로 움직이지 마라. 지친 말처럼 체중을 이쪽 발에 실었다, 저쪽 발에 실었다 하지 마라. 당신이 초조하고 자신감이 없다는 표시가 될 만한 여러 가지 예민한 움직임을 취하지 마라. 당신 자신의 육체를 통제하라. 그러면 안정감과 힘이 있다는 느낌을 주게 된다. '경주를 즐기는 강한 사람처럼' 똑바로 서라. 다시 말하겠다. 당신의 허파에 산소를 최대한 채워라. 청중을 똑바로 바라보라. 마치 뭔가 급하게 말할 것이 있고, 또 그 내용이 급하다는 점을 잘 알고 있다는 듯이 청중을 바라보라. 선생이 학생을 바라보듯 자신감과 용기를 갖고 청중을 바라보라. 지금 당신은 선생이고, 청중은 당신의 가르침을 받고 있으며 당신이 하는 얘기를 듣기 위해 모인 학생들이다. 그러므로 자신 있고 힘차게 말하라. 선지자 이사야는 이렇게 말했다. "목소리를 높여라. 두려워하지 마라."

그리고 힘 있는 제스처를 사용하라. 제스처가 아름다운지 우아한지에 신경 쓰지 말고, 오로지 힘차고 자연스러워 보이는지만 생각하라. 제스처를 취하는 순간에는 그 동작이 남에게 의미를 전달하기 위해서가 아니라 당신 자신에게 의미를 전달하기 위한 것으로 여겨라. 그러면 기적이 일어날 것이다. 라디오를 통해 연설을 할 때도 끊임없이 제스처를 사용하라. 물론 라디오로 듣는 청중들은 당신의 제스처를 볼 수 없지만, 그 효과는 전달된다. 제스처는 당신의 어조와 전반적인 태도에 생동감과 에너지를 불어넣을 것이다.

나는 활기 없는 연설자의 연설을 중간에 멈추게 한 뒤, 강한 제스처를 하도록 요구했던 경우가 많았다. 그런데 억지로 시킨 신체적 움직임이 마침내 그 연설자를 일깨우고 자극해 결국 자발적으로 제스처를 하게 되곤 했다. 심지어 얼굴도 밝아지면서 전반적인 태도와 자세가 더 진실해지고 활기가 돌았다.

진실한 행동은 진실한 느낌을 갖게 한다. "어떤 미덕이 부족하면 그 미덕이 있는 것처럼 행동하라"라고 셰익스피어는 충고했다. 무엇보다 입을 크게 벌리고 큰 소리로 말하라. 위커샴 법무 장관은 언젠가 이렇게 말했다. "흔히 10미터만 떨어져도 대중 연설을 하는 사람의 목소리가 들리지 않습니다."

너무 과장된 얘기 같은가? 나는 최근에 어느 유명 대학의 총장이 하는 연설을 들었다. 그러나 네 번째 열에 앉아 있는데도 그가 하는 말을 절반도 알아들을 수 없었다. 또 유럽 주요국 가운데 한 나라의 대사가 최근 유니언칼리지 졸업식에서 축사를 했는데, 너무 우물거려서 겨우 6미터 정도 떨어진 곳에서도 그의 연설이 들리지 않았다.

경험 많은 연설자들도 이런 잘못을 저지르는데 초보자들은 오죽하겠는가? 초심자들은 청중 전체에게 들릴 정도로 목소리를 높이는 데 익숙하지 않다. 그래서 모든 청중이 알아듣기 충분할 정도로 목소리를 높이면, 자신이 악을 쓰고 있어 사람들이 웃음을 터뜨릴 거라고 생각한다.

대화하듯이 말하라. 하지만 크게 말하라. 그리고 강하게 말하라. 작은 글씨는 가까이서 보면 읽을 수 있다. 하지만 강당 맞은편에서 볼 수 있으려면 큰 글씨가 필요하다.

청중이 졸 때 가장 먼저 해야 할 일

시골의 어느 목사가 헨리 워드 비처에게 물었다. 무더운 일요일 오후에 신자들이 조는 것을 막기 위해서는 어떻게 해야 하느냐고. 비처는 날카로운 막대기로 졸지 못하게 찌르면 된다고 대답했다.

나는 이 얘기를 좋아한다. 상식에 기초한 훌륭한 이야기다. 연설 방법에 대해 쓰인 묵직한 학술서보다 초보자들에게 더 도움이 될 것이다.

연설을 배우는 사람이 자신을 잊고 연설에 몰입할 수 있는 가장 확실한 방법은 자신을 때려눕히는 것부터 시작하는 것이다. 그러면 연설에 열정과 영혼과 활기가 감돌 것이다. 배우들은 무대에 오르기 전에 자신을 흔들어 깨우는 것의 가치를 알고 있다. 후디니는 무대 뒤편에서 뛰어오르고, 허공에 주먹을 휘두르며, 보이지 않는 적과 싸움을 했다. 맨스필드는 때때로

스태프의 숨소리가 신경 쓰인다고 트집을 잡아서라도 일부러 화를 내곤 했다. 그 이유는 아마도 자신이 원하는 에너지를 얻고 고양시키기 위해서일 것이다. 나는 자신의 신호를 기다리며 가슴을 세게 치는 배우들을 보기도 했다. 나는 연설을 시작하기 전에 학생들에게 옆방에 가서 맥박이 뛰고 얼굴과 눈가에 생기가 돌 때까지 자신의 몸을 때리게 시켰다. 또 수업 시간에 하게 될 연설의 준비 작업으로 제스처를 크게 하면서 ABC를 격렬하고 화가 난 목소리로 반복하도록 했다. 청중들 앞으로 달려 나가는 경주마처럼 해야 더 바람직하기 때문이다.

가능하다면 연설을 하기 전에 충분한 휴식을 취하라. 편하게 옷을 입고 몇 시간 정도 자는 것도 좋다. 그리고 가능하다면 차가운 물로 씻고 온몸을 강하게 문질러라. 더 좋은, 훨씬 더 좋은 방법은 수영을 하는 것이다.

찰스 프로먼은 배우를 고용할 때 얼마나 활발한 사람인지를 체크한다. 연기와 연설은 많은 신경을 써야 하며, 상당한 체력을 소모하는 작업이다. 프로먼은 이를 알고 있었다. 나는 히코리 나무를 베어 장작을 패보았다. 그러고 나서 한번에 두 시간씩 연설을 했다. 이 두 가지 일은 사람을 지치게 한다. 제1차 세계대전 때 더들리필드 말론은 뉴욕 센추리 극장에서 굉장히 열정적인 연설을 했다. 연설을 시작하고 한 시간 반이 지나 절정에 이르렀을 때, 그는 탈진해 의식을 잃고 무대에서 실려 나왔다.

시드니 스미스는 다니엘 웹스터를 '바지 입은 증기기관'이라고 불렀다.

비처는 이렇게 단언했다. "연설을 잘하는 사람들은 굉장한 생명력과 회복력을 가진 이들이다. 그들은 무엇보다도 자기 자신이 하고 싶은 말을 표현하는 폭발적인 힘이 있다. 그들은 캐터펄트(무거운 돌을 날려 보내던 고대 그리스·로마 시대의 투석기—옮긴이)와 같아 그들 앞에 있는 사람들은 쓰러지게 된다."

'족제비 어구'와 양파

하고자 하는 말에 힘을 넣어 명확하게 말하라. 하지만 너무 단정적이면 안 된다. 무식한 사람들만이 무엇이든 단정적으로 말한다. 한편 나약한 사람들은 '…같다' '아마…' '제 생각에는…'이란 말로 시작한다.

연설을 처음 시작하는 사람들의 보편적인 문제점은 단호하지 못하고 너무 약한 표현을 사용해 연설의 가치를 떨어뜨린다는 것이다. 나는 뉴욕의 어느 사업가가 자동차를 타고 코네티컷을 둘러봤던 경험에 대해 말한 것을 기억한다. 그는 이렇게 말했다. "길 왼편에는 양파 같은 것을 심은 밭이 있었습니다." 양파 같은 것은 없다. 양파면 양파고 아니면 아니다. 그리고 양파를 보면서 그게 양파임을 알아차리는 데 비범한 능력이 필요한 것도 아니다. 이처럼 연설자들은 때때로 터무니없는 말을 자주 한다.

루스벨트는 이런 표현을 '족제비 어구'라 칭했다. 왜냐하면 족제비는 달걀의 내용물만 빨아 먹고 빈 껍질만 남기기 때문이다. 위의 표현들이 바로 그런 역할을 한다.

움츠리고 변명하는 어조나 빈 껍질 같은 어구는 자신감과 확신을 만들지 못한다. 사무실 벽에 다음과 같은 광고 문구가 붙어 있다고 상상해보라. "결국 당신이 사는 기계는 언더우드일 것 같습니다." "우리의 생각으로는 프루덴셜이 지브롤터의 힘을 가지고 있다고 여겨집니다." "우리는 당신이 결국 우리 밀가루를 사용하시리라 생각합니다. 그러니 지금 사용하시는 게 어떻겠습니까?"

1896년에 브라이언이 대통령 후보로 나섰을 때, 어린아이였던 나는 그가 왜 그렇게 자주 자신이 당선될 것이고 맥킨리는 떨어질 것이라고 강조하며 말하는지 궁금했다. 그 이유는 간단하다. 브라이언은 대중들이 강조와 증명을 구분하지 못한다는 것을 알고 있었다. 만약 그가 제법 자주, 충분히 강하게 얘기한다면, 대부분의 청중들은 브라이언이 말한 대로 믿게 될 것이란 사실을 알고 있었다.

세계적으로 위대한 지도자들은 마치 자신의 주장이 뒤집힐 가능성은 없다는 듯이 강하게 말했다. 부처는 죽을 때 이치를 따지거나 애원하거나 논쟁하지 않았다. 오직 권위를 가진 사람으로서 말했다. "내가 가르친 대로 길을 가라."

수백만 명의 인생을 좌우하는 《코란》은 기도문 첫머리 다음에 바로 다음과 같은 말이 이어진다. "이 책에 대해 아무 의심도 하지 마라. 이것은 명령이다."

빌립보 감옥의 교도소장이 바울에게 "내가 구원받으려면 어떻게 해야 하나?"라고 물었을 때, 그는 논쟁하지도 않았고, 얼버무리지도 않았으며, '그런 것 같다'라거나 '나는 이렇게 생각한다'라고 답하지 않았다. 그는 윗사람으로서의 명령으로 답했다. "주 예수 그리스도를 믿어라. 그러면 구원받을 것이다."

하지만 앞서 말했듯이 모든 경우에 너무 단정적이면 안 된다. 시간, 장소, 주제, 청중에 따라 지나친 단정은 도움이 되기보다 방해가 될 수 있다. 일반적으로 청중들의 지적 수준이 높을수록 단정적인 주장은 덜 성공적이다. 그런 사람들은 안내받기를 원하지 이끌리는 것은 원하지 않는다. 그들은 사실을 듣고 스스로 결론 내리기를 좋아한다. 그들은 질문받는 것을 좋아하고, 직접적인 진술을 계속해서 퍼붓는 것은 좋아하지 않는다.

청중을 사랑하라

몇 년 전, 나는 영국에서 대중 강연자 몇 명을 고용해 교육을 시켰다. 많은 비용과 수고를 들여 시행착오를 거듭한 끝에 그들 중 세 명을 해고하고, 한 명은 5000킬로미터나 떨어진 미국으로 되돌려보냈다. 그들의 주된 문제는 청중들에게 진심을 다하지 않는 것이었다. 그들은 타인이 아니라 주로 자신과 자신의 급여에만 관심을 가졌다. 누구나 그들의 마음을 느낄 수 있었다. 그들은 청중에게 차가웠기에 청중들도 그들에게 차가웠다. 결과적으로 그 연설자들은 소리를 내는 나팔이나 팔랑거리는 심벌즈와 마찬가지였다.

인간이라는 동물은 연설자가 하는 말이 눈썹 위에서 나오는지 가슴뼈에서 나오는지 금방 알아챘다. 심지어 개도 이를 감지할 수 있다.

나는 대중 연설가로서의 링컨에 대해 특별한 연구를 했다. 그는 의심의 여지없이 미국이 배출한 가장 사랑받는 사람이었고, 미국 최고의 연설가였다. 비록 그에게 천재적인 소질이 있긴 했지만, 그가 청중을 압도하는 능력의 많은 부분은 그의 동정심, 정직성, 그리고 선량함에서 나온 것이라 생각된다. 그는 사람들을 좋아했다. 그의 아내는 "그의 가슴은 그의 팔이 긴 것만큼 넓었습니다"라고 말했다. 그는 예수를 닮았다. 2000년 전, 연설 기술에 관한 첫 번째 책에서 연설을 잘하는 이는 능숙하게 말하는 기술을 가진 좋은 사람으로 묘사되고 있다.

유명한 프리마 돈나 슈만하잉크는 이렇게 말했다. "내 성공의 비밀은 청중에 대한 절대적인 헌신입니다. 그들은 모두 나의 친구입니다. 그들 앞에 서는 순간 나는 유대감을 느낍니다." 이런 마음이 그녀가 세계적으로 성공을 거둔 비밀이다. 우리도 이런 마음을 가져야 한다.

연설에서 가장 중요한 것은 육체적인 것도 아니고, 정신적인 것도 아니다. 바로 영혼이다. 죽어가는 다니엘 웹스터의 머리맡에 있던 책은 모든 연설가가 살아서 책상에 둬야 할 책이다. 바로《성경》이다.

사람들을 진정으로 사랑한 예수는 그와 함께 길을 가는 사람들의 마음을 뜨겁게 했다. 만약 대중 연설에 관한 뛰어난 책을 읽고 싶다면《신약성경》를 읽어보는 것이 좋지 않을까?

청중을 깨어 있게 만드는 비법

1. 연설을 할 때 청중의 태도를 결정하는 것은 항상 당신 자신이다. 당신이 열의가 없으면 청중도 열의가 없다. 연설자가 미지근한 태도를 취하면 청중도 미지근한 태도를 취한다. 만일 당신이 열정적이라면 청중은 당신의 열정에 감염되지 않을 수 없다. 열정이란 연설에서 가장 중요한 요건은 아닐지라도 중요한 요건 가운데 하나다.

2. 마틴 W. 리틀턴은 이렇게 말했다. "진지함이나 재치로 승부하려는 사람들은 쉽게 실패하지만, 진정한 확신을 가지고 호소하는 사람은 결코 실패하지 않는다. 사람들에게 하고 싶은 말이 있다고 스스로 확신하고 있다면, 그의 연설은 불꽃처럼 타오를 것이다."

3. 확신이나 열정이 이토록 감염이 잘되는 중요한 특질을 갖고 있는데도 대부분의 사람들에게는 확신도 열정도 없다.

4. 브랜더 매튜스 교수는 이렇게 말했다. "연설자에게 진정으로 말하고 싶은 게 있다는 사실이야말로 좋은 연설의 핵심이다."

5. 사실에 대해 깊이 생각하고 그 진정한 의미를 마음에 새겨라. 다른 사람을 설득하기 전에 먼저 당신에게 열정이 있는지 확인하라.

6. 머리와 가슴 사이에 원활한 의사소통이 이루어지게 하라. 사람들은 사실 그 자체는 물론, 그 사실에 대한 당신의 태도를 보고 싶어 한다.

7. "어떤 언어를 사용하든 당신 자신이 아닌 말을 할 수는 없다." 연설에서 중요한 것은 말 그 자체가 아니라 그 말의 뒤에 있는 그 사람의 영혼이다.

8. 진정성과 열정을 갖기 위해서는 열정적으로 행동해야 한다. 바로 서서 청중을 똑바로 바라보라. 확실한 제스처를 취하라.

9. 입을 크게 벌리고 청중이 알아들을 수 있도록 크게 말하라. 10미터만 떨어져도 목소리가 들리지 않는 연설자가 많다.

10. 어느 시골 목사가 헨리 워드 비처에게 무더운 일요일 오후에 신도들이 졸지 않게 하려면 어떻게 해야 하느냐고 물어보았다. 비처는 "뾰족한 막대기를 든 사람을 옆에 두고서 졸지 못하게 찌르면 된다"라고 대답했다. 이는 대중 연설에 대한 가장 뛰어난 조언 가운데 하나다.

11. '…인 것 같다' 혹은 '제 생각으로는…'과 같은 '족제비 어구'로 연설을 약화시키지 마라.

12. 청중을 사랑하라.

6

성공적인 연설을 위한
필수 요소

"나는 어떤 상황에서도 좌절하지 않는다. (…) 가치 있는 것을 이루기 위해 필수적인 세 가지 중요한 요소는 첫째로 근면, 둘째로 끈기, 셋째로 상식이다."

— 토머스 A. 에디슨

"잘하고서도 약간 모자라서 실패하는 경우가 많다."

— E. H. 해리먼

"절대 절망하지 마라. 절망스럽더라도 그 속에서 계속 나아가라."

— 에드먼드 버크

"모든 문제의 가장 좋은 해결책은 인내다."

— 플라우투스, B.C. 225년

"인내하라. 인내가 일을 끝낼 수 있도록."

— 러셀 H. 콘웰 박사의 좌우명

"이길 수 있다고 믿는 사람은 이길 수 있다. (…) 매일 솟아오르는 두려움을 극복하지 못하는 사람은 인생의 첫 번째 교훈을 배우지 못한 사람이다."

— 에머슨

"승리는 의지다."

— 나폴레옹

성공적인 연설을 위한
필수 요소

내가 이 글을 쓰고 있는 1월 5일은 어니스트 새클턴 경이 사망한 날이다. 새클턴은 남극 탐험을 위해 '퀘스트 호'를 타고 남쪽으로 향하던 어느 날 사망했다. 그 배에 오를 때 가장 먼저 눈에 띄는 것은 동판에 새겨진 〈탐험〉이라는 시였다.

네가 꿈꾸더라도 꿈이 너의 주인이 되지 않게 한다면,
네가 생각하더라도 생각 자체가 목적이 되지 않는다면,
네가 승리와 재난을 만날 때
그것들이 사실은 이름은 다르지만 같은 의미임을 받아들인다면,

마음과 신경과 근육이 오래전에 쇠약해졌더라도
그 모든 것을 다시 쏟아 노력한다면,
그래서 '이겨내자'고 하는 의지 외에는
아무것도 남지 않았음에도 결국 견뎌낸다면,

네가 견디기 힘든 1분을
6초씩 뛰는 달리기로 채울 수 있다면,
세상 모든 것들은 너의 것이다.
그리고 진정으로 남자가 된단다, 아들아.

샤클턴은 이 시를 '퀘스트 호의 정신'이라고 불렀다. 이 시는 남극으로 출발하거나 대중 앞에서 연설할 때, 혹은 자신감을 얻고 싶을 때 사람이 갖춰야 할 정신이다.

하지만 애석하게도 처음 대중 연설을 배우기 시작한 사람들이 모두 이런 정신을 갖고 있는 것은 아니라는 점을 지적해야겠다. 수년 전 교육 사업을 막 시작했을 때, 나는 온갖 종류의 야간학교에 등록한 학생들 대다수가 목표를 성취하기도 전에 싫증을 내고 중도에 포기하는 모습을 보고 무척 놀랐다. 그런 학생 수가 너무 많아서 통탄하며 놀랄 정도다. 이는 인간의 본성을 보여주는 서글픈 흔적이다.

이번 장은 우리가 진행하는 여섯 번째 교육과정이다. 그런데도 독자들 중 상당수는 아직도 대중 공포증을 극복하지 못했고, 자신감을 얻지 못해서 이미 상심하고 있으리란 것을 나는 경험을 통해 알고 있다.

인내심이 없다는 것은 얼마나 안타까운 일인가? 서서히 낫지 않는 상처가 어디 있단 말인가?

꾸준한 노력이 필요하다

골프, 프랑스어, 혹은 대중 연설 등 뭔가 새로운 것을 배우기 시작할 때 실력은 일정한 속도로 성장하지 않는다. 실력은 차근차근 늘지 않는다. 어느 날 갑자기 눈에 띄게 좋아진다. 그러고는 한동안은 정지된 상태에 머물러 있거나, 실수하거나, 전에는 잘했던 것도 실패한다. 이러한 정체기나 퇴보 현상은 모든 심리학자들에게 잘 알려져 있으며, 심리학 용어로 '학습곡선의 평원(Plateaus in the curve of learning)'이라고 불린다. 대중 연설을 공부하는 학생은 이 평원에서 몇 주씩 머무르게 된다. 아무리 열심히 해도 벗어날 수 없다. 약한 자는 절망하며 포기하고, 오기 있는 사람만이 버텨낸다. 그렇게 버틴 사람들은 마침내 어떻게, 왜 일어났는지도 모르는 사이에 어느 날 갑자기 능력이 크게 향상했음을 깨닫게 된다. 그런 사람들은 평원에서 갑자기 비행기를 타게 된다. 순식간에 요령을 파악하게 되면서 연설할 때 자연스러움과 힘, 자신감을 얻게 된다.

당신은 앞에서 살펴본 것처럼 처음 몇 분간은 청중을 마주했을 때 두려움, 불안한 감정 등을 경험할 것이다. 영국의 유명한 연설가인 존 브라이트는 일생 동안 그런 느낌을 받았다. 글래드스톤도 그랬고, 윌버포스 주교도 그러했으며, 그 밖의 많은 명연설가들도 그랬다. 심지어 셀 수 없이 대중 앞에 섰던 위대한 음악가들도 그랬다. 파데레프스키는 피아노에 앉기 직전이면 늘 불안해서 소매 끝을 만지작거렸다. 소프라노 여가수 노르디카의 심장은 경주하듯 뛰었고, 폴란드 출신 여가수 젬브리히도, 〈로미오와 줄리엣〉의 여주인공으로 이름을 날린 엠마 임스도 그랬다. 하지만 이런 대중 공포는 모두 8월의 햇살 아래 안개가 사라지듯 순식간에 사라졌다.

이제 당신도 그들과 같은 경험을 하게 될 것이다. 끝까지 잘 견뎌낸다면, 당신은 연설 초입에 느끼는 두려움 빼고는 다른 모든 감정들을 없앨 수 있다. 그리고 그 두려움 역시 처음에만 그렇지 더 이상은 두렵지 않을 것이다. 몇 마디 말을 한 후 당신은 스스로를 조절하게 되고, 적극적이고 즐겁게 말할 수 있을 것이다.

끈질기게 매달려라

한번은 법학을 공부하고 싶어 하는 청년이 링컨에게 조언을 구하는 편지를 보냈다. 그 편지에 링컨은 다음과 같이 답했다. "자네가 변호사가 되기로 굳게 결심했다면, 그 꿈은 이미 반 이상 이루어진 거나 다름없네. 항상 성공하겠다는 결심은 그 무엇보다 중요하다네."

링컨 자신은 항상 그렇게 해왔다. 그는 평생 동안 정규교육이라곤 1년밖에 받지 못했다. 그렇다면 책은 읽기나 했을까? 링컨은 언젠가 책을 빌리기 위해 50마일씩이나 걸어서 다녔다고 말한 적이 있다. 통나무집에서는 장작불의 빛으로 책을 읽었다. 링컨은 장작더미의 틈 사이에 책을 끼워놓고 잠을 잔 후, 아침이 되어 책을 읽을 정도로 환해지면 건초더미로 만든 침대를 박차고 일어나 책을 꺼내 열독했다. 그는 연설자가 하는 연설을 들으려고 20~30마일이나 걸었다. 들판, 숲 속, 젠트리빌의 존스 잡화상에 모인 사람들 앞에서도 연설 연습을 했다. 그는 뉴세일럼과 스프링필드에 있는 문학과 토론 동아리에도 가입해 이 교육과정을 듣고 있는 당신처럼 열심히 그날의 화젯거리에 관해 말하는 연습을 했다.

그는 항상 열등감으로 괴로워했다. 여성 앞에만 서면 수줍어하며 말이 없었다. 메리 토드에게 구애할 당시 그는 부끄러워서 아무 말도 못한 채 그녀의 말을 듣기만 하며 조용히 응접실에 서 있었다. 하지만 그는 연습과 독학으로 이미 성공한 웅변가인 더글러스 상원 의원과 논쟁할 정도로 뛰어난 연설가가 되었다. 그리고 게티즈버그 연설과 재선 취임 연설에서 인류 역사상 그 누구도 하지 못했던 높은 수준의 명연설을 했다.

자신의 큰 단점을 극복하기 위해 눈물겨운 노력을 한 링컨이 다음과 같이 답장한 것은 당연했다. "자네가 변호사가 되기로 굳게 결심했다면, 그 꿈은 이미 반 이상 이루어진 거나 다름없네."

대통령 집무실에는 아주 멋진 링컨의 초상화가 걸려 있다. 루스벨트 대통령은 이렇게 말했다. "이따금 뭔가 결정을 해야 하는데 이것저것 연관된 것이 많아 처리하기 어렵고, 이익과 정의가 대립하는 경우 나는 링컨의 초상화를 올려다봅니다. 그리고 그가 이 상황에 처했다면 어떻게 했을까 상상해봅니다. 이상하게 들리겠지만 그렇게 하면 문제를 해결하는 게 쉬워집니다."

당신도 루스벨트의 방법을 시도해보면 어떨까? 용기가 꺾여 연설가가 되겠다는 결심을 포기하고 싶을 때, 주머니에서 링컨이 그려진 5달러짜리 지폐를 꺼내 그라면 어떻게 할까 자문해보라. 당신은 링컨이 어떻게 할지 이미 알고 있다. 그가 어떤 선택을 해왔는지 알고 있기 때문이다. 링컨은 상원 의원 선거에서 스티븐 A. 더글러스에게 패했을 때 추종자들에게 이렇게 격려의 말을 했다. "한번은 커녕 100번을 져도 포기하지 말자!"

보상을 받을 수 있다는 확신을 가져라

만약 당신이 일주일 동안 매일 아침 식탁에 이 페이지를 펼쳐놓고 저명한 하버드대 교수이자 심리학자인 윌리엄 제임스의 다음 말을 외운다면 나는 더할 나위 없이 기쁠 것이다.

"어떤 분야의 교육을 받든 젊은이는 자신이 받는 교육의 결과에 대해 걱정할 필요가 없다. 만약 그가 매 시간을 성실하게 공부하면서 바쁘게 보낸다면 최종 결과에 대해서는 신경 쓰지 않아도 된다. 어느 화창한 날 아침에 일어나 보면, 자신이 그간 무엇을 공부해왔건 간에 동료들보다 훨씬 뛰어난 실력을 갖추고 있음을 발견하게 될 것이기 때문이다."

나는 지금 저명한 제임스 교수의 말을 빌어 이렇게 말하고자 한다. 만일 당신이 이 교육과정을 믿음과 열정을 갖고 잘 따라오고 또 올바른 방식으로 연습한다면, 어느 맑은 날 아침 당신이 살고 있는 도시나 지역사회에서 가장 경쟁력 있는 연설자가 되어 있음을 알게 될 것이다. 물론 예외는 있다. 정신력과 인성이 모자라고, 대화거리가 없는 사람은 다니엘 웹스터 같은 명

연설가가 되지 못할 것이다. 하지만 상식적인 수준이라면 앞에서 한 말은 확신해도 좋다.

구체적인 예를 들어 설명해보겠다. 트렌턴에서 대중 연설 강좌를 수료하는 기념 파티가 열렸는데, 그 자리에 뉴저지 주지사였던 스토크가 참석했다. 그는 학생들이 저녁에 한 연설은 백악관이나 워싱턴 상원에서 들은 것 못지않게 훌륭하다고 평했다. 트렌턴에서 연설을 한 사람들은 불과 몇 달 전까지만 해도 청중 앞에만 서면 긴장감에 얼어붙곤 하던 비즈니스맨들이었다. 그들은 미국의 어느 도시에서나 볼 수 있는 전형적인 비즈니스맨들이었다. 하지만 어느 맑은 날 아침, 자고 일어났더니 그들은 자신이 사는 지역에서 가장 유능한 연설가 중 한 사람이 되어 있었다.

연설자로서 성공할 수 있는가에 대한 모든 문제는 타고난 능력과 갈망의 정도라는 단 두 가지 요인에 달려 있다. 제임스 교수는 다음과 같이 말했다.

"세상 모든 일에 있어서 목적을 향한 열정이 당신을 구원할 것이다. 당신이 무언가를 성취하고자 하는 마음이 확고하다면 반드시 해낼 수 있다. 부자가 되고 싶어 하면 부자가 될 것이고, 배우고 싶다면 배우게 될 것이다. 좋은 사람이 되고자 한다면 그렇게 될 것이다. 당신이 꼭 해야 할 유일한 것은 그렇게 되기를 진심으로 바라고, 그렇게 되기만을 바라면서 같은 시간에 양립할 수 없는 다른 것들은 바라지 않는 것이다."

그리고 제임스 교수가 다음의 말을 덧붙였다 하더라도, 그의 말에 담긴 진실성에는 차이가 없었을 것이다. "당신이 자신에 찬 연설가가 되고 싶다면 그렇게 될 것이다. 하지만 진정으로 연설가가 되고 싶어 해야 한다."

나는 문자 그대로 수천 명의 사람들이 자신감을 얻고 대중 앞에서 말하는 능력을 갖고자 하는 것을 알았고, 주의 깊게 지켜봐 왔다. 성공한 사람들 중 특출나게 명민한 사람들은 드물었다. 대부분 주변에서 흔히 볼 수 있는 평범한 사람들이었다. 하지만 그들은 계속 도전했다. 더 영리한 사람들은 때때로 좌절하거나 돈벌이에 너무 급급한 나머지 멀리 갈 수 없었다. 하지만 평범한 사람들 가운데 끈기 있게 목적의식이 뚜렷한 사람들은 결국에는 정상에 올라섰다.

이는 인간적이면서도 자연스러운 일이다. 사회생활에서도 이러한 일들이 빈번하게 일어나는 것을 본 적이 있을 것이다. 록펠러는 사업에서 성공하기 위한 가장 중요한 핵심 요건은 인내심이라고 했다. 지금의 교육과정에서 성공하기 위한 첫 번째 핵심 요건 또한 '인내심'이다.

마셜 포슈 장군은 자신에게는 절대 포기하지 않는다는 단 한 가지 장점밖에 없다고 공언하며, 최강의 군대를 상대로 승리를 이끌어냈다. 1914년 프랑스 군이 마른 지방으로 퇴각하자, 당시 총사령관이었던 조프리 장군은 200만의 군대를 지휘하고 있던 휘하 장군들에게 퇴각을 멈추고 공격하라고 지시했다. 세계사에서 가장 결정적인 전투 중 하나였던 이 전투는 이틀 동안 치열했는데, 당시 중앙 부대를 지휘했던 포슈 장군은 조프리 총사령관에게 전쟁 기록 중 가장 감동적인 메시지를 보냈다. "나의 중앙 부대는 무너지고, 내 오른편 부대는 퇴각하고 있습니다. 상황은 아주 좋습니다. 공격하겠습니다."

그 공격이 파리를 구했다.

그러므로 싸움이 힘겹고 불가능해 보여도, 중앙 부대가 항복하고 오른편 부대가 물러서도 상황은 아주 좋다고 여겨라. 공격, 공격, 공격하라. 그러면 당신이 가진 가장 소중한 용기와 믿음을 지켜낼 것이다.

성공할 수 있다고 믿어라

몇 해 전 여름, 나는 '와일드 카이저(Wilder Kaiser)'라는 오스트리아에 있는 알프스의 한 봉우리를 등정하려고 여행을 떠났다. 여행 안내서인 《베데커》에는 등반하기 어려우니 아마추어 등반가는 가이드를 필요로 한다고 쓰여 있었다. 나와 친구는 아마추어인데다 가이드도 없었다. 그러자 또 다른 친구는 우리에게 등반을 해낼 수 있다고 생각하느냐고 물었다. "물론이지." 우리는 대답했다.

"왜 그렇게 생각하는데?"라고 그가 물어보았다. "가이드 없이 해낸 사람도 있는데다 나는 실패한다는 생각은 결코 하지 않는 사람이니까."

알프스를 등반하는 사람으로서 나는 매우 서툰 신참이다. 하지만 대중 연설 훈련을 받는 것부터 에베레스트 산을 오르는 것에 이르기까지 실패를 생각하지 않는 이런 자세야말로 가장 필요하다.

성공을 생각하라. 자신을 완벽히 조절하며 연설하는 모습을 상상해보라. 당신의 힘으로 이렇게 하는 것은 어려운 일이 아니다. 당신은 성공한다고 믿어라. 확고히 믿으면 성공하기 위해 꼭 필요한 일을 하게 된다.

듀퐁 해군 제독은 전투함을 찰스턴 항으로 끌고 가지 못한 이유를 대여섯 가지 댔다. 패러것 제독은 그의 말을 열심히 듣더니 이렇게 대꾸했다. "아직 얘기 안 한 이유가 한 가지 더 있군요." 듀퐁 제독이 물었다. "그게 무엇입니까?" 그러자 그는 이렇게 답했다. "당신은 할 수 있다고 믿지 않았던 겁니다."

대중 연설을 통해 수강생들이 얻는 가장 가치 있는 수확은 스스로에 대한 자신감이 높아진다는 것이다. 또 해낼 수 있다는 자신의 능력에 대한 믿음이다. 어떤 경우든 성공하는 데 그보다 무엇이 더 중요하겠는가?

승리하겠다는 의지

도저히 언급하지 않고 지나칠 수 없는 엘버트 허바드의 현명한 조언이 있다. 평범한 사람들이 이 명언 속에 담긴 지혜를 실천한다면 더 행복해지고 더 부유하게 될 것이다.

"문을 나설 때는 언제나 턱을 당기고, 왕관을 쓴 것처럼 고개를 반듯이 높이 들고, 가슴 가득히 공기를 들이마셔라. 찬란한 태양을 만끽하라. 미소로 친구를 맞이하고, 악수할 때마다 영혼을 담아라. 오해받을까 두려워하지 말고, 적에 대해 곱씹느라 1분도 낭비하지 마라. 하고자 하는 것을 마음속에 단단히 새겨라. 그러면 가고자 하는 방향에서 벗어나지 않고 목표를 향해 곧장 나아갈 수 있다. 당신의 마음을 당신이 바라는 멋지고 찬란한 것들로 채우면, 어느새 당신의 꿈을 이루기 위한 기회를 움켜쥐게 될 것이다. 마치 산호가 필요한 영양분을 파도로부터 흡수하듯 하라. 마음속으로 당신이 되고 싶은, 능력 있고 성실하고 쓸모 있는 사람의 모습을 그리면 시시각각 그 생각대로 당신이 바라는 모습으로 변화할 것이다. 생각하는 힘은 대단히 강하다. 용기, 진솔함, 밝은 마음이라는 올바른 정신 태도를 견지하라. 바르게 생각하는 것에는 창조의 힘이 있다. 모든 것은 갈망에서 나오고, 신실하게 기도하면 응답을 얻는다. 우리는 마음 먹는 대로 된다. 언제나 턱을 당기고 왕관을 쓴 것처럼 고개를 꼿꼿이 들어라. 우리는 고치 안에 들어 있는 신이다. 아직 허물을 벗지 않은."

나폴레옹, 웰링턴, 리, 그랜트, 포슈 같은 위대한 지휘관들은 승리를 결정하는 요인으로 다른 무엇보다 승리를 향한 군대의 의지와 이길 수 있다는 자신감이 가장 중요하다는 사실을 잘 알고 있었다. 포슈 장군은 다음과 같이 말했다.

"싸움에 패배한 9만 명의 병사가 싸움에 승리한 9만 명의 병사보다 먼저 후퇴하는 것은 단 한 가지 이유 때문이다. 그들은 대적할 병력이 충분한데도 싸움에 지쳐서 이제는 더 이상 승리할 수 있다고 확신하지 않아 퇴각하는 것이다."

다시 말하면 9만 명의 패자들은 병력의 열세 때문에 격퇴당한 것이 아니라 용기와 자신감을 잃었기 때문에 정신력에 밀려 패배한 것이다. 그런 군대나 사람에게는 아무런 가망도 없다. 미 해군의 저명한 군목인 프레이저 목사는 제1차 세계대전 때 군종 장교직에 응시한 지원자들을 인터뷰한 적이 있다. 그에게 해군 군목직을 수행할 때 어떤 덕목이 필요하냐고 물었더니 그는 이렇게 답했다. "하나님의 은총(Grace), 상황대처 능력(Gumption), 투지(Grit), 인내(Guts), 4G입니다."

4G는 연설하는 데도 필수적이다. 4G를 좌우명으로 삼아라. 로버트 서비스가 지은 다음의 시를 당신의 투쟁가로 삼아보자.

당신이 황야에서 길 잃은 아이처럼 두렵고
죽음이 당신 눈앞에 가까이 다가와 위협할 때,
종기가 난 것처럼 괴로워 견딜 수 없을 때,
쉬운 일은 방아쇠를 당기는 것 (…) 죽는 것.
하지만 용기 있는 자는 이렇게 말한다. '최선을 다해 싸워라.'
그리고 자기 파멸을 막는다.
배고픔과 고통 속에서 총으로 끝장내는 것은 쉽다.
지옥이 선사하는 아침 식사, 그것이 힘들다.

너는 사는 일에 지치고 말았구나. '부끄러워라.'
너는 젊고 용감하며 현명하다.
'넌 푸대접을 받아왔지.' 안다. 그렇지만 소리 지르지는 마라.
기운 내어 전력을 다해 싸워라.

이기려면 끝까지 버티면 된다.
그러니 움츠러들지 말라, 나의 오랜 동료여.
용기를 내라! 그만두는 것은 쉬운 일.
어려운 것은 당당하게 버티는 것.

얻어맞을 때 비명을 지르고 죽어버리는 것은 쉽다.
꽁무니를 빼는 것도, 납작 엎드리는 것도 쉽다.
하지만 희망이 보이지 않더라도 싸우고 또 싸워라.
진짜로 산다는 건 바로 이런 것이 아니겠는가.
피 튀기는 승부에서 내려올 때마다
잔뜩 다치고 얻어맞아 겁이 나도
한 번만 더 해보라. 죽는 건 엄청 쉬운 일.
그럼에도 계속 살아내는 것, 그게 어렵다.

1. 골프든 프랑스어든 대중 연설이든 뭔가를 배울 때는 점진적으로 향상되는 게 아니다. 어느 순간 갑자기 좋아진다. 그러고는 몇 주 동안 정체기를 겪거나 이미 잘하고 있는 것도 잘 못하게 된다. 심리학자들은 이 정체기를 '학습곡선의 평원'이라고 부른다. 우리는 이 평원을 떨치고 위로 올라가려고 오랜 시간 노력해도 벗어날 수 없다. 일부 사람들은 나아지고 있는 과정이라는 것을 깨닫지 못하고 평원에서 좌절한 채 더 이상 노력하는 것조차 포기한다. 너무나도 안타까운 일이다. 버티고 계속 연습하면 갑자기 비행기처럼 확 날아 하룻밤 만에 엄청난 발전을 할 수 있다.

2. 연설을 시작할 때는 긴장되지 않을 수 없다. 하지만 버텨내면 처음의 공포를 제외하고는 모든 두려움을 떨쳐낼 것이다. 몇 초만 말하면 처음의 공포 또한 사라질 것이다.

3. 제임스 교수는 이렇게 강조했다. "원하는 만큼 교육을 받은 사람이 성실하게 바삐 일한다면, 그 어떤 것을 추구하건 어느 날 갑자기 다른 동료들보다 분명 경쟁력 있는 인재가 되어 있을 것이다." 하버드대의 유명한 현자가 강조한 이 심리학적 진실을 대중 연설을 배우는 당신과 당신의 노력에도 적용시켜라. 의심의 여지없이 명연설가들은 뛰어난 사람들이 아니었다. 대신 그들에게는 인내와 집요한 목적의식이 있었다. 그들은 계속 전진해서 마침내 자신의 꿈을 이룬 것이다.

4. 연설할 때는 성공만 생각하라. 그러면 성공을 위해 필요한 것들을 하게 된다.

5. 좌절할 때마다 루스벨트가 했던 것처럼, 링컨의 초상을 보며 링컨이라면 이와 비슷한 상황에서 어떻게 했을지 자문해보라.

6. 제1차 세계대전 중 뛰어난 해군 군목 한 사람은 종군 목사의 필수 덕목으로 G로 시작하는 네 개의 단어를 강조했다. 그것은 무엇이었는가?

7

좋은 연설을
하기 위한 비결

"사실을 파악하고 끌어안아라. 가장 중요한 것은 열정이며, 열
정은 진실함에서 나온다."
— 랠프 왈도 에머슨

"어떤 주제에 대한 지식 이상의 것이 필요하다. 발표를 할 때는
진심을 담아야 한다. 사람들이 꼭 들어야 할 뭔가를 말하고 있
다는 느낌으로 해야 한다."
— 브라이언

"자기 마음에서 우러나오는 충고에 귀를 기울여라. 자신만큼
자기를 신뢰하는 사람이 없기 때문이다. 그러는 편이 때로 높
은 탑에 올라가 있는 일곱 명의 야경꾼보다 당신에게 더 많은
것을 알려준다."
—러디어드 키플링

"한 번에 하나의 일을 하라. 그리고 그 일에 마치 당신의 인생
이 달린 것처럼 하라."
— 베들레헴 철강 회사 회장, 유진 그레이스의 좌우명

좋은 연설을 하기 위한 비결

제1차 세계대전이 끝난 후, 나는 런던에서 로스 스미스 경과 키스 스미스 경 형제를 만났다. 그들은 사상 최초로 영국에서 호주로 가는 비행에 성공해 호주 정부로부터 5만 달러의 상금을 받았을 뿐 아니라, 영국 전체에 큰 반향을 일으켰으며, 영국 왕실로부터 기사 작위까지 받았다.

유명한 풍경 사진작가인 캡틴 헐러는 그 형제들과 같이 비행기를 타고 여행하면서 영화를 찍었다. 그리고 나는 스미스 형제가 그 여행에 대한 생생한 강연을 준비하고 연습하는 걸 도와주었다. 런던의 필하모닉 홀에서 한 명은 오후, 한 명은 밤에 하는 식으로 하루에 두 차례씩 4개월 동안 강연을 했다.

그들은 전 세계의 반을 여행하는 동안 나란히 앉아 똑같은 경험을 했다. 그리고 강연에서 쓴 단어도 거의 같았다. 하지만 어쩐지 전혀 다른 강연 같았다. 강연을 할 때 사용했던 단어 말고도 다른 무언가가 있었다. 강연의 묘미였다. "중요한 것은 무엇을 말하느냐가 아니라 어떻게 말하느냐다.”

언젠가 나는 어느 음악회에 갔는데, 옆자리에 어떤 여성이 악보를 보며 파데레프스키의 연주를 감상하고 있었다. 그녀는 혼란스러운 듯 보였고, 도무지 이해할 수 없다는 표정이었다.

그녀의 손가락은 파데레프스키가 연주하는 음계를 똑같이 따라가고 있었다. 하지만 그녀의 연주는 평범했고, 그의 연주는 영감이 넘치고 아름다움 그 자체였다. 관객의 마음을 온전히 사로잡은 공연이었다. 중요한 건 멜로디가 아니었다. 그가 연주한 방식이었다. 느낌, 예술성, 개성을 모두 연주에 불어넣은 것이 평범함과 비범함의 차이를 만들었다.

러시아의 위대한 화가인 브룰로프가 언젠가 제자의 작품을 수정해준 적이 있다. 제자는 수정된 그림을 보며 놀라서 외쳤다. “이럴 수가! 선생님께서 조금 손댔을 뿐인데 완전 다른 그림이 됐어요.” 브룰로프는 이렇게 대답했다. “예술은 아주 작은 데서 시작한단다.” 연설도 브룰로프가 수정한 그림이나 파데르프스키의 연주와 같다.

연설을 할 때도 똑같은 원리가 적용된다. 영국 의회에는 “모든 것은 문제 자체가 아니라 그 문제를 논하는 방식에 달려 있다”라는 격언이 전해져 내려온다. 이 격언은 오래전에 영국이 로마의 식민지였을 때 쿠인틸리아누스가 한 말이다.

옛 격언이 흔히 그렇듯이 이 말도 적당히 가감을 해서 들을 필요가 있다. 하지만 좋은 연설은 별 내용이 없더라도 그럴듯하게 들린다. 나는 대학교 경연대회에서 우수한 내용을 이야기한 사람보다 최고의 내용처럼 들리게 말하는 사람이 우승하는 걸 종종 목격했다.

언젠가 몰리 경은 쾌활하면서도 냉소적인 태도로 이렇게 말했다. "연설에서는 세 가지가 중요하다. 말하는 사람, 말하는 방식, 말하는 내용. 그중에서도 마지막이 가장 덜 중요하다." 과장 같은가? 그럴지도 모른다. 하지만 표면을 살짝 긁어내 보면 그 아래에 반짝이는 진실을 발견하게 될 것이다.

에드먼드 버크가 쓴 연설문은 논리와 논법, 구성에 이르기까지 너무 뛰어나서 오늘날 전국 대학의 절반이 정식 연설의 본보기로 가르치고 있다. 하지만 에드먼드 버크는 연설자로서는 악명 높은 실패자였다.

그는 주옥같은 연설문을 흥미롭고 강력하게 제대로 전달할 줄 몰랐다. 그래서 그는 하원에서 '식사를 알리는 종'이라고 불렸다. 그가 이야기를 하려고 일어서면 다른 하원 의원들은 기침을 하거나 딴청을 부리거나 무리를 지어 나가버렸다.

당신이 누군가를 향해 온 힘을 다해 강철로 만든 총알을 쏴도 흠집 하나 낼 수 없다. 하지만 한낱 양초라 할지라도 그 안에 화약가루를 바르고 쏘면 소나무 판자를 뚫을 수 있다. 이렇게 말해서 유감이지만, 화약가루를 바른 하찮은 양초와 같은 연설은 강철로 되어 있어도 아무런 힘을 발휘하지 못하는 연설보다 훨씬 강한 인상을 준다.

그러므로 이야기를 어떻게 전달할지에 주의를 기울여야 한다.

전달이란 무엇인가

백화점에서 당신이 산 물건을 '전달'해준다고 할 때 그 의미는 무엇일까? 운전수가 당신의 뒷마당에 물건을 던져놓고 가버린다는 뜻일까? 그저 다른 사람의 손에서 물건을 받았다는 말이 전달받았다는 말과 같은 것일까? 전보를 배달하는 소년은 전보를 받아야 할 사람에게 직접 전달한다. 하지만 연설자들도 그렇게 하고 있을까?

많은 사람들이 이야기하는 전형적인 예를 들어 설명해주겠다. 내가 스위스의 알프스 산맥에 있는 여름 휴양지인 뮈렌에 머물렀을 때의 일이다. 나는 런던에 있는 한 회사가 운영하는 호텔에 묵고 있었는데, 그 회사는 영국에서 그곳으로 매주 두 명씩 연설자를 보내 손님들에게 강연을 하게 했다. 그중에는 영국의 유명한 소설가도 있었는데, 그녀의 주제는 '소설의 미래'였다.

그녀는 자신이 주제를 고르지 않았다고 시인했다. 그러다 보니 간단히 말해서 그녀가 그 주제에 대해 해줄 이야기가 딱히 없었다. 그녀는 마구잡이로 이것저것 언급했다. 그리고 청중을 무시하는 양 그들에게 눈길 한번 제대로 주지 않았다. 가끔은 그들의 머리 너머나 자신이 적어온 메모 아니면 바닥을 쳐다보았다. 그녀는 먼 곳을 주시했고, 목소리에는 진정성 있는 울림이 없었다. 그녀는 허공에 대고 읽다시피 했다.

그런 종류의 강연은 이야기를 전혀 전달하지 못한다. 독백일 뿐이다. 의사소통의 느낌이 없다. 의사소통을 하는 느낌이야말로 좋은 연설의 첫 번째 필수 요소다. 청중은 분명 연설자의 정신과 마음에서 자신들의 정신과 마음으로 곧장 전달되는 메시지가 있다고 느껴야 한다. 앞서 말한 소설가의 강연은 물도 없고 모래만 있는 고비 사막에서 했다 해도 다르지 않았을 것이다. 사실 그 연설은 살아 있는 사람에게 하는 게 아니라 사막에서 하는 것처럼 들렸다.

이야기를 전달하는 일은 매우 단순하면서 동시에 복잡한 과정이다. 또한 제대로 이해되지 않고 정당한 대우를 못 받는 경우도 많다.

잘 전달하는 비결

전달에 대해 쓴 책에는 온갖 말도 안 되는 이야기들이 많다. 수많은 규칙과 관행이 결부되어 불가사의하기까지 하다. 구닥다리 '웅변술'은 하나님과 인간의 눈에는 우스꽝스러울 정도다.

도서관이나 서점에 가면 웅변에 관한 책이 많이 있지만, 비즈니스맨들에게는 거의 쓸모가 없다. 미국은 여러 방면에서 발전을 거듭하고 있지만, 아직도 많은 학생들은 웹스터와 잉거솔의 지극히 수사적인 '웅변술'을 배우라고 강요받고 있다. 그 웅변술은 웹스터 부인과 잉거솔 부인이 무덤에서 부활할 때 그들의 머리 위에 얹혀 있음직한 모자만큼이나 구닥다리여서 요즘 시대에는 전혀 어울리지 않는다.

남북전쟁 이후 새로운 연설의 흐름이 생기고 있다. 요즘 시대에 맞게 〈새터데이 이브닝 포스트〉만큼 현대적이고, 전보만큼 직접적이며, 자동차에 붙이고 다니는 광고만큼이나 효율적이다. 예전에 유행하던 언어의 불꽃놀이는 현대를 살아가는 청중에게는 더 이상 받아들여지지 않는다.

현대의 청중은 업무상 회의석상에 둘러앉은 15명을 상대하든, 대형 천막 아래에 모여든 1000여 명의 사람을 상대하든 상관없이 연설자가 마치 수다를 떠는 것처럼 직접적으로 말하고, 그들과 일대일로 대화하는 방식으로 말해주기를 바란다.

태도는 일대일로 대화하듯 하되 목소리의 크기는 그렇게 하면 안 된다. 만약 그렇게 한다면 아무도 그에게 귀를 기울이지 않을 것이다. 자연스럽게 보이려면 한 명에게 말할 때보다 40명에게 말할 때 훨씬 더 많은 에너지를 써야 한다. 빌딩 꼭대기에 있는 동상이 땅에 있는 관찰자에게 실제 비율로 보이기 위해서는 실물보다 훨씬 커야 하는 것과 같은 이치다.

마크 트웨인이 네바다 주의 어느 탄광 캠프에서 강연을 끝마칠 무렵이었다. 한 나이 든 탄광 일꾼이 다가와 물었다. "평소에도 그런 톤으로 말씀하십니까?" 청중이 원하는 것이 바로 이것이다. '당신의 자연스러운 목소리 톤으로 조금 크게 말하는 것.'

청중에게 말할 때도 존, 헨리, 스미스에게 하는 것처럼 말하라. 청중도 존, 헨리, 스미스가 잔뜩 모인 것이 아니겠는가? 일대일로 말할 때 성공적이라면, 여러 사람 앞에서 말할 때도 그 방법으로 하면 성공하지 않겠는가?

나는 앞에서 어느 소설가의 연설을 예로 들었다. 그녀가 강연을 했던 강당에서 나는 며칠 후 올리버 로지 경의 강의를 듣는 기쁨을 누렸다. 그의 주제는 '원자와 세계'였다. 그는 반세기 이상을 그 주제에 관해 사색하고 연구하고 실험하며 조사해온 사람이었다. 그가 말하는 것은 그의 가슴과 마음, 인생의 일부이자 말하지 않고는 견딜 수 없는 그 무엇이었다.

그는 자신이 연설하고 있다는 사실을 잊었고, 나도 역시 그 사실을 잊었다. 강연 자체가 그의 걱정거리가 될 수 없었다. 그는 오직 원자를 청중에게 얘기하는 일에만 몰두해 있었다. 정확하고, 명쾌하고, 실감나게 원자에 대해 얘기했다. 그는 자신이 본 걸 우리도 보고, 자신이 느낀 걸 우리도 느끼길 진심으로 원했다.

결과가 어땠냐고? 보기 드문 뛰어난 강연이었다. 매력과 힘이 있었던 그 강연은 깊은 인상을 남겼다. 그는 비범한 능력을 갖춘 연설자였다. 하지만 그 자신은 스스로 그렇게 생각하지 않을 거라고 나는 확신한다. 그의 강연을 들은 사람 중 그를 전문적인 대중 연설가라고 생각할 사람은 거의 없으리라고 나는 믿는다.

만약 당신이 이 책을 읽고 대중 연설을 했는데, 사람들이 당신이 대중 연설을 훈련받았음을 조금이라도 눈치챘다면 그것은 결코 자랑거리가 되지 못한다. 당신을 가르친 사람은 당신이 물 흐르듯 자연스럽게 연설을 해서, 당신이 연설 훈련을 받았다는 사실을 사람들이 전혀 눈치채지 못하기를 바라고 있다.

좋은 유리는 자기에게 이목이 쏠리지 않게 만든다. 단지 빛이 들어오게 한다. 좋은 연설자도 그와 같다. 연설자가 너무 자연스러워 듣는 이들이 절대 그의 강연 방식에 신경 쓰지 않는다. 사람들은 오로지 그가 말하는 내용에 집중한다.

헨리 포드의 충고

헨리 포드는 이렇게 말했다.

"모든 포드 자동차는 한결같이 똑같습니다. 하지만 사람은 어느 누구와도 똑같을 수 없습니다. 새로운 생명은 태양 아래 그 무엇과도 달리 새로운 것입니다. 똑같은 것은 예전에도 없었고, 이후에도 절대로 없을 것입니다. 젊은이들은 자기 자신에 대해 그렇게 생각해야 합니다. 자신을 타인과 다르게 만드는 한 줄기 개성의 불꽃을 찾아내어 자신의 가치를 높이기 위한 노력을 해야 합니다. 사회와 학교는 당신을 획일화시킬지도 모릅니다. 모든 사람을 똑같은 틀에 넣으려는 경향이 있기 때문입니다. 하지만 개성의 불꽃이 꺼지지 않도록 해야 합니다. 당신이 중요한 진정한 이유는 바로 그 불꽃이 있기 때문입니다."

이 말은 대중 연설에 있어서는 더더욱 들어맞는 진리다. 당신 같은 사람은 세상 어디에도 없다. 수억 명의 사람들이 당신처럼 눈 둘, 입 하나, 코 하나를 가지고 있지만, 당신과 정말 똑같이 생긴 사람은 아무도 없다. 생김새, 행동 방식, 마음 자세가 당신과 똑같은 사람은 아무도 없다. 또한 그들은 당신이 자연스레 연설할 때와 똑같은 방식으로 연설하거나 사람들에게 말하지 않는다. 다시 말해 당신은 개성을 가지고 있다. 개성은 연설자에게 매우 소중한 재산이다. 그 개성을 소중히 여기고 펼쳐나가라. 개성이야말로 당신의 연설에 힘과 진실성을 불어넣어 줄 불꽃이다. "당신이 중요한 진짜 이유는 바로 개성이 있기 때문이다."

올리버 로지 경은 다른 사람들과는 다르게 말했다. 그 자신이 남달랐기 때문이다. 그의 말하기 방식은 그의 턱수염이나 대머리처럼 그가 가진 개성의 일부였다. 만약 그가 로이드 조지를 따라 하려고 노력했다면 잘못되고 실패했을 것이다.

1858년 일리노이 주의 초원 마을에서 스테판 A. 더글러스 상원 의원과 에이브러햄 링컨 사이에 미국 역사상 가장 유명한 토론이 벌어졌다. 링컨은 키가 크고 어딘가 어색했고, 더글러스는 키가 작고 우아했다. 두 사람은 외모만큼이나 성격과 사고방식, 성품, 성향이 달랐다.

더글러스는 세상이 알아주는 교양 있는 남자였다. 링컨은 신발도 신지 않고 손님을 맞으러 문간으로 달려나가는 '장작 패던 촌놈'이었다. 더글러스의 몸짓은 유려했지만, 링컨은 꼴사나웠다. 더글러스는 유머 감각이라곤 없었던 반면, 링컨은 인류 역사상 가장 뛰어난 이야기꾼 중 하나였다. 더글러스는 비유를 거의 사용하지 않았지만, 링컨은 계속 비유와 사례를 들어 논쟁했다. 더글러스는 오만하고 거만했지만, 링컨은 겸손하고 관대했다. 더글러스는 재빠르게 생각했지만, 링컨의 두뇌 회전은 훨씬 느렸다. 더글러스는 회오리바람처럼 돌진하듯 말했지만, 링컨의 말은 더 조용하고 더 깊고 더 상세했다.

이렇게 달랐지만, 두 사람은 자신을 드러낼 수 있는 용기와 뛰어난 감각을 가진 훌륭한 연설자들이었다. 둘 중 하나가 상대방을 따라 하려고 했다면 비참하게 실패했을 것이다. 하지만 각자 가진 특별한 재능을 최대한 활용해 개성 있고 강력한 주장을 폈다. 당신도 있는 그대로 그렇게 하라.

이렇게 방향을 지시하기란 쉬운 일이다. 하지만 쉽게 그 말에 따라 할 수 있을까? 결코 그렇지 않다. 마셜 포슈 장군은 전쟁의 미학에 대해 이렇게 말했다. "개념으로는 간단하지만 불행히도 실행에 옮기기에는 복잡하다."

청중 앞에서 자연스러워지려면 연습이 필요하다. 배우들은 이를 알고 있다. 네 살 정도의 어린아이였을 때, 당신은 아마도 단상에 올라 청중 앞에서 자연스럽게 뭔가를 낭송할 수 있었고 또 그렇게 했을 것이다.

하지만 스물넷 또는 마흔넷이 된 당신이 단상에 올라가 이야기를 시작한다면 어떨까? 네 살 때의 무의식적인 자연스러움을 그대로 유지할 수 있을까? 십중팔구는 뻣뻣해지고, 딱딱해지며, 기계적으로 변한다. 그리고 거북이처럼 껍질 속으로 들어가 버린다.

연설을 가르치거나 훈련시킬 때 중점을 두는 것은 전에 없던 재주를 덧붙이는 것이 아니라 보통은 장애물을 치워 자유롭게 만드는 것이다. 누군가 손으로 때리려고 할 때 나오는 당연한 반사작용처럼 자연스럽게 말하도록 만드는 것이다.

나는 학생들에게 연설을 훈련시킬 때 중간에 끼어들어 "제발 자연스럽게 말을 하세요"라고 해야 했던 적이 부지기수다. 그들이 자연스럽게 말하도록 만드느라 완전히 지친 상태로 집으로 돌아가야 했던 날이 대부분이다. 그만큼 자연스럽게 말하기란 쉽지 않다. 분명히 말하지만, 자연스럽게 말하기란 생각처럼 간단한 문제가 아니다.

자연스런 태도로 연설하는 기술을 익힐 수 있는 유일한 방법은 딱 한 가지, 연습밖에 없다. 연습을 하다가 문득 자신이 어색하다고 느껴지면 바로 멈추고 스스로에게 냉정하게 말을 걸어라. "이런, 뭐가 문제지? 정신 차려. 자연스러워지자." 그러고 나서 청중 가운데서 뒤쪽에 앉아 있는 제일 둔해 보이는 사람을 골라 말을 걸어보라.

다른 사람들이 있다는 걸 잊어라. 그 사람과 대화하라. 그 사람이 당신에게 질문하고 당신이 대답한다고 상상해보라. 그가 일어서서 당신에게 말하고 당신이 그에게 답변을 하는 것이라면, 당신의 이야기는 좀 더 자연스럽고 더 직접적인 대화체로 변할 것이다. 그런 일이 실제로 벌어지고 있다고 상상하라.

당신이 실제로 질문하고, 그 질문에 대답하는 형식으로 이야기를 풀어나갈 수도 있다. 예를 들어 강연 도중에 당신은 이렇게 말한다. "이 주장을 뒷받침할 만한 근거가 있냐고 묻고 싶으신 거죠? 물론 충분한 근거가 있습니다. 그건 바로…." 그러고 나서 상상의 질문에 계속 대답하라. 이런 방식은 강연을 자연스럽게 하고, 강연의 단조로움을 깨줄 것이다. 직접적이고, 즐겁고, 주고받는 느낌을 만들어줄 것이다.

솔직하고, 의욕적이고, 진지한 태도도 도움이 된다. 사람은 감정의 영향을 받으면 진정한 자아가 밖으로 나온다. 빗장이 열리는 것이다. 감정의 열기가 모든 장애물을 태워버리는 것이다. 말과 행동이 자연스러워지고 거침이 없어진다. 결국 전달의 문제는 이 글에서 반복적으로 강조된 것과 똑같은 결론에 이른다. 다시 말해서 당신의 이야기에 진심을 담으라는 것이다.

예일 신학대학원의 딘 브라운 학장은 설교술 강연에서 이렇게 말했다. "제 친구가 런던의 한 예배에 참석했던 경험에 대해 해준 말은 절대로 잊지 못할 겁니다. 설교자는 조지 맥도널드였는데, 그날 아침 그가 성경 봉독 시간에 읽은 부분은 〈히브리서〉 11장이었습니다. 설교 시간이 되자 그는 이렇게 말했습니다. '믿음을 가진 사람들의 이야기는 여러분들 모두 들어봤을 겁니다. 저는 믿음이 무엇인가를 말하지는 않겠습니다. 그에 대해서는 저보다 더 잘하는 신학 교수들이 있습니다. 저는 여러분들이 믿음을 가질 수 있도록 도와주러 왔습니다.' 그러고 나서는 보이지 않지만 영원한 실존에 대한 자신의 신앙고백을 가슴에 와 닿으면서도 장엄하게 하더랍니다. 그의 말에는 진심이 담겨 있었고, 그때의 설교는 그의 내면의 아름다움이 담겨 있었기에 더없이 효과적이었습니다."

"그의 말에는 진심이 담겨 있었다." 이것이 비결이다. 하지만 나는 이러한 조언이 인기 없다는 걸 잘 알고 있다. 모호하고 막연하다고 불평할 것이다. 보통의 학생들은 확실한 규칙을 원한다. 무언가 명확하고, 손으로 만질 수 있는, 자동차 사용 설명서처럼 명확한 규칙을 원한다.

나도 그런 규칙들을 들려주고 싶다. 그런 규칙들을 들려주면 나도 편하다. 실제로 그런 규칙이 있지만 한 가지 문제가 있다. 효과가 없다는 것이다. 공식에 대입하듯 하는 연설은 자연스러움과 생명력, 생동감이 사라진다. 나는 젊은 시절에 그런 규칙들을 연습하느라 많은 시간을 낭비한 경험이 있기 때문에 잘 알고 있다. 유머 작가였던 조시 빌링스는 이렇게 말했다. "많이 안다고 해도 실천하지 않으면 아무 소용없다." 때문에 그러한 규칙들은 이 책에 소개하지 않겠다.

연설할 때 해야 할 일들

좀 더 분명하고 생생한 연설을 하기 위해 자연스럽게 말하는 방법을 몇 가지 알아보려고 한다. 이렇게 말하면 누군가는 분명 "아, 알겠어요. 이제 억지로라도 이대로만 하면 되겠네요"라고 말할까 봐 이 부분을 소개해야 할지 망설였다. 부디 그러지 말기 바란다.

억지로 하면 나무처럼 딱딱해지고 기계처럼 말하게 된다. 당신이 어제 저녁 식사를 자연스럽게 소화시켰듯이, 아래에 소개할 대부분의 원칙은 어젯밤에 나눈 대화에서 이미 활용했을 것이다. 원칙이란 그렇게 사용하면 된다. 그 방법이 유일하다. 대중 앞에서 연설하는 데 관해서는 이미 말했다. 오직 연습뿐이다. 그 연습 방법에 대해 좀 더 구체적으로 말해보겠다.

첫째, 중요한 단어에 강세를 주고 그렇지 않은 단어는 약하게 말하라

대화를 할 때 우리는 단어의 한 음절만 강하게 발음하고, 다른 음절은 자동차가 노숙자 무리를 지나치듯 흘려버린다. 예를 들면 매사'추'세츠(MassaCHUsetts), 어'플릭'션(afFLICtion), 어'트랙'티브니스(atTRACtiveness), 인'바이'런먼트(enVIRonment)처럼 말한다. 문장 전체를 놓고 봐도 거의 비슷하다. 한두 개의 중요한 단어만 뉴욕에서 가장 오래된 최고층 건물인 울워스 빌딩이 브로드웨이에서 삐죽 튀어나온 것처럼 치솟게 발음한다.

나는 지금 이상하거나 유별난 것을 말하는 게 아니다. 들어보라. 당신의 주변에서 늘 일어나는 현상이다. 당신도 어제 100번, 아니 1000번쯤은 이렇게 했다. 내일도 의심의 여지없이 100번은 할 것이다.

예를 들어보자. 다음의 인용구를 읽을 때, 밑줄 친 부분은 완전 세게, 다른 글자는 빨리 읽어보라. 효과가 어떤가?

> 내가 한 일은 전부 성공했다. 왜냐하면 나는 의지가 있었기 때문이다. 나는 절대 주저하지 않았고, 그 덕분에 다른 사람보다 뛰어날 수 있었다.
>
> — 나폴레옹

이 문장을 반드시 그렇게 읽어야 하는 건 아니다. 다른 사람이라면 다른 부분을 강조할 수도 있을 것이다. 강조를 하기 위한 불변의 법칙은 없다. 상황에 따라 다르다.

다음의 문장들을 핵심 내용이 분명하고 설득력 있게 들리도록 크고 진지하게 읽어보라. 의미 있고 중요한 단어는 강조하고, 그렇지 않은 단어는 빠르게 읽게 되지 않는가?

졌다고 생각하면 진 것이다.

감히 할 수 없다고 생각하면 하지 못한다.

이기고 싶지만 이길 수 없다고 생각하면 당연히 이기지 못한다.

인생이라는 전투에서는

항상 가장 힘세고 가장 빠른 사람이 이기는 게 아니다.

늦든 빠르든 이길 수 있다고 생각하는 사람이 결국 이긴다.

— 작자 미상

성격의 구성 요소 가운데 확고한 결의보다 더 중요한 것은 없다. 위
인이 되고자 하는 소년은 1000개의 장애물을 뛰어넘겠다는 다짐
을 해야 할 뿐만 아니라, 수많은 실패와 어려움에도 불구하고 이기
려는 마음가짐을 가져야 한다.

— 시어도어 루스벨트

둘째, 목소리의 높낮이를 바꿔라

대화할 때 목소리의 높낮이는 올라갔다 내려갔다 하며, 잠시
도 멈추지 않고 바다의 수면처럼 항상 바뀐다. 왜 그럴까? 그
이유는 아무도 모르고, 또 신경 쓰지도 않는다. 아무튼 그 결과
로 유쾌하고 자연스러워지는 효과가 생긴다. 누구도 의식적으
로 배워서 익힌 게 아니다. 어렸을 때 알게 모르게 배우지만, 청
중 앞에 서서 그들을 바라보기만 하면 네바다 주의 알칼리 사
막처럼 따분하고, 밋밋하고, 단조로워지곤 한다.

자신이 그렇게 단조로운 높낮이 —주로 고음일 것이다— 로
말하고 있다는 게 느껴지면, 잠깐 멈춘 다음 스스로에게 이렇

게 말하라. "내가 나무 인형처럼 말하고 있구나. 사람들한테 말을 하자. 사람이 이야기하듯 자연스럽게."

그런 혼잣말이 도움이 될까? 아마 조금은 도움이 될 것이다. 잠깐 멈추는 것으로도 도움이 된다. 연습을 통해 자신만의 해결 방법을 고안해내야 한다. 갑자기 목소리 톤을 높이거나 낮추면, 당신이 선택한 어느 구절이나 단어를 앞뜰에 있는 월계수처럼 돋보이게 할 수 있다. 브루클린의 유명한 조합 교회 목사인 파크스 캐드먼 박사는 이런 방법을 자주 사용했다. 올리버 로지 경도 그랬고, 루스벨트도 마찬가지다. 거의 모든 연설자들도 그렇게 한다.

다음의 인용구에서 밑줄 친 단어들만 낮은 목소리 톤으로 읽어보자. 어떤 효과가 있는가?

> 나에게 있는 장점은 오직 하나, <u>절대 좌절하지 않는 것</u>이다.
>
> — 마셜 포슈

> 교육의 위대한 목표는 지식이 아니라 <u>행동</u>이다.
>
> — 허버트 스펜서

> 나는 66년을 살아오면서 수백 명의 사람들이 성공을 향해 오르는 걸 지켜보았습니다. 그런데 성공하기 위한 요소 가운데서도 <u>가장 중요한 것은 믿음</u>이었습니다.
>
> — 기번스 추기경

셋째, 말하는 속도를 바꿔라

어린아이들이 말할 때나 일반적인 대화를 할 때, 우리는 말하는 속도를 계속해서 바꾼다. 그러면 유쾌하고 자연스러워진다. 무의식적으로 이루어지는 것이지만, 이는 사실 어떤 대목을 강조하는 가장 좋은 방법이다.

월터 B. 스티븐슨은 미주리 역사회가 발행한 《기자가 본 링컨》이라는 책에서 링컨은 연설에서 결론으로 가는 대목에서 이 방법을 자주 사용했다고 소개한다.

"그는 매우 빠른 속도로 말을 하다가, 강조하고 싶은 단어나 구절이 생기면 그 부분을 길게 늘이고, 목소리에 힘을 주어 말한 다음 번개처럼 문장을 끝냈다. 그는 강조하고 싶은 단어 한두 개에는 많은 시간을 쓰고, 나머지 덜 중요한 말에는 그 반도 쓰지 않았다."

그런 방법은 반드시 주목을 끈다. 자세히 말하면, 나는 연설을 할 때 기번스 추기경의 말을 종종 인용한다. 그런데 이번에는 용기라는 개념을 강조하고 싶어서 아래 밑줄 친 부분을 내가 마치 그 말에 깊은 감명을 받은 양—실제로도 그랬다—말을 했다. 같은 방식으로 다음의 글을 큰 소리로 읽어보고 결과를 기록해보자.

"기번스 추기경은 죽기 전에 이렇게 말했습니다. '나는 <u>66년</u>을 살아오면서 수백 명의 사람들이 <u>성공</u>을 향해 오르는 걸 지켜보았습니다. 그런데 성공하기 위한 요소 가운데서도 <u>가장 중요한 것은 용기</u>

였습니다. 용기를 내지 못한 사람은 누구라도 업적을 남길 수 없습니다.'"

이렇게 해보자. '3000만 달러'를 마치 적은 돈인 양 빠르게 읽어라. 자, 이제 '3만 달러'를 감정을 넣어서 느리게, 마치 엄청나게 큰돈이라 놀란 것처럼 읽어라. '3만 달러'가 '3000만 달러'보다 더 큰돈인 것처럼 들리지 않는가?

넷째, 중요한 이야기를 할 때는 전후에 잠깐 멈춰라

링컨은 종종 말하는 도중 잠시 멈추곤 했다. 청중의 마음에 깊은 인상을 남기고 싶은 말이 있으면, 그는 몸을 앞으로 숙이고 청중의 눈을 잠시 들여다보고 아무 말도 하지 않았다. 이렇게 갑자기 말을 멈추면, 큰 소리가 나는 것과 같이 주목을 끄는 효과를 얻을 수 있다. 모든 사람이 방심하지 않고, 다음에 나올 내용에 주의를 집중하고 깨어 있게 만든다.

예를 들어 앞서 더글러스와 벌였던 그 유명한 논쟁이 끝나갈 무렵, 모든 정황이 링컨에게 불리했다. 그는 낙담했고, 오래된 습관인 우울함이 때때로 그를 엄습했으며, 그의 말은 연민을 자극했다. 마지막 발언을 할 때 그는 갑자기 말을 멈추고 깊이 들어간 지친 눈에 눈물을 글썽이며, 반쯤은 무관심하고 반쯤은 친절한 표정의 관중을 바라보며 조용히 서 있었다. 도무지 방법이 없는 싸움에 너무 지친 듯 손을 접고 특유의 단조로운 목소리로 그는 이렇게 말했다.

"여러분, 미국 상원 의원으로 더글러스 판사가 되든 제가 되든 별 차이가 없을 겁니다. 하지만 오늘 저희가 여러분께 제시한 이 문제들은 개인의 이익이나 정치적 운명을 뛰어넘는 것입니다. 그리고 여러분."

여기서 링컨은 잠깐 말을 멈췄다. 청중은 그의 한마디 한마디에 귀를 기울였다. "더글러스 판사와 저의 못나고 나약하고 더듬거리는 혀가 무덤에 들어가 조용해지더라도 이 쟁점들은 계속 살아서 숨 쉬고 타오를 것입니다."

링컨의 전기 작가 중 한 사람은 계속해서 이렇게 적었다. "이 간단한 말과 태도는 그곳에 있던 사람들의 마음을 뒤흔들었다." 링컨은 또한 강조하고 싶은 구절을 말한 뒤에도 잠시 멈췄다. 그는 구절의 의미가 제대로 전달되는 동안 침묵으로 힘을 더했다.

올리버 로지 경은 연설을 할 때 주요 개념 전후에 자주 멈췄다. 한 문장을 말하는 데 서너 번 멈췄지만, 자연스럽고 무의식적이었다. 굳이 분석하지 않는다면 알아채지 못할 정도였다.

키플링은 "침묵으로 이야기하라"라고 말했다. 침묵은 강력하고 무시할 수 없는 도구지만, 초보자들은 이를 자주 경시한다.

아래는 홀먼의 《톡 쏘는 이야기》에서 발췌한 글인데, 연설자가 말을 멈추는 지점을 표시해두었다. 꼭 내가 표시한 곳에서 멈출 필요는 없다. 방법을 보여주려는 것뿐이다. 어디서 멈춰야 하는지는 엄격하게 정해두지 않았다. 글의 성격과 감정에 따라 하면 된다. 오늘은 여기서 멈추고 싶다가도, 다른 날엔 다

른 곳에서 멈추고 싶을 수도 있다. 다음의 글을 멈추지 않고 큰
소리로 읽고, 내가 표시한 곳에서 멈춰가며 읽어라. 어떤 효과
가 있는가?

"영업은 전쟁이다." (전쟁의 느낌에 젖을 수 있게 잠시 멈춰라) "그리
고 오직 전사만이 승리할 수 있다." (요점을 이해할 수 있도록 잠시
멈춰라) "우리도 이런 상황이 반갑지는 않지만, 우리가 그렇게 만든
게 아니기에 고칠 수도 없다." (잠시 멈춘다)
"판매 게임에 돌입할 때는 용기를 내라." (잠시 멈춘다) "만약 그렇
게 하지 않으면" (잠시 멈추고 긴장감을 늘여라) "타석으로 갈 때마
다 스트라이크 아웃을 당하고 줄줄이 0점 행진을 하게 된다." (잠시
멈춘다)
"투수가 두려운 사람은 3루로 갈 수 없다." (요점을 이해하도록 잠시
멈춘다) "그 점을 기억하라." (좀 더 이해할 수 있도록 잠시 멈춘다)
"장타를 치거나 공을 담장 밖으로 넘기는 홈런을 치는 사람은 언제
나 이런 태도로 타석에 선다." (잠시 멈추고, 이제 당신이 이 뛰어난
선수에 대해 하는 말에 대한 긴장감을 높인다) "꼭 치고 말겠다는 의
지를 품고⋯."

다음 인용문의 의미를 되새기며 힘차게 큰 소리로 읽어라.
자연스럽게 멈추는 곳이 어디인지 살펴보라.

미국의 거대한 사막은 아이다호나 뉴멕시코, 애리조나에 있지 않

다. 평범한 사람의 모자 아래에 있다. 미국의 거대한 사막은 진짜
사막이라기보다는 정신적 사막이다.

— 제임스 녹스

인간에게 만병통치약은 없다.
가장 가까운 것은 관심이다.

— 폭스웰 교수

내가 만족시켜야 하는 사람이 둘 있다.
하나님과 가필드.
이승에서는 가필드, 저승에서는 하나님과 같이 살아야 한다.

— 제임스 A. 가필드

이 장에서 제시한 원칙들을 잘 지키며 연설을 한다고 해도
여전히 결함이 많을 수 있다. 대화를 하듯 대중 앞에서 말하더
라도 불편한 목소리를 내거나, 문법적으로 틀리거나, 어색하고
불쾌한 여러 가지 일을 저지를 수 있다. 자연스럽고 일상적인
대화에서도 개선할 사항이 많을 수 있다. 우선 일상에서 쓰는
자연스러운 대화 방식을 가다듬어 완벽하게 만든 다음, 그 방
식 그대로 단상에서 해보라.

좋은 연설을
하기 위한 비결

1. 말할 때 사용되는 단어에는 그 자체의 의미를 넘어서는 중요한 뭔가가 있다. 이야기가 전달될 때의 '풍미'다. "무엇을 말하느냐보다는 어떻게 말하는지가 더 중요하다."

2. 많은 연설자들은 청자를 무시하고 바닥이나 허공을 쳐다본다. 의사소통을 하는 느낌이 없고, 연설자와 청중의 교류도 없다. 그런 종류의 태도는 대화를 망치고, 마찬가지로 연설도 망친다.

3. 좋은 강연을 하려면 대화를 하는 말투와 직설적인 태도가 중요하다. 존, 스미스에게 말하듯 청중에게도 말하라. 청중도 결국 존, 스미스가 모여 있는 게 아닌가?

4. 누구나 강연을 할 수 있는 능력이 있다. 이 말에 의구심이 든다면 직접 해보라. 아무나 한 사람을 때려눕히면 그 사람은 몸을 일으키면서 자연스레 말을 쏟아낼 것이다. 그렇게 자연스레 나오는 말은 어색함이 없다. 그처럼 자연스럽게 대중 앞에서도 말하길 바란다. 그 능력을 발전시키려면 연습해야 한다. 타인을 흉내 내지 마라. 자연스럽게 말하면 이 세상 그 누구와도 다르게 말할 것이다. 개성과 자신만의 방식을 담아 강연하라.

5 청중에게 말을 하되, 그들이 일어서서 당신의 말을 되받아치길 기대한다는 듯이 하라. 그들이 일어서서 당신에게 질문을 한다면 당신의 연설은 분명 발전할 것이다. 누군가가 당신에게 질문하고, 당신이 그 질문을 따라 말한다고 상상해보라. "여러분은 제가 이걸 어떻게 아는지 궁금하시죠?

말해드릴게요." 그런 종류의 대화는 매우 자연스럽고, 당신의 딱딱한 말투를 부드럽게 만들어줄 것이다. 말하는 방식이 따뜻해지고 인간적으로 될 것이다.

6. 진심을 담아라. 진실한 감정은 그 어떤 것보다 도움이 된다.

7. 여기 우리가 진지하게 대화할 때 무의식적으로 하는 네 가지가 있다. 대중 앞에서도 이렇게 하는가? 대부분은 그렇지 않다.

   1) 중요한 단어를 강조하고 덜 중요한 건 강조를 안 하는가? '그, 그리고, 하지만'에도 똑같이 강조를 하는가, 아니면 매사 '추' 세츠라고 말하듯 얘기를 하는가?

   2) 어린아이가 말할 때처럼 목소리의 높낮이가 올라갔다 내려갔다 하는가?

   3) 중요하지 않은 건 달려가듯이, 강조하고 싶은 말에는 시간을 더 들이면서 말하는 속도에 변화를 주는가?

   4) 중요한 단어 앞과 뒤에서 잠시 멈추는가?

8

연단에 설 때의
준비 사항

"행동은 웅변이다. 무식하다는 사실은 귀보다 눈으로 더 잘 전달된다."
— 셰익스피어

"제스처는 너무 많아도, 너무 적어도 자연스럽지 않다. 아이들이 제스처를 적절하게 사용할 줄 알고 사람들도 길에서 이웃과 마주칠 때 제스처를 적절히 사용할 줄 아는데도 불구하고, 연설할 때는 대부분 적절하게 사용하지 못하는 걸 보면 참 이상하다."
— 매슈스, 《연설과 연설가》

"연설할 때 몸짓은 완전히 잊어라. 자신이 무엇을 말하려는지, 왜 말하려고 하는지에만 집중하라. 자신의 생각을 표현하는 데 열과 성을 다하라. 열정적이고 진지하게 하라. 진지하고 또 진지하라. 그러면 자연스러운 몸짓이 나온다. 내적으로 생각이 충만하면, 몸짓을 억누르던 제약은 사라질 것이다. 몸은 이런 표현하고픈 동작에 반응한다. 연설을 하는 동안 자신이 말하고 싶은 것만 생각하라. 미리 제스처를 계획하지 마라. 자연스런 충동이 제스처를 결정하게 하라."
— 조지 롤런드 콜린스, 《연단에서의 연설》

연단에 설 때의 준비 사항

언젠가 카네기 기술재단이 유명 사업가 100명을 대상으로 지능검사를 실시한 적이 있었다. 이 시험은 전쟁 중에 군대에서 치르던 것과 비슷했는데, 그 결과 사업의 성패는 지능보다는 인성이 더 중요하다는 사실이 드러났다. 이 결과는 사업가뿐만 아니라 교육자, 전문인, 연설자들에게도 매우 의미 있는 사실이다.

준비 과정을 제외하면 인성은 연설에서 가장 중요한 요소다. 엘버트 허바드는 "좋은 연설은 말이 아니라 태도에서 결정된다"라고 선언했다. 사실 좋은 태도뿐 아니라 생각도 훌륭해야 한다. 하지만 인성이란 제비꽃 향수처럼 애매모호하고, 정의를 내리거나 분석하기 어려운 것이다. 인성은 신체, 영성, 정신, 이목구비, 선호도, 경향성, 기질, 됨됨이, 기력, 경험, 교육 등 개인의 모든 특성이 어우러진 결과다. 인성은 아인슈타인의 상대성 이론만큼 복잡해서 좀처럼 이해하기 어렵다.

인성은 유전과 환경에 따라 결정되며, 바꾸거나 개선시키기가 매우 어렵다. 그렇더라도 우리는 생각으로 어느 정도 인성을 개선시키고, 더 강하고, 더 매력적으로 만들 수 있다. 어쨌든 우리는 자연이 우리에게 준 이런 놀라운 것을 최대한 활용하려고 노력할 수 있다. 이 문제는 우리 모두에게 엄청나게 중요하다. 개선될 가능성이 제한적이긴 하지만 언급하고 살펴볼 만한 가치가 있다.

만약 당신의 개성을 최대한 활용하고 싶다면, 편안한 마음으로 청중 앞에 서라. 피곤한 연설자는 흡인력도 없고, 매력적이지도 않다. 마지막 순간까지 준비와 계획을 미루다가, 놓친 시간을 만회하려고 서둘러 준비하는 진부한 오류를 저지르지 마라. 그렇게 하면 몸에 독소가 쌓이고 두뇌가 피로하게 되어 기력이 떨어지고 두뇌와 신경이 모두 약해질 것이다.

만약 당신이 4시에 위원회 회의에서 중요한 말을 해야 한다면, 최대한 점심을 가볍게 먹고 짧게 낮잠을 자두는 게 좋다. 신체, 정신 및 신경에 휴식을 주는 행동이야말로 당신에게 꼭 필요하다.

유명한 오페라 가수인 제랄딘 패러는 사귄 지 얼마 안 된 친구들마저 남편에게 맡겨두고 일찍 잠자리에 들어 사람들을 놀라게 하곤 했다. 그녀는 자신의 예술을 위해 무엇이 필요한지 제대로 알고 있었던 것이다.

세계적인 디바인 마담 노르디카는 프리마 돈나가 된다는 것은 사교, 친분, 맛있는 음식 등 자신이 좋아하는 모든 것을 포기해야 함을 뜻한다고 말했다.

중요한 연설을 해야 할 때는 약간의 허기가 필요하다는 사실을 기억하자. 고행하는 수도자처럼 되도록 적게 먹어라. 헨리 워드 비처는 매주 일요일 오후 5시에 비스킷과 우유를 먹은 이후에는 아무것도 먹지 않았다.

마담 멜바는 이렇게 말했다. "저녁에 노래해야 할 때는 저녁 식사를 배불리 먹지 않고, 5시쯤에 익힌 사과에 물 한잔과 함께 생선이나 닭고기 혹은 육류 중 한 가지를 가볍게 먹습니다. 저녁을 가볍게 먹었기 때문에 오페라나 음악회가 끝나고 집에 돌아가면 늘 배가 고팠습니다."

나는 내 자신이 전문 연설자가 되어 매일 저녁 배부르게 먹고 나서 두 시간씩 연설을 해본 후에야 멜바와 비처가 얼마나 현명했는지를 깨달았다. 비프스테이크와 감자튀김, 샐러드, 야채, 그리고 후식을 실컷 먹은 후에는 머리가 맑지 않다는 것을 직접 경험한 후에야 알게 되었다. 내 머리에 있어야 할 피가 배로 내려가 스테이크와 감자와 씨름했다. 파데레프스키가 옳았다. 그는 음악회 전에 먹고 싶은 것을 먹으면, 자신의 내면에 있는 동물적 근성이 튀어나와 심지어 손가락까지 지배해 연주를 망친다고 말했다.

왜 어떤 연설자는 다른 연설자보다 더 주목받을까

당신의 에너지를 무디게 하는 행동을 하지 마라. 흡인력, 활기, 열정, 이런 것들은 내가 연설자들과 연설 지도자들을 고용할 때 가장 중요하게 생각해온 자질들이다. 야생 거위들이 가을 밀밭 주변으로 모이는 것처럼 사람들은 인간 에너지 발전기, 즉 에너지가 넘치는 연설자 주변으로 모인다.

나는 런던 하이드파크의 야외 연설자들이 이런 광경을 연출하는 것을 자주 보았다. 19세기의 대리석 아치의 입구 근처는 다양한 이념과 색채를 가진 연설자들이 만나는 곳이다. 일요일 오후가 되면, 교황은 절대 오류가 없다는 원리를 설명하는 가톨릭 신자나 칼 마르크스의 경제 이론을 제의하는 사회주의자, 이슬람교도들이 아내를 두 명씩 두는 일이 왜 정당하고 합법적인지를 설명하는 인도 사람 등 다양한 연설자들을 선택해 강연을 들을 수 있다. 어떤 연설자 주변에는 사람들이 별로 없는 반면, 어떤 연설자 주변에는 수백 명이 모이기도 한다. 왜 그럴까? 각 연설자들의 주제가 달라서일까? 아니다. 그 해답은 연설자에게서 찾을 수 있다. 자신의 연설 주제에 많은 관심을 갖는 연설자는 결국 사람들로부터 더 관심을 끌기 마련이다. 그는 생기와 기백이 넘치게 이야기한다. 생기와 생동감을 발산하고, 듣는 사람들은 항상 주의를 기울인다.

옷은 어떤 영향을 줄까

심리학자인 대학 총장이 많은 사람들에게 그들의 옷이 자기 스스로에게 어떤 인상을 주는지에 관해 묻는 설문조사를 했다. 익명으로 진행된 이 조사에서 재미있는 결과가 나왔다. 거의 만장일치로 이유를 설명하기는 어렵지만, 머리를 잘 빗고 흠 잡을 데 없이 옷을 입었을 때 인상이 좋았다고 답했다. 멋진 복장을 하고 있을 때 더 자신감이 생기고, 자기 자신에 대한 신뢰감과 자존감이 높아졌다. 그들은 성공한 사람처럼 옷을 입으면 성공을 꿈꾸기가 더 쉬워졌고, 성공을 이루기도 더 쉬워진다고 대답했다. 이것이 바로 옷이 주는 영향이다.

그럼 옷이 청중들에게는 어떤 영향을 줄까? 나는 헐렁한 바지와 단정치 못한 외투나 신발을 신고, 가슴주머니 밖으로 펜이 삐져나오고, 신문, 담뱃대, 담뱃갑 등이 옷깃 사이로 보이는 남자나 보기 흉하게 불룩 튀어나온 가방에 속옷이 비치는 여자가 연설자로 나서는 경우 청중들이 연설자를 그리 존중하지 않는 모습을 여러 번 목격했다. 청중들은 헝클어진 머리나 지저분한 구두, 불룩한 가방만큼 그들의 마음가짐도 형편없다고 생각하지 않을까?

북군 사령관 그랜트가 후회한 한 가지

남북전쟁에서 남군 사령관인 리 장군은 항복한 후 자신의 군대를 넘겨주기 위해 아포맷톡스 코트하우스로 갔다. 그때 그는 새 제복을 말끔하게 입고 있었고, 옆에는 값나가는 비싼 칼을 차고 있었다. 반면 북군 사령관인 그랜트는 외투도 입지 않았고, 칼도 차지 않았으며, 사병의 셔츠와 바지를 입고 있었다. 그는 자신의 회고록에 이렇게 썼다. "나는 키가 183센티미터에 흠잡을 데 없이 훌륭하게 옷을 차려입은 사람과 이상하리만큼 대조적이었을 게 틀림없었다." 그가 역사적인 이 사건을 맞이하면서 적합한 복장을 입지 않았다는 사실은 그랜트가 살면서 진정 후회한 일 중 하나가 되었다.

워싱턴의 농무부 실험 농장에는 수백 개의 벌집이 있다. 각 벌집에는 큰 확대경이 설치되어 있고, 내부에는 버튼을 눌러서 전기 불을 켤 수 있어서 밤이든 낮이든 어떤 순간에도 벌들을 정밀 탐사할 수 있다. 연설자도 이와 마찬가지다. 연설자는 확대경 아래에 스포트라이트를 받으며 모든 사람들의 시선을 한몸에 받는다. 그의 외모에 아무리 작은 부조화가 있더라도 평야에 솟은 거대한 산처럼 눈에 잘 띈다.

우리는 말하기도 전에 비난을 받거나 인정을 받을 수도 있다

몇 년 전에 나는 〈아메리칸 매거진〉에 투고하려고 어느 뉴욕 은행가의 삶에 대한 이야기를 쓰고 있었다. 나는 그의 친구 중 한 명에게 그가 성공한 이유를 설명해달라고 물었다. 그의 친구가 말하길, 그가 성공한 가장 큰 이유는 마음을 사로잡는 그의 미소 덕이라고 했다. 얼핏 생각하기에 과장이라고 여길 수도 있지만, 나는 그게 사실이라고 생각한다. 그 은행가보다 더 많은 경험을 통해 훌륭한 재정적 판단을 해주는 사람들이 많겠지만, 그는 남들이 갖지 않은 부가적 자산, 즉 누구나 공감할 수 있는 인성을 가졌다. 그리고 따뜻하게 사람을 반기는 미소는 결정적 장점 가운데 하나였다. 그의 미소는 사람들에게 신뢰를 주었고, 호의를 얻을 수 있게 해주었던 것이다. 우리는 그런 사람이 성공하기를 바란다. 그리고 그런 사람을 도와주는 것은 정말 즐거운 일이다.

중국 속담에 이런 말이 있다. "미소를 짓지 못하는 사람은 장사를 하지 말아야 한다." 계산대에서뿐 아니라 청중 앞에서도 미소는 사람들에게 호감을 주지 않을까? 나는 지금 브루클린 상공회의소에서 실시한 대중 연설 과정을 듣던 한 수강생을 떠올리고 있다. 그는 항상 무대에 서고 싶다는 인상을 풍겼고, 자기 앞에 놓인 일을 진심으로 즐기는 듯했다. 그는 늘 미소를 지었고, 우리를 만나게 되어 즐겁다는 듯이 행동했다. 그렇다 보니 청중들은 순식간에, 그리고 당연히 따뜻한 마음으로 그를 맞았다.

하지만 나는 그와 정반대의 사람들도 보았다. 그런 이들은 정말 하기 싫어하는 일을 맡은 양 퉁명스럽게, 마지못한 듯한 태도로 나와서는 얼른 끝났으면 좋겠다는 태도를 보였다. 그러면 청중들도 같은 기분을 느낀다. 그런 태도는 순식간에 번진다.

오버스트리트 교수는 《인간 행동에 영향을 미치는 법》에서 이렇게 말하고 있다. "호감은 호감을 낳는다. 만약 우리가 청중에게 관심이 있다면, 청중도 우리게 관심이 있을 가능성이 높다. 만약 우리가 청중에게 얼굴을 찌푸리면, 그들도 알게 모르게 우리에게 얼굴을 찌푸릴 것이다. 만약 우리가 소심해 어리둥절해하면, 청중도 마찬가지로 우리에 대한 신뢰감을 덜 가질 것이다. 만약 우리가 무례하고 건방지다면, 그들도 방어적인 태도로 반응할 것이다. 우리는 말하기도 전에 비난받을 수도 인정받을 수도 있다. 그러므로 우리가 따뜻한 반응을 이끌어낼 수 있는 태도를 취해야 하는 이유는 충분하다."

청중을 가까이 모아라

대중 강연자로서 나는 오후에는 큰 강당에 흩어져 있는 소수의 청중에게 말하고, 밤에는 같은 강당에서 빽빽이 모인 수많은 청중 앞에서 강연하는 경우가 자주 있다. 똑같은 이야기에 대해 오후의 청중들은 조금밖에 웃지 않았던 데 비해 저녁때의 청중들은 마음껏 웃었다. 오후 강연에서는 반응이 시큰둥했는데, 같은 자리에서 저녁 청중은 큰 박수로 호응해주었다. 왜 그럴까?

우선 오후에는 주로 나이 든 여성들과 어린이들이 강연을 들으러 오는 경우가 많지만, 저녁에는 주로 기운이 넘치고 분별력 있는 사람들이 오는 만큼 호응도가 많이 차이 난다. 하지만 이는 반응이 차이 나는 이유의 일부분에 지나지 않는다. 진짜 이유는 흩어져 있는 청중들은 쉽게 감동을 받지 않기 때문이다. 청중들 사이의 넓고 휑한 공간과 빈 의자들만큼 열의를 떨어뜨리는 것은 없다.

헨리 워드 비처는 예일대에서 설교에 관해 강의하면서 이렇게 말했다.

"사람들은 흔히 '얼마 안 되는 청중보다 많은 청중에게 말하는 편이 훨씬 더 고무적이라고 생각하지 않느냐?'라고 묻곤 한다. 나는 아니라고 말한다. 만약 12명이 서로 느낄 수 있도록 내 주변에 모여 있고 서로 붙어 있다면, 나는 1000명에게 말하는 것만큼 12명에게도 마찬가지로 잘 이야기할 수 있다. 하지만 1000명에게 이야기하더라도 서로 1미터 이상 떨어져 있다면, 아무도 없는 곳에서 이야기하는 것과 마찬가지일 것이다. 청중들을 모아라. 그러면 절반의 노력으로도 청중을 움직일 수 있을 것이다."

한 사람이 수많은 청중 가운데 있으면 자신의 개성을 잃어버리게 되는 경향이 있다. 그가 군중 가운데 한 사람이 되면, 한 명의 개인일 때보다 훨씬 더 쉽게 흔들린다. 그가 여섯 명의 청중 가운데 한 명이라면, 그다지 감동적이지 않은 일에도 웃으며 갈채를 보낼 것이다.

사람들을 개인적으로 행동하게 하는 것보다 집단으로 행동하게 하는 게 훨씬 쉽다. 예를 들면 전투에 나가는 사람들은 혼자가 아니라 남들과 함께한다면, 세상에서 가장 위험하고 무모한 일이라도 기꺼이 하려 한다. 제1차 세계대전에서 독일 병사들이 종종 서로 팔짱을 낀 채 전투에 나섰다는 사실은 잘 알려져 있다.

군중! 군중! 군중! 군중이란 호기심이 생기는 현상이다. 사람들이 많이 모였던 모든 위대한 운동과 개혁은 군중심리에 따라 이루어졌다. 이 주제에 관한 흥미로운 책이 에버렛 딘 마틴의 《군중행동》이다.

만약 소수의 청중에게 이야기한다면 우리는 작은 방을 찾아야 한다. 사람들을 고독하게 하고, 분위기를 흩뜨리는 넓은 강당보다는 복도까지 사람들로 빽빽한 좁은 공간이 훨씬 낫다.

만약 청중들이 흩어져 있으면 그들에게 당신 근처로 오라고 요청하라. 이야기를 시작하기 전에 요청하고 그렇게 만들어라.

청중이 상당히 많거나 연설자가 연단에 서야 할 확실한 이유가 있거나 꼭 그래야 하는 경우가 아니라면 굳이 연단에 올라서지 마라. 청중과 같은 수준으로 내려오라. 청중 가까이에 서라. 모든 형식을 내려놓아라. 친밀하게 접촉하면서 청중과 대화하라.

폰드 소령, 창문을 깨다

공기를 신선하게 유지하라. 대중 연설을 할 때 산소는 후두, 인두, 후두개만큼 필수적이다. 방이 나쁜 공기로 오염되어 있다면, 키케로만큼 뛰어난 연설을 하거나 브로드웨이의 화려한 쇼인 〈지그펠드 폴리즈〉의 아름다움으로도 청중들이 깨어 있게 하기 어렵다. 그래서 나는 여러 연설자들 중 한 명으로 연단에 설 때는 시작하기 전에 항상 청중들에게 일어서서 창문을 열어두고 2분 동안 쉬라고 한다.

제임스 B. 폰드 소령은 브루클린의 유명한 설교자인 헨리 워드 비처가 인기 강연가로 한창 활동하던 시절, 14년 동안 그의 매니저로서 미국과 캐나다 전역을 여행했다. 청중이 모이기 전에 폰드는 항상 비처가 연설할 강연장이나 교회 혹은 극장을 방문해 조명과 좌석, 분위기, 통풍을 면밀하게 검사했다. 호통치고 고함을 지르는 노련한 육군 장교였던 폰드는 만약 연설 공간이 너무 따뜻하거나 공기가 탁한데도 창문을 열 수 없으면 책을 집어던져 유리창을 깨기도 했다. 그는 스퍼지(등대풀—옮긴이)와 마찬가지로 '설교자에게 하나님의 은혜 다음으로 가장 좋은 것은 산소'라고 믿었다.

조명이 당신 얼굴을 비추게 하라

많은 사람들 앞에서 영성을 발휘하는 경우가 아니라면 가능한 한 방에 빛이 가득하게 하라. 보온병 안처럼 어두침침한 방에서 열정을 불러일으키느니 메추라기를 길들이는 편이 더 쉬울 것이다. 데이비드 벨라스코가 쓴 무대 연출에 관한 글을 읽어보면, 보통의 연설자들은 적합한 조명이 얼마나 중요한지 전혀 모른다는 것을 알 수 있다.

조명이 당신의 얼굴을 비추게 하라. 사람들은 당신을 보고 싶어 한다. 당신의 얼굴에 나타나는 미묘한 변화들은 자기표현 과정의 일부이자 매우 실제적인 일부다. 가끔 그런 변화들은 당신의 말보다 더 많은 것을 의미한다. 만약 당신이 조명 바로 아래에 선다면, 당신의 얼굴은 그림자에 가려 어두워질 수 있다. 조명 바로 앞에 서는 것이 가장 바람직한 위치다. 그렇게 할 수 없다면, 말하려고 일어서기 전에 당신을 가장 잘 비춰줄 지점을 선정하라.

연단 위의 잡동사니를 치워라

그리고 탁자 뒤에 숨지 마라. 사람들은 연설자의 모습을 전부 보고 싶어 한다. 청중은 연설자의 모습을 전체적으로 보기 위해 통로로 몸을 기울이기도 한다.

어떤 사람은 좋은 의도로 당신에게 탁자와 물 주전자, 컵을 주기도 한다. 하지만 목이 마른 경우에는 약간의 소금이나 레몬 맛을 보면, 나이아가라 폭포에서 흐르는 물보다 더 많은 침이 흐르기 시작할 것이다.

연설자에게는 물도, 물 주전자도 필요하지 않다. 연단을 어지럽게 하는 쓸모없고 거추장스러운 장애물들도 없는 게 낫다.

뉴욕 브로드웨이에 있는 여러 자동차 제조사의 매장들은 아름답고, 정렬되었으며, 눈을 즐겁게 한다. 향수와 보석을 만드는 파리의 대형 사무실들은 예술적이고 화려하게 꾸며져 있다. 왜일까? 이런 업종은 이익이 많이 남는 사업이기 때문이다. 사람들은 그렇게 꾸며진 사업체를 더 존중하고, 더 신뢰하고, 더 동경한다.

같은 이유로 연설자는 주위 환경이 보기 좋아야 한다. 내가 보기에 이상적인 배경은 가구가 전혀 없는 것이다. 연설자의 뒤나 옆에는 어두운 파란색의 우단으로 된 커튼 외에는 주의를 끌 만한 것이 아무것도 없어야 한다.

그런데 연설자들은 자기 뒤에 주로 무엇을 두는가? 지도와 기호, 표, 그리고 겹쳐 쌓인 먼지투성이 의자 등이 놓여 있다. 그러면 어떤 결과가 벌어질까? 싸고, 너저분하고, 정리가 안 된 분위기가 된다. 그러니 쓸모없는 것은 모두 치워버려라.

헨리 워드 비처는 "대중 연설에서 가장 중요한 것은 사람이다"라고 말했다.

그러니 스위스의 파란 하늘 위로 솟아 있는 눈 덮인 융프라우 꼭대기처럼 연설자가 가장 두드러져 보이게 하라.

연단에는 내빈을 들이지 마라

언젠가 나는 캐나다 총리가 연설할 때 온타리오 주에 있는 런던에 있었다. 연설 중에 긴 막대를 차고 있는 수위가 이 창문에서 저 창문으로 움직이면서 방을 통풍시키기 시작했다. 무슨 일이 일어났을까? 거의 모든 청중이 마치 수위가 어떤 기적이라도 행하고 있는 듯 연설자는 제쳐두고 수위를 유심히 바라보았다.

청중은 움직이는 물체를 보려는 유혹을 피할 수 없거나 피하려고 하지 않는다. 만약 연설자가 그런 사실을 기억한다면 불필요한 번거로움을 피할 수 있다.

첫째, 연설자는 엄지손가락을 움직이거나 자신의 옷을 만지작거리거나 꼼지락거리는 등 자기 자신에게서 주의를 돌릴 만한 행동을 하지 말아야 한다. 나는 꽤 유명한 연설자가 강단 덮개를 만지작거리면서 말하는 동안, 뉴욕의 한 청중이 30분 동안이나 그 연설자의 손을 바라보던 것을 기억한다.

둘째, 연설자는 가능한 한 청중들이 늦게 들어오는 사람들을 보느라 집중하지 못하는 상황이 되지 않도록 자리를 조정해야 한다.

셋째, 연설자는 연단에 내빈을 들이지 말아야 한다. 한두 해 전에 레이먼드 로빈스가 브루클린에서 며칠 동안 연설을 했다. 나는 다른 몇 명의 사람들과 함께 연단에 앉아달라는 요청을 받았다. 연설자에게 이롭지 않다는 이유를 들며 나는 사양했다. 첫째 날, 나는 얼마나 많은 내빈들이 움직이고 다리를 꼬았다 푸는지, 그리고 그들 중 한 명이 움직일 때마다 청중들이 연설자 대신 내빈을 주목하는지를 지켜보았다. 그다음 날 나는 로빈스에게 이 문제에 대해 환기시켜주었고, 다음 날부터 그는 매우 현명하게 연단을 독차지했다.

데이비드 벨라스코는 빨간 꽃은 너무 많은 주의를 끌기 때문에 무대에서 빨간 꽃을 사용하는 것을 허용하지 않았다. 하물며 연설자가 자신이 말하는 동안 주의를 흩뜨리는 사람이 청중들과 마주 보는 걸 허용해야 할까? 당연히 안 된다. 그리고 현명한 연설자라면 결코 이런 어리석은 짓은 하지 않을 것이다.

어떻게 앉을까

연설을 시작하기 전에 연설자가 청중을 마주 보고 앉는 것은 피하는 게 좋을까? 예전 배치보다는 새로운 배치로 시작하는 편이 더 좋지 않을까?

만약 우리가 앉아 있어야 한다면, 어떻게 앉을지에 대해 주의를 기울여야 한다. 당신은 밤에 누울 자리를 찾는 폭스하운드같이 사람들이 의자를 찾으려고 두리번거리는 것을 보았다. 사람들은 돌다가 어떤 의자를 찾으면 모래주머니를 내려놓듯 그 의자에 털썩 앉았다.

제대로 앉을 줄 아는 사람은 다리 뒤쪽을 의자에 갖다 붙이고는 머리에서 엉덩이까지 몸을 곧게 세운 다음 흐트러지지 않는 자세로 천천히 의자에 앉는다.

평정심을 유지하라

옷이나 보석장식을 만지작거리면 청중들의 주의를 끌기 때문에 그러지 말아야 한다는 것을 앞에서 살펴보았다. 그렇게 하지 말아야 하는 데는 또 다른 이유도 있다. 그런 행동은 약하다거나 자제력이 없다는 인상을 준다. 당신의 존재감에 도움을 주지 않는 모든 움직임은 주의를 앗아간다. 중립적인 움직임은 없다. 전혀 없다. 따라서 가만히 서서 당신 자신의 움직임을 통제하라. 그것만으로도 당신이 정신적 통제력과 평정심을 갖고 있다는 인상을 준다.

당신이 청중 앞에서 연설하기 위해 일어섰다면 서둘러서 시작하지 마라. 그런 행동은 아마추어라는 걸 직접적으로 보여준다. 숨을 길게 들이마시고 청중들을 잠시 바라보라. 만약 소음이나 소란이 있으면 가라앉을 때까지 기다려라.

가슴을 활짝 펴라. 하지만 청중들 앞에 서야만 가슴을 펼 이유는 없다. 평소에도 그렇게 하는 게 좋지 않겠는가? 그러면 대중들 앞에서도 무의식적으로 가슴을 펼 수 있을 것이다.

루터 H. 굴릭은 그의 책《효율적인 삶》에서 이렇게 말했다. "자신의 가장 멋진 모습으로 행동하는 사람은 열에 한 명도 되지 않는다. 목을 세워 옷깃에 바짝 붙여라." 그러면서 그는 매일 이렇게 운동하도록 권한다. "숨을 천천히, 그리고 되도록 깊이 들이마셔라. 동시에 목을 세워 옷깃에 바짝 붙여라. 그 자세를 유지하라. 이런 자세는 아무리 해도 나쁘지 않다. 이렇게 하면 양 어깨 사이 부분을 쭉 펼 수 있다. 그러면 가슴이 넓어진다."

그러면 손으로는 무엇을 할까? 손은 잊어버려라. 손은 자연스럽게 옆으로 떨어지는 게 가장 이상적이다. 만약 두 손이 바나나 송이같이 느껴진다 하더라도 다른 누군가가 조금이라도 주의를 기울이거나 관심을 가지고 있다고 생각하지 마라.

손은 옆에 늘어뜨려져 있을 때 가장 좋아 보인다. 그럴 때 사람들이 가장 신경 쓰지 않는다. 제아무리 비판적인 사람도 그 자세를 비판할 수는 없다. 또한 손은 느낌에 따라 방해받지 않고 자유롭게 자세를 잡도록 자연스럽게 흘러갈 것이다.

그런데 너무 신경이 쓰여 손을 등 뒤에 두거나 호주머니에 넣는 게 당신의 자의식을 내려놓는 데 도움이 된다고 생각해보자. 당신은 손을 어디에 둘 것인가? 상식을 따르라. 나는 이 세대의 많은 유명한 연설자들이 말하는 것을 들었다. 대부분은 아니더라도 많은 연설자들이 말하는 동안 가끔씩 손을 호주머니에 넣는다. 브라이언도 그랬고, 천시 M. 데퓨도 그랬으며, 시어도어 루스벨트도 그렇게 했다. 심지어 매우 까다로운 디즈레일리 총리조차도 그 유혹에 넘어가곤 했다. 그렇더라도 하늘이 무너지지는 않았고, 내가 똑바로 기억한다면 기상예보에서 다음 날 아침에도 해는 정시에 떠올랐다고 말했다. 만약 어떤 사람이 뭔가 할 말이 있다면, 그리고 그 말을 통해 누군가를 납득시킬 확신이 있다면 손과 발로 무슨 짓을 하든 별로 문제가 되지 않을 것이다. 머릿속에는 말할 내용이 가득하고 가슴이 움직이면, 이런 부차적인 사항들은 자연스럽게 해결될 것이다. 결국 어떤 이야기를 하는 데 가장 중요한 것은 손과 발의 위치가 아니라 심리적인 측면이다.

제스처를 가르치는 구닥다리 교육

이렇게 되면 우리는 자연스럽게 제스처에 대해 의문을 갖게
된다. 대중 연설에 관해 내가 처음 들었던 강의는 중서부의 어
느 대학 총장이 했던 강의다. 내가 기억하기에 그 강의는 주로
제스처에 관한 것이었다. 그 강의는 쓸모없었을 뿐 아니라 오
해를 불러일으켰으며, 오히려 해를 끼치는 것이었다. 나는 팔
을 옆에 느슨하게 두고, 손바닥은 뒤로 향하게 하며, 손가락들
은 반쯤 구부리고, 엄지손가락은 다리에 닿도록 해야 한다고
배웠다. 팔은 우아한 곡선 모양으로 위로 들어 올리고, 손목은
단아하게 움직이며, 집게손가락, 가운뎃손가락, 약손가락, 새
끼손가락 순으로 펴라고 배웠다. 이런 미학적, 장식적인 제스
처를 전부 해본 다음 우아하지만 부자연스러운, 같은 곡선을
따라 다시 팔을 움직여 다리 옆에 내려놓았다. 전체적으로 동
작은 부자연스러웠고, 꾸민 듯했다. 이 동작에는 감각적이거나
솔직한 느낌이 전혀 들지 않았다. 나는 어느 곳, 어느 누구도 말
한 적 없는 연기를 하도록 훈련받았다.

그 움직임에는 내 나름의 개성을 불어넣는 아무런 시도도,
제스처가 나타낸 것과 같은 느낌을 가질 만한 자극도, 이 과정
에서 생동감을 불어넣어 자연스럽고 무의식적이며 꼭 필요한
것으로 만들려는 어떤 노력도, 나 스스로를 내려놓고 자연스럽
게 하며 계산된 껍데기를 깨고 진정한 나로서 말하고 행동하게
하는 어떤 독려도 없었다. 이 모든 동작들은 타자기만큼 기계
적이었고, 새들이 떠나버린 둥지만큼이나 생기가 없었으며, 꼭

두각시 인형극 〈펀치 앤드 쥬디〉 쇼만큼 우스꽝스러웠다.

그게 1902년의 일이었다. 20세기에 그런 어처구니없고 우스꽝스러운 교육을 한다는 게 믿기지 않을 것이다. 하지만 아직도 그런 교육이 이루어지고 있다. 이런 문장에서는 어떤 제스처를 취하고, 저런 문장에서는 또 어떤 제스처를 취하고, 어떤 문장에서는 한 손으로, 양손으로, 손을 높이 들고, 중간 높이로 들고, 혹은 낮게 하고, 또 이 손가락은 이렇게 쥐고 저 손가락은 저렇게 쥐라고 말하면서 사람을 로봇으로 만들려는 제스처에 관한 책이 겨우 한두 해 전에 출판되었다는 사실이 믿어지지 않는다. 나는 어떤 수업에서 20명의 사람들이 그런 책에서 뽑은 화려한 문체의 연설문을 함께 읽으며 똑같은 우스꽝스러운 제스처를 취하는 광경을 본 적이 있다. 이런 행동은 인위적이고 시간 낭비다. 기계적이다 못해 오히려 해롭기 때문에 대중 연설이라는 과목 전체가 많은 사람들에게 나쁜 평가를 받았다. 매사추세츠 주의 한 대학교 총장은 자기 대학에는 대중 연설 과정이 없다고 말했다. 그 이유는 최근에 분별 있게 연설하는 방법을 가르치는 대중 연설 과정을 본 적이 없기 때문이라고 했다. 나는 그 학장의 말에 전적으로 동감했다.

제스처에 관해 쓴 글들 가운데 열에 아홉은 쓰레기였고, 좋은 종이와 잉크를 낭비할 뿐이었다. 책에서 찾은 제스처는 어떤 것이라도 그렇게 보일 가능성이 매우 높다. 제스처는 당신 자신, 당신의 가슴, 당신의 마음, 이 주제에 관한 당신 나름의 관심, 다른 사람도 당신이 보는 그대로 보게 하고 싶은 당신 스스로의 바람, 당신만의 자극에서 나와야 한다. 가치 있는 제스처는 순간적인 영감에서 나오는 몸짓들이다. 1그램의 자발성이 1톤의 규칙보다 낫다.

제스처는 저녁 식사에 입고 갈 외투처럼 생각해서는 안 된다. 제스처는 키스, 배앓이, 웃음, 뱃멀미와 같이 단지 내부 상황을 바깥으로 표현하는 데 지나지 않는다.

어떤 사람의 제스처는 칫솔과 같이 매우 개인적인 것이다. 모든 사람이 다르기 때문에 그들의 제스처도 자연스럽게 취하게 된다면 개인적이다. 어떤 두 사람도 완전히 똑같이 몸짓을 취하도록 훈련받을 수 없다. 말이 길고, 어색하며, 생각이 느린 링컨이 말이 빠르고, 충동적이며, 세련된 더글러스처럼 행동하는 모습을 상상해보라. 우스꽝스럽다.

링컨의 전기 작가이자 동료 변호사였던 헌던은 이렇게 말했다. "링컨은 손을 머리만큼 많이 쓰지 않았습니다. 그는 머리를 이쪽저쪽으로 활기차게 움직였습니다. 이런 움직임은 그가 자신의 진술을 강조하려 할 때는 매우 중요한 동작이었습니다. 어떤 때는 가연성 물질에 전기불꽃이 튀듯 몸을 갑작스레 움직이기도 했습니다. 그는 다른 연설가들이 하는 것처럼 허공을 보거나 휘저은 적이 없습니다. 무대 효과를 위해 연기한 적도 없습니다. 그는 연설을 해나가면서 움직임이 더 자유로워지고 더 편안해져서 품위 있어 보였습니다. 더할 나위 없이 자연스럽고, 개성이 강해서 위엄이 있었습니다. 그는 화려함과 허식, 형식, 가식을 경멸했습니다. 그가 청중들의 마음에 메시지를 심어줄 때면,

길고 앙상한 그의 손가락에 의미와 강조가 흘러넘쳤습니다. 가끔 그는 기쁨과 즐거움을 표현하기 위해 사랑하는 이의 영혼을 감싸 안고 싶어 하듯 손바닥을 위로 한 다음, 양손을 50도 정도의 각으로 들어 올리곤 했습니다. 노예제도처럼 혐오하고 비난하는 정서를 표현할 때는 두 주먹을 꽉 쥔 채 두 팔을 위로 쭉 뻗어 공기를 가르는 듯한 제스처를 취했는데, 참으로 숭고하다고 할 정도의 비난을 표현했습니다. 이는 그의 가장 효과적인 제스처 중 하나였고, 그가 혐오하는 것을 끌어내려서 먼지 구덩이에서 짓밟으려는 확고한 의지를 가장 생생하게 나타냈습니다. 그는 늘 발끝과 발끝을 나란히 한 채 똑바로 섰습니다. 절대 한 발을 다른 발 앞에 두지 않았습니다. 그는 어떤 것에도 닿거나 기댄 적이 없었습니다. 그는 서 있는 자리와 자세를 약간씩 바꾸기만 했습니다. 절대 연단에서 고함치거나 앞뒤로 걷지 않았습니다. 팔을 편하게 두기 위해 왼손으로는 엄지손가락을 곧추세운 채 외투 깃을 부여잡고 있는 경우가 많았지만, 오른손은 항상 제스처를 할 수 있는 자유로운 상태로 놓아두었습니다."

세계적인 조각가인 세인트 고든스는 시카고의 링컨 공원에 바로 이런 자세로 서 있는 링컨 상을 세웠다.

이게 링컨의 방식이었다. 시어도어 루스벨트는 더 활력 있고 거세고 활동적이어서 얼굴 전체에 감정이 흘러넘쳤고, 주먹을 꽉 쥐고 있었으며, 온몸으로 표현했다. 브라이언은 종종 손바닥을 보이며 손을 쭉 폈다. 글래드스톤은 자주 주먹으로 탁자 혹은 반대편 손바닥을 치거나 발을 바닥에 구르면서 반항을 일으켰다. 로즈베리 경은 오른팔을 올렸다가 엄청난 힘을 담아 당당하게 휘저으면서 내리곤 했다. 그는 무엇보다 자신의 생각에 대한 확신이 있었고, 여기에서 바로 그의 강하고 자연스러운 몸짓이 나왔다.

자발성…. 생기…. 이것이야말로 몸짓에 가장 중요한 요소다. 버크의 제스처는 몹시도 딱딱하고 어색했다. 피트는 '광대의 몸짓처럼' 허공을 휘저었다. 헨리 어빙 경은 발을 저는 장애 때문에 움직임이 많이 어색했다. 매컬리 경이 연단 위에서 하는 행동도 볼품없었다. 그라탄도 마찬가지였고, 파넬의 행동도 마찬가지였다. 케임브리지 대학의 커즌 경은 의회 연설에서 이렇게 말했다. "위대한 대중 연설가들은 자기 나름의 제스처를 한다. 위대한 강연자가 되는 데 멋진 외모와 우아한 행동이 도움이 되지만, 외모가 추하고 어색하다 해도 그렇게 중요하지는 않다."

여러 해 전에 나는 유명한 집시 스미스가 설교하는 것을 들었다. 나는 수천 명을 예수에게 인도한 이 사람의 웅변에 매료되었다. 그는 제스처를 많이 사용했지만, 그가 숨을 쉬는 공기보다 제스처를 더 많이 의식하지는 않았다. 이런 것이 이상적인 방식이다.

당신도 앞서 열거한 원칙들을 적용하고 연습하기만 하면, 누구 못지않게 제스처를 훌륭히 할 수 있다. 나는 제스처에 대해 꼭 지켜야 할 규칙을 제시할 수는 없다. 왜냐하면 연설자의 기질과 준비된 정도, 연설자의 열정과 인품, 연설의 주제와 관객,

그리고 그때그때의 상황에 달려 있기 때문이다.

도움이 될 만한 제안들

하지만 도움될 만한 제안들이 약간 있다. 어떤 제스처가 지겨워질 때까지 반복하지 마라. 팔꿈치 근처에서 급작스럽게 움직이지 마라. 어깨에서 움직이면 연단에서 더 보기 좋다. 제스처를 너무 급작스럽게 끝내지 마라. 당신의 생각을 설득시키기 위해 집게손가락을 사용했다면, 그 문장을 다 말할 때까지 계속 그 제스처를 유지하는 편이 더 좋다. 그러지 않고 중간에 제스처를 그만두면 가장 흔하면서도 심각한 실수를 하게 된다. 즉 강조점을 왜곡시켜 비교적 중요하지 않은 부분을 부각시키고, 정말 중요한 내용은 시시해 보이게끔 하는 것이다.

실제 청중 앞에서 연설할 때는 자연스러운 제스처만 하라. 하지만 연습하는 경우라면 필요에 따라 일부러 제스처를 해보라. 일부러 해보라는 것은 그래야만 스스로 깨어나고, 자극을 받아 그 제스처들이 자연스러워지기 때문이다.

책을 덮어라. 인쇄물에서는 제스처를 배울 수 없다. 당신은 연설을 하고 있기 때문에 어떤 강사가 당신에게 이야기해줄 수 있는 그 어떤 것보다 당신 나름의 충동이 더 믿음직스럽고, 더 값지다.

만약 우리가 제스처와 연설에 대해 말한 다른 모든 것을 잊어버린다 해도 이것만은 기억하라. 자신이 해야 할 말에 너무 열중하고 있거나, 자신의 메시지를 전달하는 데만 집중하느라 할 말을 잊어버려 즉흥적으로 말하고 행동하게 된다면, 미리 생각하지 않았더라도 그런 즉흥적인 제스처와 말은 비난받지 않을 것이다. 만약 이 말이 의심스러우면 낯선 사람을 때려눕혀 보라. 그가 일어나서 당신에게 하는 말이야말로 웅변의 진미로서 조금도 결점을 발견할 수 없음을 알게 될 것이다.

내가 연설에 관해 읽은 내용 중에 가장 좋은 구절은 이렇다.

술통을 채워라.

마개를 따라.

자연스럽게 흘러가도록 내버려 두라.

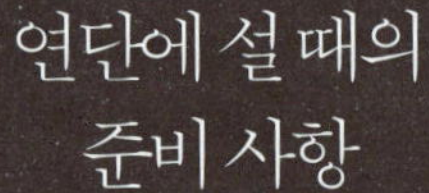

연단에 설 때의 준비 사항

1. 카네기 기술재단에서 실시한 실험에 따르면, 뛰어난 지식 보다 인성이 사업의 성공에 더 중요하다. 이런 결과는 사업뿐만 아니라 연설에도 해당된다. 하지만 인성은 형체가 없고, 정의하기가 어려우며, 이해하기도 어려워서 발달시키는 방법을 거의 제시할 수 없다. 하지만 이 장에 제시된 제안들은 연설자가 자신의 가장 좋은 모습을 보일 수 있게끔 도와줄 것이다.

2. 피곤할 때는 연설을 하지 마라. 쉬면서 체력을 회복한 후 에너지를 모아라.

3. 연설하기 전에는 음식을 조금만 먹어라.

4. 에너지를 흐리게 하는 것은 어떤 일도 하지 마라. 흡인력이 중요하다. 거위들이 가을 밀밭 주변으로 모이듯 사람들은 에너지가 넘치는 연설자 주변으로 모인다.

5. 깔끔하고 매력적인 차림새를 하라. 옷을 잘 입었다는 인상을 주면 그 사람의 자존감과 자신감이 높아진다. 만약 어떤 연설자가 축 늘어진 바지를 입고, 너저분한 신발을 신고, 머리를 빗지 않은데다 만년필과 연필이 외투 호주머니 바깥으로 삐져나와 있고, 불룩 튀어나와 보기 흉한 가방을 들고 있다고 해보자. 그러면 연설자 스스로 자신감이 없는 것처럼 보이기 때문에 청중들은 연설자를 존중하지 않게 되기 쉽다.

6. 웃어라. 당신이 그 자리에 있어서 기쁘다고 말하는 것처럼 보이도록 청중 앞에 설 때는 웃어라. 오버스트리트 교수는

이렇게 말한다. "호감은 호감을 낳습니다. 만약 우리가 청중에게 관심이 있다면, 청중들도 우리에게 관심을 가질 것입니다. 우리는 말하기도 전에 비난받을 수도 있고, 인정받을 수도 있습니다. 우리가 따뜻한 반응을 이끌어낼 수 있는 태도를 취해야 하는 이유는 충분합니다."

7. 청중을 한 곳으로 모아라. 흩어져 있는 사람들에게는 쉽게 영향을 줄 수 없다. 큰 방에 띄엄띄엄 흩어져 있거나 혼자였다면 의구심을 품거나 반대했을 내용도 사람들이 서로 가까이 모인 자리에서 들으면 쉽게 웃고 갈채를 보내고 찬성할 것이다.

8. 만약 적은 수의 사람들 앞에서 연설해야 한다면 청중을 작은 공간에 모아라. 그런 경우 연단 위에 서지 말고, 청중과 같은 수준으로 내려오라. 친밀하고 격의 없이 대화하듯 이야기하라.

9. 공기를 신선하게 유지하라.

10. 충분한 조명을 준비하라. 얼굴 표정이 잘 보이도록 조명이 잘 비치는 위치에 서라.

11. 가구 뒤에 서지 마라. 탁자들과 의자들을 한쪽으로 밀어라. 연단 위를 어수선하게 만드는 보기 싫은 흔적이나 잡동사니는 모조리 치워라.

12. 만약 연단에 내빈이 있으면 가끔씩 움직이게 마련이고, 그들이 움직일 때마다 청중들의 시선을 빼앗길 것이다. 청중들은 움직이는 것이나 동물 혹은 사람을 보려는 유혹을 물리치기가 쉽지 않다. 그럼에도 왜 일부러 문제를 만들고, 당신의 관심을 빼앗아 갈 경쟁자를 두려고 하는가?

13. 의자에 털썩 앉지 마라. 허리를 세우고, 다리는 의자에 딱 붙이고 천천히 앉아라.

14. 가만히 서 있어라. 불안하게 움직이지 마라. 그런 움직임은 나약한 인상을 준다. 당신에게 도움이 되지 않는 움직임은 당신의 위상을 깎아내린다.

15. 양팔을 옆으로 편하게 떨어뜨려라. 그게 이상적인 자세다. 하지만 뒷짐을 지거나, 심지어 호주머니에 손을 넣는 편이 더 편하다면 큰 문제는 되지 않는다. 당신의 머리와 가슴이 말하고자 하는 것들로 가득하다면, 이런 부차적인 것들은 대부분 자연스럽게 해결될 것이다.

16. 책에 있는 대로 제스처를 익히려고 하지 마라. 자연스러운 몸짓이 즉흥적으로 나오게 하라. 마음 가는 대로 하라. 자발성, 생동감, 자유로움은 제스처의 필수 요소다. 일부러 우아한 동작을 연구하거나 규칙을 따라야 하는 건 아니다.

17. 지겹도록 한 가지 제스처만 사용하지 말고, 팔꿈치에서부터 짧고 급격한 움직임도 좋지 않다. 제스처의 절정과 생각의 절정이 서로 맞아떨어질 때까지 포즈를 유지하라.

9

어떻게 말을
시작할 것인가

데 일 카 네 기 시 리 즈 3   성 공 대 화 론

"만약 대중 연설가들의 경험에서 우러나온 조언을 듣게 된다면, 연설의 적절한 구성에 관해 흔히 이런 말을 듣게 될 것이다. '첫 시작과 끝맺음이 좋아야 한다. 나머지는 좋을 대로 하라.'"
— 빅터 머독

"대중 연설을 할 때는 첫 시작이 매우 중요하다. 연설의 모든 과정이 다 어렵지만, 그중에서도 청중과의 첫 만남을 편하고 능숙하게 하는 것이 가장 중요하다. 이는 첫인상과 첫 마디에 달려 있다고 해도 과언이 아니다. 청중을 휘어잡느냐, 그렇지 못하느냐는 처음 몇 문장으로 결정된다."
— 록우드 소프, 《오늘날의 대중 연설》

"우리가 가진 능력과 비교해볼 때 우리는 겨우 절반 정도만 깨어 있다. 우리는 가지고 있는 육체적, 정신적 자원의 작은 부분만 사용하고 있다. 대부분의 사람들이 자기 한계에 미치지 못한 삶을 살고 있는 셈이다. 우리는 여러 가지 능력을 가지고 있지만, 이를 자각하지도 못한 채 사용하지 못한다."
— 윌리엄 제임스 교수

어떻게 말을 시작할 것인가

　나는 전에 노스웨스턴 대학 총장을 지낸 린 해럴드 호우 박사에게 연설자로서의 오랜 경험을 통해 배운 것 중에서 무엇이 가장 중요하다고 생각하느냐고 물어보았다. 그는 잠시 생각하더니 이렇게 대답했다. "시작이 중요하죠. 재빨리 사람들의 관심을 끄는 것이 가장 중요합니다." 그는 연설을 어떻게 시작하고, 어떻게 끝맺을 것인지를 미리 계획해두었다. 존 브라이트가 그랬고, 글래드스톤이 그랬으며, 웹스터와 링컨도 그랬다. 상식과 경험이 있는 연설가라면 누구나 그렇게 했다.

　반면 초보자는 어떤가? 초보자들은 대부분 그런 계획을 세우지 않는다. 계획은 시간과 생각과 의지를 필요로 한다. 사고(思考)에는 고통이 따른다. 토머스 에디슨은 레이놀즈 경의 다음 말을 자신의 공장 벽에 붙여놓았다.

　"생각이라는 진짜 노동을 피할 수 있는 방법은 없다."

　흔히 풋내기는 한순간 번뜩이는 영감을 기대하지만, 그럴 경우 '함정과 덫으로 가득한 길을 헤매게 될 뿐'이다. 초라한 주급을 받는 사원에서 영국의 가장 부유하고 영향력 있는 신문사 사주로 성장한 로드 노스클리프 경은 자신이 읽었던 다른 어떤 글보다 파스칼의 짧은 경구가 성공의 밑거름이 되었다고 말했다.

"예측하는 것은 지배하는 것이다."

이 말은 연설을 계획할 때 책상 위에 붙여두고 참고할 만한 아주 훌륭한 좌우명이다. 정신이 맑을 때 연설의 시작을 어떻게 할지, 그리고 마지막에는 어떤 인상을 남길 것인지 예측해보라.

아리스토텔레스 시대 이후로 이 주제를 다룬 책들은 연설을 세 부분, 즉 서론, 본론, 결론으로 나눴다. 비교적 최근까지만 해도 서론 부분은 마차를 타고 유람하듯 여유로웠고, 그렇게 해도 큰 흠이 되지 않았다. 당시 연설가는 뉴스 전달자이자 연예인이었다. 100년 전에 연설가는 오늘날 신문, 라디오, 전화, 극장의 역할을 했다.

하지만 상황은 놀랍도록 많이 바뀌었다. 지금은 과거와 완전히 다른 세상이 되었다. 지난 100년간 우리들의 삶은 온갖 발명으로 인해 바빌론의 벨사자르 왕과 네부카드네자르 왕 이후의 그 어떤 시대와도 비교되지 않을 정도로 빠르게 변해왔다. 자동차, 비행기, 라디오 등을 통해 우리가 움직이는 속도는 더욱 빨라졌다. 연설가도 이러한 시대의 속도에 맞춰야 한다. 만약 서론을 늘어놓고자 한다면, 반드시 광고판의 광고 문구처럼 짧아야 한다. 이는 요즘 관객들의 대체적인 성향과 연관이 있다. 사람들은 이렇게 생각한다. "할 말이 있다고? 좋아, 군말 말고 빨리 해보쇼. 장황하게 늘어놓지 말고 그냥 요점만 말하고 내려와요."

우드로 윌슨은 잠수함 전투에 관한 최후통첩 같은 중대한 문제에 대해 의회에서 연설할 때도 다음처럼 단 23단어로 간략하게 시작함으로써 청중들의 주의를 집중시켰다.

"외교 관계에 어떤 문제가 불거졌는데, 이에 관해 솔직하게 말씀드리는 것이 저의 의무라고 생각합니다."

찰스 슈왑은 뉴욕 펜실베이니아 소사이어티에서 연설할 때 두 번째 문장부터 곧바로 연설의 핵심으로 들어갔다.

"지금 미국 시민들이 가장 중요하게 생각하는 것은 '현재 직면하고 있는 경기 침체의 의미와 앞으로의 미래'입니다. 개인적으로 저는 낙관주의자입니다."

다음은 내셔널 캐시 레지스터 사의 영업 부장이 사원들에게 했던 연설의 처음 부분이다. 단 세 문장으로 이루어져 있으며, 알아듣기 쉽고, 힘과 박력이 넘친다.

"우리 공장 굴뚝에서 계속 연기가 피어오를 수 있는 것은 다 주문을 받아오는 여러분 덕분입니다. 그런데 지난여름 두 달간은 굴뚝의 연기가 들판을 검게 만들기엔 부족했습니다. 이제 침체기가 끝나고 회복기에 접어든 만큼, 더 많은 연기를 보여 달라고 여러분께 요청드리는 바입니다."

하지만 경험 없는 연설가들도 이처럼 신속하고 간결하게 서두를 시작하고 있는가? 대개 그렇지 못하다. 서툴고 훈련받지 못한 연설가들은 보통 두 가지 방법 중 하나로 시작하는데, 둘 다 좋지 않다. 이 문제에 관해 생각해보자.

유머로 시작할 때는 조심하라

어떤 이유에서인지 초보자는 유감스럽게도 재미있는 연설가가 되어야 한다고 생각한다. 그는 천성적으로 백과사전처럼 근엄하고, 전혀 가볍지 않은 성격일 수도 있다. 그런데도 연설을 하기 위해 몸을 일으키기만 하면, 자신에게 마크 트웨인이 강림했다는 상상을 하고 또 그래야만 한다고 여긴다. 그래서 서두—특히 만찬이 끝난 뒤의 자리—를 웃기는 이야기로 시작하고 싶어 한다. 그 결과는 어떠할까? 갑자기 재담꾼으로 변신한 천근만큼 진지한 사나이의 이야기는 사전만큼 무겁고, 사람들의 웃음을 이끌어내지 못하는 경우가 다반사다.《햄릿》의 불멸의 언어를 빌려 표현하자면 "지루하고, 따분하며, 아무 소용없는 헛소리"에 불과하다.

만약 연예인이 돈을 내고 쇼를 보러 온 관객 앞에서 이런 실수를 저지른다면 당장 꺼지라는 야유를 받게 될 것이다. 이에 비해 연설을 듣는 청중은 이해심이 넓어서 조금이라도 웃어주기 위해 노력한다. 그러면서 한편으로는 재미있는 연설가가 되고 싶어 하는 그의 실패를 안쓰러워한다. 청중들도 편치 않은 건 마찬가지다. 아마 당신도 이런 웃지 못할 상황을 여러 번 겪어보지 않았는가? 나는 많이 겪어보았다.

연설은 모든 부분이 다 어렵지만, 그중에서 청중을 웃게 만드는 능력보다 더 어렵고 귀한 능력이 어디 있겠는가? 유머는 예민한 감각이며, 타고난 성격이나 개성과 관련이 있다. 유머 감각은 타고났거나, 그렇지 않거나 둘 중 하나다. 갈색 눈을 갖고 태어났는가, 그렇지 않은가와 비슷하다. 두 경우 모두 우리가 어찌할 도리가 없다.

이야기 자체가 재미있는 경우는 흔치 않다는 사실에 주목하라. 유머가 얼마나 효과를 발휘하느냐는 전달되는 방식에 달려 있다. 마크 트웨인을 유명하게 만든 똑같은 이야기를 100명의 사람이 한다고 해도 99명은 참담하게 실패할 것이다. 일리노이 주 제8재판구의 술집에서 링컨이 한 이야기들을 읽어보라. 사람들이 듣기 위해 먼 거리를 마다하지 않고 와서 들었다는 그 이야기들, 사람들이 밤새는 줄 모르고 들었다는 그 이야기들, 주민들이 "배꼽을 쥐고 데굴데굴 굴렀다"라고 하는 그 이야기들을 모두 읽어보라. 그리고 가족들에게 이야기해주면서 가족들의 얼굴에 웃음이 피어나는지 살펴보라. 링컨이 사용해서 크게 성공한 이야기를 하나 소개해보겠다. 한번 시도해보기 바란다. 하지만 사적인 자리에서 하고, 제발 청중 앞에서는 참아주길 바란다.

"어떤 여행자가 늦은 밤 일리노이 초원 지대의 진흙길을 걸어 집으로 오다가 폭풍우를 만났다. 칠흑같이 어두운 밤이었다. 비는 하늘에 있는 댐이 무너진 듯 퍼부었고, 천둥 번개는 다이너마이트가 터지듯 구름을 찢어놓았다. 번개는 여기저기 쓰러진 나무들을 비추었고, 천둥소리는 귀를 멀게 할 정도였다. 그 소리가 어찌나 무섭고 소름이 끼치는지 그는 털썩 무릎을 꿇었다. 평소에는 기도 한번 하는 법이 없었던 그였지만, 그날 은 겁에 질려 가쁜 숨을 몰아쉬며 다급하게 기도했다. '아이고, 하나님, 이러나저러나 별 상관없으시다면, 저에게는 차라리 빛 을 더 주시고 대신 저 소리는 좀 줄여주세요.'"

당신은 유머의 재능을 타고난 드문 사람일 수도 있다. 만약 그렇다면 어떻게 해서라도 그 재능을 발전시켜나가라. 당신이 연설을 하겠다고 하면 어디서든 사람들이 환영할 것이다. 하지 만 당신이 다른 데 재능이 있다면, 괜히 천시 M. 데퓨의 흉내를 내려는 짓은 하지 말기 바란다. 그건 어리석은 행동일 뿐 아니 라 남에게 고통을 주는 행위다.

데퓨, 링컨, 잡 헤지스 등의 연설문을 잘 살펴보면, 그들이 서 두에서는 별다른 이야기를 하지 않았다는 사실에 놀라게 될 것 이다. 에드윈 제임스 커텔은 언젠가 내게 자신이 단지 유머를 위해 재미있는 이야기를 한 적은 없었다고 고백했다. 재미난 이야기는 주제와 관련이 있고, 핵심적인 내용과 관련된 예시의 기능을 해야 한다. 유머는 그저 케이크에 덧씌우는 설탕 옷, 혹 은 케이크의 각 층 사이에 바르는 초콜릿 정도에 그쳐야지 케 이크 자체가 되어서는 안 된다.

미국 최고의 유머 강연자인 스트릭랜드 질리랜은 강연 시작 후 3분간은 우스운 이야기를 하지 않는 것을 규칙으로 삼고 있 다고 한다. 유머의 달인인 질리랜도 그렇게 하는 게 좋다는데,

당신이나 내가 굳이 그렇게 하지 않을 필요는 없지 않겠는가?

그렇다면 서두는 진지하고 코끼리처럼 무거워야 할까? 전혀 그렇지 않다. 가능하다면 해당 지역, 혹은 행사와 관련된 뭔가를 언급하거나 다른 이의 말을 가져오는 방식으로 사람들의 유머 감각을 슬쩍 건드려보라. 그렇게 하는 편이 팻과 마이크(당시 코미디 영화의 주인공—옮긴이), 장모, 염소를 소재로 한 진부한 우스갯소리보다 더 성공적일 것이다.

즐거운 반응을 이끌어내는 가장 손쉬운 방법은 아마도 자신을 소재로 삼는 농담일 것이다. 자신이 우스꽝스럽고 당황스러운 상황에 처해 있는 모습을 묘사해보라. 이런 방법은 유머의 핵심에 가깝다. 에스키모인들은 다리가 부러진 사람을 보고 웃고, 중국인들은 2층 창문에서 떨어져 죽은 개를 보고 웃는다. 우리는 그들보다 동정적이지만, 바람에 날려가는 모자를 황급히 뒤쫓아가는 사람이나 바나나 껍질에 미끄러진 사람을 보면 웃지 않는가?

또 서로 어울리지 않는 생각이나 특성들을 조합해서 청중을 웃게 만드는 것은 거의 누구나 활용할 수 있는 방법이다. 예를 들어 어떤 신문기자는 이렇게 써서 사람들을 웃게 했다. "내가 싫어하는 건 아이들, 동물 창자, 그리고 민주당원이에요."

러디어드 키플링이 영국에서 했던 어느 정치 연설의 서두에서 청중들의 웃음을 어떤 식으로 이끌어냈는지 살펴보라. 그는 지어낸 일화가 아니라 자신이 경험했던 부조화를 유쾌하게 강조하고 있다.

"신사숙녀 여러분, 제가 젊은 시절 신문사에서 일할 때 인도에서 형사 사건을 취재하던 때가 있었습니다. 일은 재미있었습니다. 위조범, 횡령범, 살인자, 그리고 그쪽 방면으로 진취적인 인사들을 만나곤 했으니까요. (웃음)

그들의 재판을 취재하고 나면, 가끔 징역형을 살고 있는 친구들을 면회하러 가곤 했습니다. (웃음) 살인으로 무기징역을 살고 있던 친구가 기억납니다. 그는 똑똑하고 말을 유창하게 하는 친구였는데, 자신의 인생 이야기를 내게 해주었습니다. 그는 이러더군요. '나를 보면 알겠지만, 사람이 일단 잘못된 길로 들어서면 계속 그런 길로 가게 된다네. 그러다가 다시 제대로 된 길로 가볼라치면, 꼭 다른 사람을 해쳐야 될 상황에 처하게 되지.' (웃음) 그 친구의 말이 지금 내각의 상황을 정확히 묘사해주고 있습니다. (웃음과 환호)"

월리엄 하워드 태프트도 메트로폴리탄 생명보험 회사 간부들의 연례 연회장에서 이런 식으로 유머를 곁들였다. 그는 우스갯소리를 하면서 동시에 청중에게 우아하게 경의를 표했는데, 이것이 바로 유머의 아름다운 일면이다.

"사장님, 그리고 메트로폴리탄 생명보험사 임직원 여러분, 저는 9개월 전 저의 옛집에서 어떤 신사의 식후 연설을 들었습니다. 그분은 연설을 하면서 조금 떠시더군요. 그는 식후 연설 경험이 많은 자기 친구에게 상의를 했다고 고백했습니다. 그 친구는 식후 연설가에게 가장 좋은 청중은 지적이고 학식이 높으면서 적당히 술에 취한 청중이라고 조언했다고 합니다. (웃음과 박수) 지금 제 앞에 있는 여러분은 제가 지금까지 만나본 청중 가운데 최고의 청중이라고 할 수 있습니다. 모두들 정신이 말짱한 게 유감이긴 하지만, 그 부족한 것을 보충할 것이 이곳에는 존재합니다. (박수) 그리고 저는 그것이 메트로폴리탄 생명보험사의 정신이라고 생각합니다. (오랜 박수)"

사과로 시작하지 마라

초보자가 연설 첫머리에 흔히 저지르는 두 번째 실수는 사과를 하는 것이다. 예를 들어 "저는 말솜씨가 없습니다. (…) 준비를 별로 하지 못했습니다. (…) 무슨 말을 해야 할지 모르겠네요…"라는 식이다.

절대 이렇게 시작해서는 안 된다. 키플링의 시 가운데 이렇게 시작되는 시가 있다. "더 가봐야 아무 소용이 없다." 연설자가 그런 식으로 말을 시작할 때 청중이 느끼는 감정이 바로 이런 느낌이다.

만약 당신이 준비가 덜 되어 있더라도 굳이 그 사실을 밝히지 않으면, 눈치 빠른 사람을 제외하고는 전혀 눈치채지 못하는 사람들도 있다. 그런데 무엇하러 준비가 되지 않았다는 사실을 구태여 알려주는가? 왜 연설을 준비할 만한 가치가 없었다거나 그들에게 아무렇게나 이야기해도 된다고 생각했다는 암시를 줌으로써 청중을 모욕하는가? 절대 그렇게 해서는 안 된다. 사람들은 당신의 사과를 원하지 않는다. 청중은 정보와 재미를 위해 그 자리에 있는 것이다. 그 사실을 절대 잊어서는 안 된다.

청중 앞에 서게 되면 당신은 자연스럽게, 또 불가피하게 그들의 시선을 받게 된다. 처음 5초 동안 그들의 주의를 끄는 것은 쉽지만, 그다음 5분간 그들의 주의를 계속 붙잡아 두는 것은 쉬운 일이 아니다. 일단 한번 그들의 주의를 잃고 나면 이를 되찾기란 두 배로 힘들다. 그러므로 연설의 첫 문장은 흥미로운 내용으로 시작하라. 두 번째 문장도, 세 번째 문장도 아니다. 바로 첫 문장! 바로 첫 문장이 흥미로워야 한다!

그럼 당신은 어떻게 해야 하느냐고 물을 것이다. 솔직히 쉽게 대답할 수 없다. 그 질문에 대한 답을 구하기 위해 우리는 구불구불하고 확실치 않은 길을 가야 한다. 왜냐하면 그 길에는 당신 자신, 청중, 주제, 자료, 시기 등 고려해야 할 요소가 아주 많기 때문이다. 하지만 앞으로 논의되고 제시될 몇 가지 제안들이 유용하고 가치 있는 지침이 될 수 있기를 바란다.

호기심을 자극하라

다음은 호웰 힐리가 필라델피아의 펜 애슬레틱 클럽에서 했던 강연의 첫 부분이다. 마음에 드는가? 곧바로 흥미를 일으키는가?

"82년 전, 1년 중 대략 이때쯤 런던에서 불후의 명작이 될 운명을 타고난 작은 책이 한 권 출간되었습니다. 많은 사람들이 그 책을 '세상에서 가장 위대한 작은 책'이라고 했습니다. 그 책이 처음 나왔을 때, 친구들은 만나면 서로에게 그 책을 읽었는지 물었고, 그 대답은 한결같이 '응, 작가에게 하나님의 축복이 내리길'이었습니다.

출판 당일 그 책은 1000부가 팔렸고, 2주일 안에 1만 5000부가 팔렸습니다. 이후 그 책은 재쇄를 거듭 찍었고, 하늘 아래 존재하는 모든 언어로 번역되었습니다. 몇 년 전에는 J. P. 모건이 엄청난 돈을 주고 최초의 원고를 구입했습니다. 그 원고는 지금 모건이 자신의 도서관이라고 부르는 뉴욕 시의 장엄한 화랑에서 다른 귀한 보물들과 함께 있습니다. 이토록 유명한 그 책은 과연 무엇일까요? 바로 디킨스의 《크리스마스 캐럴》입니다…."

괜찮은 서두라고 생각되는가? 당신의 주의를 끌고 점점 흥미를 고조시켰는가? 그렇다면 그 이유는 무엇일까? 호기심을 일으키고 긴장을 고취시켰기 때문이 아닐까?

호기심! 그것을 이겨낼 사람이 어디 있겠는가?

나는 숲 속의 새들이 단순히 호기심 때문에 나를 보면서 한 시간 정도를 내 주변에서 날아다닌 것을 본 적이 있다. 알프스 고원 지대의 어느 사냥꾼은 침대 시트를 몸에 두르고 이곳저곳 기어 다니면서 영양의 호기심을 자극해 유인한다. 개도 고양이도 호기심이 있고, 다른 동물들도 다 마찬가지다. 그렇다면 인간은 더 말해 무엇하겠는가? 따라서 첫 문장으로 청중의 호기심을 불러일으켜라. 그러면 그들의 관심을 사로잡을 수 있다. 나는 토머스 로렌스 대령의 아라비아 모험에 관한 강연을 할 때면 이렇게 시작하곤 했다.

"로이드 조지는 로렌스 대령을 현대의 가장 낭만적이고 아름다운 사람으로 생각한다고 말했습니다.”

이렇게 시작하면 두 가지 장점이 있다. 첫째, 저명인사의 말을 인용하면 항상 상당한 흥미를 불러일으킨다. 둘째, 호기심을 유발시켰다. 가령 “왜 낭만적일까? 왜 아름다울까?”라는 의문이 생겨나며, “그 사람 애긴 처음 듣는데…. 그가 뭘 했길래?”라는 궁금증이 꼬리를 물고 이어진다.

로웰 토머스는 로렌스 대령에 대한 강연을 할 때 이렇게 시작했다.

“저는 어느 날 예루살렘의 크리스천 스트리트를 걷다가 동양의 군주나 입을 듯한 화려한 옷을 입은 남자를 만났습니다. 그의 허리에 선지자 모하메드의 후손들만 찰 수 있는 구부러진 황금 칼이 매달려 있었습니다. 그런데 그의 외모는 전혀 아랍 사람 같지 않았습니다. 아랍인의 눈은 검정색이나 갈색인데, 그의 눈은 파랬습니다.”

호기심을 자극하지 않는가? 청중들은 더 듣고 싶어진다. 그는 누구일까? 왜 아랍인 흉내를 내고 있던 걸까? 무슨 일을 하는 사람일까? 그는 후에 어떤 인물이 되었을까?

어떤 학생은 이런 질문으로 말을 시작했다.

“여러분은 오늘날에도 세계 17개국에 노예제도가 있다는 사실을 알고 계십니까?”

이런 질문은 청중의 호기심을 불러일으킬 뿐만 아니라 충격까지 준다. “노예제도? 아직도? 17개 나라나 된다고? 믿기 힘드네. 어떤 나라지? 어떤 사람들이야?”

또 다른 방법은 결과부터 먼저 던져놓고 원인에 대한 궁금증을 불러일으키는 것이다. 예를 들어 어떤 학생은 다음처럼 깜짝 놀랄 사실을 알려주며 말을 시작했다.

"최근 주 의회 의원 한 분이 입법을 논의하는 자리에서 모든 학교의 반경 2마일 범위 내에 있는 올챙이들이 개구리로 성장하는 것을 금지하는 법을 제안했습니다."

웃음이 나올 것이다. 저 사람 농담하나? 무슨 그런 황당한 소리인가? 정말 그런 일이 있었나? (…) 그렇다. 연설자는 그에 대한 설명을 이어갔다.

〈새터데이 이브닝 포스트〉의 '조직폭력배와 함께'라는 제목의 기사는 이렇게 시작한다.

"폭력배들은 정말 조직을 만들까? 대체로 그렇다. 그럼 어떻게?"

이 몇 마디 말을 통해 기자는 자신의 주제를 밝혔고, 독자에게 정보를 제공했으며, 폭력배들이 어떻게 조직화되는지에 대한 독자들의 호기심을 불러일으켰다. 아주 훌륭하다. 연설을 하는 사람이라면 잡지 기자들이 독자들의 관심을 끌기 위해 사용하는 기법을 알아둘 필요가 있다. 인쇄된 연설문 수십 개를 공부하는 것보다 잡지 기자들의 노하우를 습득하면 연설을 어떻게 시작할지에 대해 더 많이 배울 수 있다.

이야기로 시작하라

해럴드 벨 라이트는 한 인터뷰에서 자신이 소설을 써서 연

10만 달러 넘게 번다고 밝혔다. 부스 타킹턴과 로버트 W. 챔버스도 비슷한 수입을 올린다. 더블데이 페이지 앤드 컴퍼니는 대형 인쇄기 한 대로 진 스트래턴 포터의 소설만 17년간 인쇄했다. 이렇게 해서 팔린 소설이 1700만 부가 넘었고, 그녀의 인세 수입은 300만 달러가 넘었다. 어떤가? 사람들이 이야기를 좋아하는 것 같지 않은가? 위의 수치들을 보면, 사람들이 정말 이야기를 즐긴다는 것을 알 수 있다.

우리는 특히 다른 사람들의 경험이 담긴 이야기를 좋아한다. 러셀 H. 콘웰은 '내 인생의 다이아몬드'란 강연을 6000회 이상 해 수백만 달러를 벌었다. 이 폭발적인 인기를 누린 강연의 서두는 어떠했을까? 직접 읽어보기 바란다. 그 첫머리는 이렇게 시작한다.

"1870년에 우리는 티그리스 강으로 갔습니다. 바그다드에서 우리가 고용한 안내원은 페르세폴리스, 니네베, 그리고 바빌론으로 우리를 인도했습니다."

그리고 그는 이야기로 강연을 시작한다. 이것이 관심을 끄는 방법이다. 이렇게 시작하면 실패할 확률이 거의 없다. 이야기가 움직이고, 행진하는 대로 우리는 쫓아간다. 무슨 일이 전개될지 잔뜩 궁금해하면서 말이다. 이 책의 3장에도 이야기로 시작하는 방법이 사용되었다. 다음은 〈새터데이 이브닝 포스트〉에 실린 두 개의 이야기에 나오는 첫머리다.

1. "권총이 날카로운 소리를 내며 정적을 깼다."

2. "7월 첫째 주, 그 자체로는 사소하지만 그 파장은 결코 사소하지 않은 한 사건이 덴버의 몬트뷰 호텔에서 발생했다. 그 사건에 호기심을 느낀 매니저 괴벨은 몬트뷰를 비롯한 여섯 개 패러데이 호텔의 소유주인 스티브 패러데이가 며칠 뒤에 한여름 시찰차 호텔을 정기 방문했을 때 이를 보고했다."

위의 두 서두는 각각 행동을 표현하고 있음에 주목하라. 뭔가 시작되었음을 알리면서 독자들의 호기심을 자극한다. 당신은 무슨 일인지 알기 위해 계속 읽고 싶어진다. 미숙한 초보자도 이야기로 시작하는 방법을 이용해 청중의 호기심을 자극하면 일단 시작은 성공적이라고 할 수 있다.

구체적인 예로 시작하라

보통의 청중이 추상적인 말을 오래 따라가기란 어렵고 고된 일이다. 한편 구체적인 사례를 들면 이해하기 훨씬 쉽다. 그렇다면 그렇게 시작하면 되지 않겠는가? 나는 가끔 사례를 소개하지만, 사람들은 흔히 그런 방법을 쓰지 못한다. 먼저 몇 개의 일반적인 진술을 먼저 해야 한다고 생각하기 때문이다. 하지만 그렇지 않다. 먼저 사례를 들어 관심을 불러일으킨 다음 일반적인 진술로 뒷받침하라. 이 방법의 예를 원한다면, 이 책의 5장 앞머리나 7장을 읽어보기 바란다.

지금 당신이 읽고 있는 이 장은 시작할 때 어떤 방법이 이용되었는가?

볼거리를 이용하라

사람들의 관심을 끄는 가장 쉬운 방법은 아마도 사람들이 볼수 있도록 뭔가를 들어 올리는 일일 것이다. 미개인이나 모자란 사람도, 요람에 있는 아기나 상점 진열장 속의 원숭이도, 심지어 길에 있는 개들도 이런 자극에는 눈길을 돌린다. 이는 기품 있는 청중에게도 먹히는 효과적인 방법이다.

필라델피아의 S. S. 엘리스는 강연을 시작할 때 엄지와 집게손가락으로 동전을 집어 어깨 위로 높이 올렸다. 당연히 사람들의 눈길이 쏠렸다. "여기 계신 분 중에서 혹시 이런 동전 주우신 분 있나요? 그런 행운을 만난 분에게는 어느 부동산 개발회사에서 땅 한 필지를 공짜로 준답니다. 그냥 가서 동전만 제시하시면 됩니다…." 이어서 엘리스는 민감하고 껄끄러운 부동산 업체 문제에 관한 이야기를 꺼냈고, 그와 관련된 비정상적이고 비윤리적인 관행들을 비난했다.

질문을 던져라

엘리스가 시작한 방법은 또 한 가지 주목할 만한 특징을 갖고 있다. 그는 질문으로 시작함으로써 청중이 연설자와 함께 생각하고, 그에 호응하게 만들었던 것이다. 앞서 말했던 조직폭력배에 관한 〈새터데이 이브닝 포스트〉의 기사는 서두의 세 문장 중 두 문장이 질문이었음에 주목하라. "폭력배들은 정말 조직을 만들까? 그럼 어떻게?" 이처럼 질문을 던지고 해답을 제시하는 방법은 청중으로 하여금 마음의 문을 열게 하고, 그

안으로 들어갈 수 있는 가장 간단하고 확실한 방법 중 하나다. 다른 방법이 통하지 않을 때는 늘 이 방법에 의지해보라.

유명 인사의 말을 인용하라

유명 인사의 말은 사람들의 주목을 끄는 힘이 있다. 따라서 적절한 인용은 연설을 시작할 때 사용할 수 있는 유용한 방법 중 하나다. 기업의 성공을 주제로 아래와 같이 시작한 연설이 있다. 마음에 드는가?

"'세상이 돈과 명예라는 큰 상을 수여하는 대상은 오직 하나뿐이다.' 엘버트 허바드가 말했습니다. 그리고 그 한 가지는 바로 주도력입니다. 그럼 주도력이란 무엇일까요? 그것은 누가 시키지 않아도 스스로 해야 할 일을 하는 것입니다."

이 말에는 연설의 도입부로서 칭찬할 만한 몇 가지 특징이 있다. 우선 첫 문장이 호기심을 일으킨다. 청중을 끌어당기며 다음 말을 기대하게 만든다. '엘버트 허바드가 말했습니다'라고 한 후에 연설자가 기술적으로 약간 뜸을 들인다면 긴장감은 더욱 고조될 것이다. '세상이 큰 상을 수여하는 대상이 무엇일까?' 사람들은 궁금해진다. 빨리 대답해달라. 내가 당신 말에 동의할지는 모르지만, 어쨌든 당신 생각이나 들어보자…. 두 번째 문장은 청중을 바로 주제로 이끈다. 이어지는 질문 형태의 세 번째 문장은 청중을 토론에 끌어들여 스스로 뭔가를 생각하게 만든다. 청중은 이런 방식을 좋아한다. 네 번째 문장은 주도력을 정의한다. 이렇게 매력적으로 연설을 시작한 후에 연설자는 이 자질을 설명할 수 있는 인물의 흥미로운 이야기를 이어갔다. 만약 이 연설의 구성을 무디(신용평가기관 무디스의 설립자—옮긴이)가 평가한다면 아마도 Aaa를 주었을 것이다.

주제와 청중의 주된 관심사를 연계시켜라

청중의 이기적인 관심사와 직접 연관 있는 내용으로 시작하라. 이는 가능한 방법 중 가장 효과적인 연설 시작 방법 가운데 하나일 것이다. 틀림없이 청중의 주의를 끌 수 있다. 자신에게 중요한 이해관계가 달린 문제에 대해서는 누구든 눈이 번쩍 뜨이기 마련이다. 당연한 이치 아니겠는가? 그런데도 이 방법은 좀처럼 사용되지 않는다. 예를 들어 최근에 나는 정기 건강검진의 필요성을 주장하는 어느 강연을 들을 기회가 있었다. 그런데 강연자는 생명연장협회의 역사와 그 기관의 조직 및 서비스를 설명하는 것으로 시작했다. 어처구니없는 일이다! 그 회사가 어디에서 어떻게 설립되었는지 따위에 우리는 아무 관심이 없다. 우리의 영원히 변치 않는 관심사는 우리 자신일 뿐이다.

왜 이런 기본적인 사실을 깨닫지 못하는 것일까? 그 회사가 어째서 청중들에게 중요한 의미가 있는지 알려줘야 하는 것 아닌가? 왜 이렇게 시작하지 않을까? "생명보험 계산식에 따른 여러분의 기대수명이 얼마나 되는지 알고 계십니까? 보험 통계학자에 따르면, 여러분의 잔여 기대수명은 80에서 현재 나이를 뺀 수의 3분의 2라고 합니다. 예를 들어 여러분이 35세라면 80에서 35를 빼면 45가 되지요. 그러면 45의 3분의 2인

30년을 더 사실 수 있다는 얘기입니다. 만족하시나요? 아니죠. 절대 아닐 겁니다. 우리는 그보다 더 오래 살고 싶어 합니다. 그런데 그 계산표는 수백만 명의 기록을 토대로 산출한 것입니다. 그럼 여러분과 제가 그 예상치를 넘어설 수 있을까요? 가능합니다. 적절하게 주의를 기울이면 됩니다. 우리가 가장 먼저 해야 할 일은 철저한 건강검진을 받는 것입니다…."

그러고 나서 왜 정기적인 건강검진이 필요한지 자세히 설명하면, 청중은 그런 서비스를 제공하기 위해 설립된 회사에 관해서도 관심을 보이게 될 것이다. 하지만 처음부터 그런 회사에 관해 일반적인 사실을 늘어놓는다면 강연은 실패할 것이다. 그것도 처참하게!

다른 예를 들어보자. 나는 언젠가 숲을 보존하는 것이 매우 시급하다는 내용의 강연을 들은 적이 있다. 그 강연은 이렇게 시작되었다. "우리 미국인들은 자국의 천연자원에 대해 자부심을 가져야 합니다." 이렇게 시작된 강연은 뒤이어 우리가 얼마나 무분별하게 목재를 낭비하고 있는지 지적했다. 하지만 그렇게 시작하는 것은 바람직하지 않다. 너무 일반적이고 막연하기 때문이다. 연설자는 그 주제의 심각성을 청중에게 제대로 인식시키지 못했다. 청중 가운데는 인쇄업자가 있었다. 숲의 파괴는 그 사람의 사업에 매우 실질적인 영향을 끼칠 것이다. 청중 가운데는 은행가도 있었다. 숲의 파괴는 우리 모두의 번영에 영향을 끼치기 때문에 그곳에 있던 은행가도 그 영향에서 자유롭지 못할 것이다. 그럼 이렇게 시작하면 어떨까?

"제가 말하고자 하는 주제는 여기 계신 애플비 씨, 소울 씨를 비롯해 여러분 모두의 사업에 영향을 끼칩니다. 사실 이 주제는 우리가 먹는 음식의 가격과 우리가 지불하는 임대료에도 영향을 미칠 것입니다. 우리 모두의 복지와 번영에 관련되어 있습니다."

숲을 보호하는 일의 필요성을 너무 과장한 것 같은가? 아니, 나는 그렇게 생각하지 않는다. "그림을 크게 그리고, 사람들의 주의를 끌 수 있게 배치하라"라는 엘버트 허바드의 조언을 따랐을 뿐이다.

충격적 사실의 흡인력

"잡지 기사는 충격적인 사실들이 나열된 기사가 좋다." 자신의 이름을 딴 잡지를 창간한 S. S. 매클러의 말이다.

충격적인 사실은 우리를 공상에서 깨어나게 하며, 사로잡고, 시선을 빼앗는다. 몇 가지 예를 들어보자. 볼티모어 출신의 N. D. 발렌타인이 한 '라디오의 경이로움'이라는 연설은 이렇게 시작된다.

"뉴욕에서 파리가 유리창을 기어가는 소리가 라디오를 통해 중앙아프리카에서는 나이아가라 폭포 소리처럼 들릴 수 있다는 사실을 알고 계십니까?"

뉴욕 시의 해리 G. 존스 사의 해리 G. 존스 사장은 '범죄 상황'이란 연설을 이렇게 시작한다.

"미국 대법원장 윌리엄 하워드 태프트 판사는 '우리의 형법

운용은 문명에 대한 수치'라고 말했습니다."

이 발언은 연설의 첫머리로서 충격적인 내용일 뿐만 아니라 해당 분야의 권위자가 한 말이라는 점에서 이중의 장점이 있다. 필라델피아의 낙천주의자 클럽 회장이었던 폴 기번스는 '범죄'에 관한 연설을 다음과 같은 인상적인 발언으로 시작했다.

"미국인은 세계 최악의 범죄자들입니다. 충격적으로 들리시겠지만, 사실입니다. 오하이오 주 클리블랜드의 살인 건수는 런던의 여섯 배입니다. 인구 비례로 보면 강도 건수는 런던의 170배나 됩니다. 매년 클리블랜드에서 강도를 당하거나 강도의 공격을 받는 사람들의 수는 잉글랜드, 스코틀랜드, 웨일스를 통틀어 강도를 당한 사람들을 합한 것보다 많습니다. 뉴욕 한 도시에서 일어난 살인 사건이 프랑스나 독일, 이탈리아, 영국의 국가 전체에서 일어난 살인 사건보다 많습니다. 그런데 더욱 개탄스러운 사실은 이 범죄자들이 처벌받지 않는다는 것입니다. 만약 여러분이 사람을 죽인다 해도 그 때문에 처형될 가능성은 100분의 1도 안 됩니다. 사람을 총으로 살해해 교수형을 당할 확률보다 암으로 죽을 확률이 10배나 더 높습니다."

이 시작은 성공적이었다. 필요한 힘과 진지함이 담긴 어휘 때문이다. 살아서 숨 쉬는 말이었다. 하지만 비슷한 예를 들어 범죄 상황에 대해 연설한 다른 학생들의 시작은 그다지 훌륭하지 못했다. 왜 그럴까? 그 이유는 사용한 어휘에 있었다. 연설의 구조적인 짜임새는 나쁘지 않았지만 어휘에서 힘이 느껴지지 않았다. 그들이 사용한 어투에는 김이 빠져 있었기 때문이다.

평이한 시작의 가치

아래와 같은 서두가 마음에 든다면 왜 그럴까? 메리 E. 리치먼드는 아동 결혼을 금지하는 법률이 만들어지기 전에 뉴욕 여성유권자연맹 연례 모임에서 이렇게 연설했다.

"저는 어제 이곳에서 멀지 않은 도시를 기차로 지나가면서, 몇 년 전 그곳에서 있었던 어느 결혼을 떠올렸습니다. 이 주에서 맺어지는 다른 많은 결혼들도 그 결혼처럼 급하게 추진되다 파경을 맞곤 하기 때문에 그 사건을 우선 자세히 소개해볼까 합니다.

그 도시의 열다섯 살짜리 어느 여고생이 이제 막 성년이 된 인근 대학교의 남학생을 만났습니다. 그때가 12월 12일이었습니다. 그리고 불과 3일 뒤인 12월 15일에 그들은 소녀의 나이를 열여덟 살로 거짓 선서해 결혼 승인을 받았습니다. 열여덟 살이면 부모의 동의를 받을 필요가 없습니다. 결혼 허가서를 받고 시청 서기 사무실을 나온 그들은 곧장 사제를 찾아갔습니다(그녀는 가톨릭 신자였습니다). 하지만 적절하게도 사제는 그들의 결혼을 허락하지 않았습니다. 아마도 그 사제를 통해 소녀의 어머니가 그들의 결혼 시도에 관해 들었던 것 같습니다. 하지만 어머니가 딸을 찾아내기도 전에 치안판사는 그들을 부부로 맺어버렸습니다. 신랑은 신부를 호텔로 데려갔고, 그들은 그곳에서 이틀 밤낮을 보냈습니다. 하지만 그 뒤에 남편은 아내를 버렸고, 다시는 그녀와 살지 않았습니다."

개인적으로 나는 이 서두가 매우 마음에 든다. 흥미로운 회상을 암시하는 첫 문장이 특히 좋다. 더 자세한 이야기를 듣고 싶어진다. 청중은 흥미로운 인간 드라마를 기대하게 된다. 공 들여 연구한 느낌도 들지 않고, 딱딱하지도 않으며, 자연스레 흘러간다. "저는 어제 이곳에서 멀지 않은 도시를 기차로 지나가면서, 몇 년 전 그곳에서 있었던 어느 결혼을 떠올렸습니다." 아주 자연스럽고 인간적으로 들린다. 누군가 다른 사람에게 재미있는 이야기를 들려주는 듯하다. 청중은 이런 것을 좋아한다. 청중은 너무 공들여 꾸민 것 같은 이야기, 미리 의도된 냄새가 짙은 이야기에는 거부감을 느끼곤 한다. 기교가 필요하지만, 드러나지 않는 기교가 필요하다.

어떻게 말을 시작할 것인가

1. 연설의 시작은 어렵다. 또한 매우 중요하기도 하다. 시작할 때는 청중의 마음이 열려 있어서 비교적 쉽게 받아들일 준비가 되어 있기 때문이다. 운에만 맡겨두기에는 너무 중요하므로 미리 세심하게 준비해야 한다.

2. 도입부는 한두 문장 정도로 짧아야 한다. 아니면 없어도 상관없다. 가능한 최소한의 단어만으로 곧장 주제의 핵심으로 들어가라. 누구든 이에 이의를 제기하지 않는다.

3. 초보자들은 연설의 첫머리를 우스갯소리나 사과로 시작하려는 경향이 있다. 둘 다 좋지 않은 결과를 가져오는 경우가 대부분이다. 우스운 이야기를 잘 이용하는 사람은 극히 적다. 유머로 강연을 시작하려는 시도는 흔히 청중을 당황스럽게 만든다. 이야기는 상황에 맞아야 하며, 그저 이야기 자체를 위해 억지로 끌어다 맞추어서는 안 된다. 유머는 케이크에 입힌 설탕 옷일 뿐이지 케이크 그 자체는 아니다. 그리고 사과로 시작해서도 안 된다. 그것은 청중에 대한 모독이고, 청중을 따분하게 만든다. 말하고자 하는 바를 빨리 말하고 자리로 돌아가라.

4. 연설자가 청중의 주의를 빨리 끌 수 있는 방법은 다음과 같다.

   1) 호기심 자극하기.
      예: 디킨스의 《크리스마스 캐럴》 이야기

   2) 누군가의 흥미로운 이야기 들려주기.
      예: '내 인생의 다이아몬드' 강연

   3) 구체적인 사례로 시작하기(이 책의 5장, 7장 시작 부분을 보라).

   4) 볼거리 이용하기.

예: 발견하면 공짜 땅을 주는 동전

5) 질문하기.
    예: 혹시 이런 동전 주우신 분 있나요?

6) 인상적인 인용으로 시작하기.
    예: 주도력에 대한 엘버트 허바드의 말 인용

7) 주제와 청중의 지대한 관심사와의 관련성 알려주기.
    예: "여러분의 잔여 기대수명은 80에서 현재 나이를 뺀 수의 3분의 2입니다. 그런데 정기 건강검진을 통해 이를 늘릴 수 있습니다." 등

8) 충격적인 사실 제시하기.
    예: "미국인은 세계 최악의 범죄자들입니다."

5. 너무 형식적인 시작은 하지 마라. 지나치게 인위적인 느낌을 주지 마라. 자연스럽고 필연적인 전개처럼 보이게 하라. 바로 얼마 전에 일어났던 일이나 앞서 이야기했던 것을 말하면 그렇게 할 수 있다.
    예: "저는 어제 이곳에서 멀지 않은 도시를 기차로 지나가면서…"

10

청중을
단숨에 사로잡기

"청중을 만족시켜야 한다. 그들의 두려움을 진정시키고 의심을 풀어주어 그들이 무기를 내려놓고 '좋소, 우리 함께 얘기해봅시다'라고 말하게 만들어야 한다. 이는 서로가 공감할 수 있는 것과 상호 관심사를 찾았을 때 가능하다. 우리를 갈라놓는 힘보다 더 강한 힘으로 우리를 서로 이어주는 것들이 있을 것이다. 그게 무엇인가? 그것을 찾아낼 수 있느냐 없느냐에 연설의 성패가 달려 있다. 만약 청중을 진정으로 만족시킬 수 없다면, 놀라운 용기를 보여 그들의 찬탄과 존경을 끌어내야 한다. 그 첫 번째 예로, 만약 내가 벨파스트의 오렌지당원 집회에서 연설을 하게 된다면, 나는 양심에 충실한 그들의 태도에 찬사를 표할 것이다. 또 우리 모두가 존경하는 위대한 조상들, 즉 우리가 공유하고 있는 것들에 관해 언급할 것이다. 만약 회사 직원들 앞에서 연설한다면 따가운 질책으로 시작하지 않고 보다 행복했던 시절, 과거의 돈독했던 협력 관계, 업계와 관련된 모든 사람들을 괴롭히는 걱정과 문제들에 관해 얘기할 것이다. 진정 내가 아무런 사심 없이 문제의 해결책을 모색하고 있음을 보여줄 것이다. 어떤 경우라도 청중의 가장 선한 본능에 호소하라. 사람들은 이런 호소에 놀라운 반응을 보일 것이다."

— 시드니 F. 윅스, 《기업인을 위한 대중 연설》

청중을 단숨에 사로잡기

　몇 년 전, 콜로라도 연료 철강 회사는 노사문제로 어려움을 겪었다. 총격으로 인한 유혈 사태까지 발생할 정도였다. 회사 곳곳에 증오심이 가득 차 분위기가 매우 심각했다. 록펠러라는 이름은 저주의 대상이었다. 그럼에도 존 D. 록펠러 2세는 종업원들과 대화하기를 원했다. 그들에게 자신의 생각을 설명하고, 자신의 신념을 받아들이도록 설득하고자 했다. 그는 연설의 첫머리에서 좋지 않은 감정과 적대감을 누그러뜨리지 않으면 안 된다고 생각했다. 연설의 시작 부분부터 그는 진심을 다해 아름다운 연설을 해냈다. 대부분의 연설가들은 그의 방법을 통해 무엇인가 배울 수 있을 것이다.

　"오늘은 제 생애에 기억될 만한 날입니다. 이 위대한 회사의 직원 대표, 관리자, 임원들을 처음으로 모두 한자리에서 만나는 행운의 날이기 때문입니다. 이 자리에 서게 되어 매우 영광이며, 제 평생 이 모임을 잊지 못할 것입니다.

모임이 2주 전에 열렸더라면 저는 몇 사람만을 알아볼 수 있을 뿐, 여러분 대부분에게는 이방인으로 이 자리에 서 있어야만 했을 것입니다. 지난주에 저는 서쪽 탄광 지대의 모든 작업장을 방문해 부재중인 분을 제외한 모든 근로자 대표들과 개인적으로 이야기를 나누었습니다. 또 여러분들의 가정을 방문해 아내분들과 아이들을 만나보았습니다. 이제 우리는 이방인이 아니라 친구로서 여기 모였습니다. 이런 상호 우호의 분위기 속에서 저는 여러분과 우리의 공통 관심사에 대해 토론할 기회를 갖게 되어 매우 기쁩니다.

이 모임은 회사 임원들과 근로자 대표들 간의 모임입니다. 그런데 임원도 근로자도 아닌 제가 감히 여기 있을 수 있는 것은 여러분의 호의 덕분입니다. 저는 여러분들과 긴밀히 연관되어 있다고 느끼는데, 어떤 의미에서 저는 주주와 임원 양쪽을 모두 대표하기 때문입니다."

재치 있는 연설이었다. 증오심이 가득했던 상황이었음에도 불구하고 연설은 성공적이었다. 임금 인상을 위해 파업하며 투쟁하던 사람들은 록펠러가 그와 관련된 사실을 설명한 후에는 그 문제에 대해 아무 말도 하지 못했다.

꿀 한 방울과 쌍권총의 남자들

"오래된 속담 중에 '꿀 한 방울이 쓸개즙 한 통보다 더 많은 파리를 잡는다'라는 말이 있다. 사람도 마찬가지다. 만일 누가 내 뜻을 따르게 하고 싶다면, 당신이 먼저 그의 진실한 친구임을 확

신시켜야 한다. 바로 거기에 그의 마음을 사로잡는 꿀 한 방울이
있다. 마음을 얻는 것은 그의 이성을 얻는 확실한 방법이기에 마
음을 얻으면 당신이 그에게 어떤 정당성을 이해시키는 데 어려
움이 없을 것이다. 하지만 정말 정당한 이유가 있어야 한다.”

링컨의 계획이 바로 그러했다. 1858년 미국 상원 의원 선거운
동 중에 그는 당시 ‘이집트’라고 불리던 남부 일리노이의 반(反)
야만적인 지역에서 연설을 했다. 그 지역의 사람들은 공적 행사
에도 흉측한 칼을 소지하거나 벨트에 권총을 차고 있을 정도로
거칠었다. 그들은 싸움과 옥수수 위스키를 사랑하는 것만큼 노
예제도 폐지론자들을 증오했다. 켄터키와 미주리 주의 노예 소
유주 등 남부인들도 그 행사에 참여해 소동을 일으키려고 미시
시피 강과 오하이오 강을 건너왔다. 그들 가운데 보다 거친 사람
들은 만약 링컨이 입만 열면 그 노예 폐지론자의 몸에 총알구멍
을 내서 쫓아내겠다고 호언장담했다.

이런 위협을 전해들은 링컨은 그곳에 얼마나 긴장감이 흐르
는지, 또 그곳이 얼마나 위험한지 잘 알고 있었다. 링컨은 말했
다. “하지만 만약 그들이 나에게 몇 마디 할 수 있는 기회를 준
다면 그들의 화를 진정시킬 수 있다.” 그래서 그는 연설을 시작
하기 전에 주동자들에게 먼저 자신을 소개하고, 정중하게 그들
의 손을 잡았다. 그는 재치 있게 연설을 시작했다.

“친애하는 남부 일리노이 주민 여러분, 켄터키 주민 여러분,
미주리 주민 여러분. 오늘 이 자리에 오신 분들 중에 저를 불쾌
하게 여기시는 분들이 있다고 들었습니다. 저는 그분들이 왜 그

러셔야 하는지 알지 못합니다. 저는 여러분처럼 평범한 사람입니다. 그런데 왜 제가 여러분처럼 생각을 표현할 권리가 없습니까?

시민 여러분, 저는 여러분과 같은 사람입니다. 저는 이곳의 침입자가 아닙니다. 여러분 대다수가 그렇듯 저는 켄터키에서 태어나고, 일리노이에서 자랐으며, 열심히 노력해 제 길을 개척했습니다. 저는 켄터키 주민들을 알고 있습니다. 남부 일리노이 주민들도 잘 압니다. 그리고 미주리 주민들도 잘 안다고 생각합니다. 저는 그들 중의 한 사람이기 때문에 그들을 아는 게 당연하고, 그들도 저를 알 것입니다. 그들이 저를 잘 안다면, 제가 그들에게 피해를 줄 사람이 아니란 것도 잘 알 것입니다. 그런데 왜 그들이, 또는 그들 중의 어떤 분이 저에게 해를 가해야 합니까?

동료 시민 여러분, 그런 어리석은 짓은 하지 맙시다. 우리 모두 친구가 되어 서로 사이좋게 지냅시다. 저는 가장 미천한 사람 가운데 한 명이고, 가장 평화적인 사람이며, 다른 이를 부당하게 대하거나 권리를 침해할 사람이 아닙니다. 저는 그저 여러분이 제 말에 귀 기울여주시길 바랄 뿐입니다. 용감하고 용맹한 일리노이, 켄터키, 미주리 주민들은 틀림없이 그렇게 해주시리라 믿습니다. 이제 정직한 친구처럼 서로의 생각을 말해봅시다."

이렇게 말하는 링컨의 얼굴에는 훌륭한 성품이 드러났고, 목소리는 진심을 담아 울리고 있었다. 그는 재치 있는 서두를 통해 몰려오던 폭풍우를 멈췄고, 적들을 조용하게 만들었다. 사실 그 연설 덕분에 많은 이들이 링컨의 친구로 바뀌었다. 그들은 링컨의 연설에 환호했고, 거칠고 무례했던 '이집트인'들은 후에 링컨이 대통령이 될 때 가장 열성적인 지지자가 되었다.

당신은 이렇게 생각할지도 모른다. '흥미롭군. 하지만 이게 나랑 무슨 상관이람? 난 록펠러가 아니야. 나를 목 졸라 죽이려는 굶주린 파업자들 앞에서 내가 연설할 일은 없단 말이지. 또 링컨도 아니야. 옥수수 위스키를 마시며 증오심으로 똘똘 뭉친 쌍권총의 사나이들과 말을 섞을 일은 없을 거라고.'

물론 그렇다. 하지만 당신은 살아가면서 거의 매일 어떤 문제에 대해 생각이 다른 사람들과 말을 해야 한다. 집이나 직장, 혹은 시장에서 당신의 생각을 다른 이들에게 설득시키는 일을 끊임없이 해야 한다. 그때 설득 방법을 개선시킬 여지는 없는가? 당신은 어떻게 시작하는가? 링컨과 같은 재치를 보여주면서? 아니면 록펠러 같은 기지를 보여주면서? 만약 그렇다면 당신은 귀한 재주와 비상한 능력을 가진 사람일 것이다. 대부분의 사람들은 상대방의 견해와 욕망을 고려하지 않고, 서로의 생각이 일치하는 부분을 찾으려는 노력도 하지 않은 채 자신의 생각만 늘어놓는 식으로 말을 시작한다.

예를 들어 나는 뜨거운 논란의 주제였던 금주법에 대해 많은 사람들의 연설을 들었다. 거의 모든 연설가는 도자기 가게에 뛰어들어 온 황소처럼 연설을 시작했다. 그는 자신의 신념과 생각의 방향을 거침없이 드러냈다. 자신의 신념은 단단한 바위와 같아 흔들릴 가능성이 없다고 주장했다. 그러면서 다른 사람들이 자신들의 소중한 신념을 버리고 그의 생각을 받아들이기를 기대했다. 결과는 어땠을까? 모든 논쟁의 결과는 거의 같았다. 그들에게 동의하는 사람은 거의 없었다. 무뚝뚝하고 공격적인 서두는 그와 다른 의견을 가진 사람들의 공감을 얻지 못했고, 청중들은 그가 하는 모든 말을 무시하고 그의 의견을 경멸했다. 그런 서두는 사람들이 각자의 신념이라는 방패 뒤에서 더욱 몸을 웅크리게 만들었다.

그런 연설자들은 처음부터 청중들을 압박함으로써 그들이 몸을 뒤로 빼며 "아니야! 아니야!"를 소리치게 만드는 치명적인 실수를 저질렀다.

나와 달리 생각하는 사람들이 내 뜻을 따르게 만들기란 간단한 일이 아니다. 뉴욕의 새 사회연구학교에서 열린 오버스트리트 교수의 강연을 인용한 다음 글은 이 문제를 적절하게 지적한다.

"'아니다'란 반응은 가장 극복하기 어려운 장애물이다. 일단 '아니요'라고 말하고 나면, 그는 자존심 때문에 애초의 입장을 쉽게 바꾸지 않는다. 나중에 자신의 부정적인 생각이 잘못됐다고 느낄 수도 있지만, 자존심 때문에 한번 말한 사실을 계속 고집하게 된다. 따라서 처음에 사람이 긍정적인 방향으로 갈 수 있도록 이끄는 것이 매우 중요하다. 뛰어난 연설가는 처음부터 '예'라는 반응을 이끌어냄으로써 청중들의 심리를 긍정적인 방향으로 움직이게 만든다. 이는 당구공의 움직임과 비슷하다. 일단 공을 한쪽 방향으로 구르게 하고 나면 다른 방향으로 바꾸는 데 힘이 들고, 다시 반대 방향으로 움직이게 만들기 위해서는 더 큰 힘이 필요하다.

여기에서 나타나는 심리적 패턴은 아주 명확하다. 어떤 사람이 '아니요'라고 말하고 또 진짜로 그렇게 생각한다면, 그는 단순히 세 글자를 말하는 것 이상의 작용을 시작하게 된다. 그의 각종 기관, 신경, 근육 등이 다 함께 거부 모드로 바뀌게 된다. 보통은 미세하지만, 때로는 눈에 보일 정도로 커다란 신체적 위축 혹은 위축의 조짐이 드러나기도 한다. 즉 전체 신경근육 체계에서 수용을 거부하는 경계 경보가 발령되는 것이다. 반대로 '예'라고 답할 경우에는 그런 긴장 상태로 바뀌지 않는다. 몸 전체 조직이 앞으로 움직이면서 수용적이고 개방적인 태도로 바뀌게 된다. 따라서 처음에 긍정적인 반응을 많이 이끌어낼수록 당신의 궁극적인 제안이 청중의 관심을 얻을 수 있는 확률은 높아진다.

긍정적인 반응을 유도하는 것은 아주 단순한 방법이지만, 많은 사람들이 너무 사소한 것으로 치부하는 경향이 있다. 흔히 사람들은 처음에 적대적으로 행동하면 다른 사람에게 대단한 존재로 보일 거라고 착각한다. 급진주의자는 보수적인 동료들과 함께 있으면 상대방을 화나게 한다. 그렇게 해서 그가 얻는 것은 무엇일까? 만일 그런 행동을 통해 단순히 즐거움을 얻고자 한다면 별 문제가 안 될 수도 있다. 하지만 만일 무언가 얻길 바란다면 심리적으로 어리석은 행동이다.

처음에 학생이나 고객, 어린이, 남편, 아내 등 상대방으로부터 '아니요'라는 말을 듣고 나면, 그 부정적인 대답을 다시 '예'로 되돌리기 위해서는 천사의 지혜와 인내가 필요하다."

처음에 '예'란 반응을 얻으려면 어떻게 해야 할까? 아주 간단하다. 링컨은 그 비법에 대해 이렇게 말했다. "내가 논쟁을 시작해서 이기는 방법은 먼저 서로 공통되는 합의점을 찾는 것이다." 심지어 그는 노예제도라는 굉장히 민감한 주제에 관해 논쟁할 때도 이런 공통의 합의점을 찾아냈다. 링컨의 연설을 보도한 중립 신문 〈미러〉는 그의 연설에 대해 다음과 같이 평했다. "그의 적들은 그가 하는 모든 말에 동의하곤 했다. 그때부터 그는 가축을 몰 듯 조금씩 그들을 특정한 방향으로 이끌었고, 마침내 자신의 우리 속으로 끌어들였다."

롯지 상원 의원의 방법

제1차 세계대전이 끝나고 롯지 상원 의원과 하버드대의 로웰 총장은 보스턴 청중 앞에서 국제연맹 창설에 대해 토론했다. 롯지 상원 의원은 많은 청중들이 자신의 생각을 불편해한다는 사실을 알고 있음에도 그들을 설득해 자신의 주장에 동의하게 만들고자 했다. 그는 어떻게 했을까? 그들의 생각을 바로 정면으로 맞받아치는 방법을 사용했을까? 절대 아니었다. 그는 사람의 심리를 정확히 알고 있기 때문에 그런 어리석은 방법으로 일을 망칠 사람이 아니었다. 그는 서두부터 훌륭한 재치와 기지를 보여주었다. 다음 단락에 그의 연설 첫머리를 소개해두었다. 특히 연설 첫 부분의 10여 개 문장은 그에게 적대적이던 사람들조차 동의할 수밖에 없게 만든다는 사실에 주목하라. 또 '저의 동료 미국인 여러분'이라는 인사로 어떻게 그들의 애국심에 호소하는지도 눈여겨보라. 그리고 그가 어떻게 견해차를 줄이는지, 또 어떻게 공통점을 찾아 솜씨 좋게 이를 강조하는지 보라. 그가 상대방을 어떻게 대하는지, 그들이 사소한 방법의 문제에서만 차이가 있을 뿐 미국의 복지와 세계 평화라는 대의에서는 전혀 다를 게 없다는 사실을 어떻게 강조하는지 주목하라. 더 나아가 그는 자신이 지지하는 국제연맹의 종류까지 밝혔다. 그래서 반대자들은 그가 만들고자 하는 연맹이 좀 더 이상적이고 효과적이라는 차이가 있을 뿐이라고 생각하게 되었다.

"존경하는 내빈, 신사숙녀 여러분, 저의 동료 미국인 여러분. 로웰 총장님의 배려로 저는 오늘 고명하신 청중 여러분 앞에 설 수 있게 되었습니다. 그분과 저는 오랜 친구이고, 같은 공화당원입니다. 그는 미국에서 가장 중요하고 영향력 있는 곳의 하나인 이 훌륭한 대학교의 총장입니다. 또한 그는 정치학 및 행정학 분야의 뛰어난 학자이자 역사가입니다. 그분과 저는 오늘날 우리 앞에 놓인 문제의 구체적인 방법에 대해서는 서로 의견이 다르지만, 세계 평화 유지와 미국의 복지라는 목적에 있어서는 서로 같은 뜻을 가지고 있다고 확신합니다.

허락해주신다면 제 생각을 말해보겠습니다. 사실 저는 제 견해를 거듭 밝혀왔습니다. 그간 저는 쉽고 간결한 언어로 전달했다고 생각했습니다만, 제 말을 오해해 이를 편리하게 논쟁의 무기로 이용하는 사람들이 있고, 매우 현명하게 판단하시는 분들 중에도 제 말을 듣지 못했거나 아니면 잘못 이해하는 분들도 계신 것 같습니다. 그래서 제가 국제연맹에 반대하는 것처럼 전해지고 있지만, 사실은 전혀 다릅니다. 저는 오히려 세계의 자유 국가들이 하나의 연맹, 또는 프랑스인들이 협회라고 부르는 체제에서 연합하여 미래의 세계 평화를 보장하고 전체적으로 군축을 실현하기 위해 할 수 있는 모든 일을 하게 되기를 간절히 바라고 있습니다."

그와 다른 의견을 가졌던 사람들도 이러한 연설을 들으면 닫혔던 마음이 열리고 누그러질 것이다. 또한 좀 더 들어보겠다는 마음도 가질 것이다. 사람들은 이 연설자를 공정한 정신의 소유자라고 생각하지 않겠는가?

만일 롯지 상원 의원이 국제연맹을 지지하는 사람들에게 직설적으로 그들이 잘못되었으며, 환상에 빠져 있다고 말했다면 연설은 아무 소용이 없을 것이다. 제임스 하비 로빈슨 교수의 《정신의 형성》에 나오는 다음 글귀는 그런 공격이 헛되다는 것을 심리학적 관점에서 보여준다.

"때로 우리는 어떤 반발심이나 감정의 동요 없이 생각을 바꿀 때가 있다. 하지만 누군가로부터 우리가 틀렸다는 말을 들으면 그 말에 분개해 마음을 굳게 닫아버린다. 우리가 어떤 믿음을 형성하는 과정은 놀랄 정도로 허술하지만, 막상 누군가 그 믿음의 세계를 깨려 하면 그 믿음에 대해 불합리할 정도로 집착하게 된다. 이때 우리에게 소중한 것은 생각 그 자체가 아니라 외부의 위협에 노출된 우리의 자존심이다…. 인간사에서 가장 중요한 것은 '나의(My)'라는 작은 단어이며, 지혜는 이에 대한 고려에서 출발한다. 나의 저녁 식사, 나의 개, 나의 집, 나의 신념, 나의 조국, 나의 신 등 그게 무엇이든 '나의'라는 말과 관련된 것은 모두 같은 힘을 가지고 있다. 우리는 내 시계가 틀렸거나 내 차가 형편없다는 것뿐만 아니라 화성의 운하, '에픽테투스'의 발음, 살리신 해열 진통제의 의학적 가치, 사라곤 1세의 연대 등에 대한 내 생각이 수정되어야 한다는 지적에 대해 불쾌해한다…. 우리는 자신이 진리로 여기는 것을 계속 믿고 싶어 하고, 이런 신념 체계에 누군가 의혹의 눈길을 던지면 반발심으로 더욱 집착하게 된다. 그 결과 소위 논증이라는 것의 대부분은 자신이 믿고 있는 것을 계속 믿기 위한 논거를 찾아내는 작업이다."

설명이 최상의 논쟁

청중과 논쟁하는 연설자는 그들을 더 완고하고 방어적으로 만들어 오히려 생각을 바꾸기가 거의 불가능하게 만들 뿐이다. 그렇게 생각하지 않는가? '지금부터 저는 이것을 증명하겠습니다'라는 식으로 말하는 것이 현명할까? 청중들은 그런 태도를 일종의 도전으로 받아들여 속으로 '그래, 얼마나 잘하나 보자'라고 생각하면서 당신을 지켜볼 것이다.

서두에서는 당신과 청중이 서로 공감하는 것을 먼저 강조한 다음, 모두가 해결을 원하는 적합한 질문을 하는 것이 훨씬 효과적이지 않겠는가? 그런 다음 해답을 찾는 진지한 과정에 청

중을 동참시킨다. 답을 찾는 동안 관련 사실들을 명백하게 제
시해 당신의 결론을 자신들이 내린 결론으로 생각하며 받아들
이도록 유도한다. 청중들은 자신이 스스로 찾았다고 생각하는
사실을 더 강하게 믿을 것이다. "최고의 논쟁은 단지 설명처럼
보이게 하는 것이다."

아무리 의견차가 심한 논쟁이라 하더라도 모든 논쟁은 연설
자가 원하는 결론에 도달하는 과정에 사람들을 참여시킬 수 있
는, 상호 교감을 이룰 수 있는 공통점이 항상 존재한다. 예를 들
어 공산당 당수가 미국 은행가협회의 집회에서 연설한다고 해
도 공통적인 어떤 믿음 혹은 청중과 공감대를 형성할 수 있는
공통적인 소망을 찾아낼 수 있을 것이다. 그게 어떻게 가능한
지 보자.

"가난은 항상 인간 사회를 괴롭히는 잔인한 문제 가운데 하
나입니다. 우리 미국인들은 항상 때와 장소를 가리지 않고 능
력이 허락하는 한, 가난한 사람들의 고통을 덜어주는 것을 의
무로 생각해왔습니다. 우리는 마음씨 좋은 국민입니다. 그 어
느 민족도 역사상 불행한 사람들을 돕기 위해 자신의 부를 아
낌없이, 이기심 없이 내놓은 적이 없었습니다. 과거 우리가 자
선을 베풀었던 관대하고 이타적인 정신으로 산업화 시대의 우
리 삶을 돌아보며, 가난을 줄이고 또 예방할 수 있는 공정하고
합리적이고 모두가 받아들일 수 있는 어떤 방법을 찾을 수 있
는지 생각해봐야겠습니다."

누가 이 말에 반대할 수 있을까? 코글린 신부가 할 수 있을까,

노먼 토머스가 할 수 있을까, 타운센드 박사가 할 수 있을까? 아니면 피어폰트 모건이 할 수 있을까? 그럴 수 없을 것이다.

이 주장이 5장에서 강조한 힘, 에너지, 열정과 모순되는 것처럼 보이는가? 전혀 아니다. 모든 것에는 다 때가 있다. 연설의 서두에서는 힘을 보일 때가 아니다. 연설 서두에서 필요한 것은 바로 재치다.

패트릭 헨리는 격렬한 연설을 어떻게 시작했을까

미국 학생들은 누구나 패트릭 헨리가 1775년 버지니아 집회 때 했던 유명한 연설을 기억할 것이다. "나에게 자유가 아니면 죽음을 달라." 하지만 그 격렬하고 감동적이고 역사적인 연설의 시작은 비교적 차분하고 재치 있었다는 사실은 거의 알려져 있지 않다. 미국 식민지들이 영국과 결별하고 전쟁을 할 것인가의 문제는 그 당시 중요한 논쟁거리였다. 사람들의 감정은 격앙되어 있었다. 하지만 패트릭 헨리는 연설의 첫머리에서 우선 자신에게 반대하는 사람들의 능력과 애국심을 찬양했다. 아래 연설문의 두 번째 단락에서 그가 어떻게 질문을 던져 청중의 생각을 자신의 생각으로 유도하는지, 또 그들이 자신과 같은 결론을 내리도록 이끄는지 살펴보자.

"친애하는 의장님, 저는 누구 못지않게 여기서 연설하신 존경하는 신사분들의 능력과 애국심에 대해 경외심을 갖고 있습니다. 하지만 사람들은 모두 다르기 때문에 같은 문제에 대해서도 다르게 생각할 때가 많습니다. 따라서 제가 그분들과 다른 의견을 자유롭게 표현한다고 해서 그게 그분들에게 무례하게 비춰지지 않기를 바랍니다. 지금은 격식이 중요하지 않습니다. 우리가 논하는 문제는 이 나라에서 가장 중요한 문제입니다. 그런데 이 주제와 똑같이 중요한 것은 토론의 자유입니다. 우리는 자유로운 토론을 통해 진리에 도달할 수 있고, 하나님과 조국에 대한 큰 책임을 완수할 수 있습니다. 만약 제가 공격받을 것을 걱정해 제 생각을 말하지 않는다면, 그것은 조국을 반역하는 것이고, 모든 것들 위에 존재하시는 높으신 하나님께 죄를 짓는 행동입니다.

존경하는 의장님, 희망의 환상에 빠지는 것은 인간에게는 자연스러운 일입니다. 우리는 고통스러운 진실에 대해 눈을 감고 사이렌(아름다운 노래로 선원들을 유혹해 위험에 빠뜨린 그리스 신화 속 괴물―옮긴이)의 노래에 취하고 싶어 합니다. 그녀가 우리를 동물로 만들어버리는 것도 모르고서 말입니다. 하지만 이것이 자유를 위한 위대하고 힘겨운 투쟁을 하는 지혜로운 자들이 할 일일까요? 우리가 현세의 구원과 밀접한 관련이 있는 것들을 보지 못하고 듣지 못하는 그런 무리에 있기를 바랍니까? 저는 어떤 정신적 고통이 있더라도 모든 진실을 알고 싶고, 최악의 진실도 피하지 않고 맞설 것입니다."

셰익스피어가 쓴 최고의 연설

셰익스피어가 자신이 만든 인물을 통해 했던 유명한 연설(마르쿠스 안토니우스가 율리우스 카이사르 앞에서 행한 추도사)은 뛰어난 기지를 보여주는 연설의 고전 가운데 하나다.

상황은 이렇다. 카이사르는 독재자가 되었다. 으레 그렇듯 그의 정적들은 자연스럽게 그를 질투했고, 그를 파멸시키려 했으며, 그의 권력을 자신들의 것으로 만들려고 했다. 23인의 정적들은 브루투스와 캐시어스의 주도로 작당해 카이사르를 칼로 찔렀다. 마르쿠스 안토니우스는 카이사르의 국무 장관이었다. 그는 잘생겼고, 글솜씨도 뛰어났으며, 훌륭한 연설가였다. 그는 나랏일을 하며 정부를 훌륭하게 대변했다. 카이사르가 그를 자신의 오른팔로 인정한 것도 당연했다. 카이사르를 암살한 음모자들은 안토니우스를 어떻게 해야 했을까? 제거해야 할까? 이미 피는 충분히 흘렀고, 정당성도 충분했다. 안토니우스를 자신들의 편으로 끌어들이는 것이 좋지 않을까? 그의 영향력을 이용하는 것은 어떨까? 그의 뛰어난 말솜씨를 그들의 방패막이로 활용해 목적을 달성하는 데 유용하게 써먹을 수 있지 않을까? 그럴듯한 생각이었기에 그들은 시도했다. 그들은 안토니우스에게 천하를 지배했던 영웅의 시체 앞에서 '몇 마디 하게' 했다.

안토니우스는 로마 광장의 연단에 올랐다. 그의 앞에는 살해당한 카이사르가 누워 있었다. 군중들은 요란하고 위협적으로 안토니우스를 에워쌌다. 그들은 브루투스와 캐시어스, 그리고 다른 암살자들에게 호의적인 폭도들이었다.

안토니우스 연설의 목적은 대중의 열광을 격한 증오심으로 바꾸는 것, 평민들을 선동해 폭동을 일으켜 카이사르를 쓰러뜨린 자들을 살해하게 하는 것이었다. 그는 손을 들어 소란을 가라앉힌 다음 말을 시작했다. 그가 얼마나 노련하고 교묘하게 브루투스 일파를 치켜세우면서 말을 시작하는지 주목하라.

"브루투스는 영예로운 분입니다.
그들 모두 마찬가지입니다. 모두 영예로운 분들입니다."

여기서 그는 논쟁을 하지 않는다. 그러고 나서 점차 드러나지 않게 카이사르에 대한 사실을 하나씩 언급하기 시작한다. 카이사르가 포로들의 몸값으로 어떻게 국고를 채웠는지, 그가 어떻게 가난한 자들과 함께 슬퍼했는지, 어떻게 왕관을 거절했고 어떻게 유언을 통해 자기 재산을 사회에 환원시켰는지 등을 언급했다.

그는 사실을 나열하면서 군중에게 질문을 해서 그들 스스로 결론을 내리게 했다. 증거는 새로운 것이 아닌, 그들이 잠깐 잊고 있던 사실들이었다.

"저는 여러분이 스스로 알고 있는 것을 말할 뿐입니다."

그는 마법과 같은 말솜씨로 군중들의 마음을 건드리고, 그들의 화를 자극했으며, 그들의 동정심을 일깨우고, 그들의 분노에 불을 지폈다. 잠시 후 기지와 달변의 전형이라 할 수 있는 안토니우스의 연설 전문을 소개하고자 한다. 문학과 연설에 관한 자료를 아무리 찾아보더라도 이만큼 뛰어난 연설을 찾긴 어려울 것이다. 사람들의 마음을 움직이는 훌륭한 기술을 얻길 원한다면 누구나 진지하게 공부해볼 만한 가치가 있는 연설문이다. 하지만 비즈니스맨들이 셰익스피어를 읽고 또 읽어야 하는 이유는 우리가 생각하는 것과 조금 다르다. 그는 다른 작가보다 훨씬 뛰어난 어휘력을 갖고 있었다. 그는 어휘를 누구보다 더 아름답고 매력적으로 사용했다.《맥베스》,《햄릿》,《율리우스 카이사르》를 읽는 사람은 누구나 자신도 모르는 사이에 자신의 언어를 한층 세련되게 연마해 그 폭을 넓히게 된다.

안토니우스: 친구들, 로마인들, 동포 여러분, 그대들의 귀를 빌려주십시오.
나는 카이사르를 매장하기 위해 온 것이지 찬양하러 온 것이 아닙니다.
사람이 저지른 악행은 죽은 뒤에도 남지만,
선행은 흔히 뼈와 함께 땅에 묻힙니다.
카이사르도 예외일 수는 없습니다. 고귀한 브루투스께서는
카이사르가 야심이 많았다고 했습니다.
만약 그게 사실이라면 큰 잘못이고,
카이사르는 처참하게도 그 대가를 치렀습니다.
저는 브루투스와 나머지 분들의 허락을 받아
―브루투스는 고귀한 분이고 다른 분들도 모두 그렇기 때문에―
카이사르의 장례식에 추도사를 하러 왔습니다.
그는 저의 친구였고, 저에게 신실하고 공정했습니다.
하지만 브루투스는 그에게 야심이 있었다고 말합니다.

그리고 브루투스는 영예로운 분입니다.

카이사르는 많은 포로들을 로마에 끌고 왔으며,

그들의 몸값을 받아 국고를 채웠습니다.

이것이 카이사르의 야심입니까?

가난한 자들이 울 때 카이사르는 함께 울었습니다.

야심은 보다 냉혹한 마음에서 생기게 마련입니다.

하지만 브루투스는 그가 야심이 있었다고 말합니다.

그리고 브루투스는 영예로운 분입니다.

루퍼컬 축제에서 여러분도 보셨을 겁니다.

제가 카이사르에게 세 번이나 왕관을 바치는 것을,

그리고 그가 세 번이나 거절하는 것을 말입니다. 이것이 야심입니까?

분명히 브루투스는 영예로운 분입니다.

저는 브루투스가 한 말을 반박하려고 온 것이 아니라,

제가 아는 사실을 말하려고 이 자리에 나온 것입니다.

여러분은 한때 그를 사랑했고, 거기엔 이유가 있었습니다.

그렇다면 그를 애도하는 일을 왜 주저합니까?

오 판단력이여, 그대는 잔인한 짐승들에게로 도망가고,

인간은 이성을 잃어버렸구나! 아, 저를 이해해주십시오.

제 심장은 카이사르와 함께 관에 누워 있어서

다시 돌아올 때까지 쉬어야겠습니다.

시민 1: 그의 말에 일리가 있어.

시민 2: 공정하게 판단하자면, 카이사르는 부당하게 화를 입은 거지.

시민 3: 그랬을까?

난 카이사르 대신 더 사악한 자가 올까 걱정되네.

시민 4: 저 사람 말을 들었어? 그가 왕관을 거절했다잖아.

그걸 보면 그는 야심이 없었던 게 분명해.

시민 1: 만약 그게 사실이라면 누군가는 대가를 치르겠지.

시민 2: 불쌍한 사람. 울어서 눈이 빨개졌구만.

시민 3: 로마에 안토니우스보다 고귀한 사람은 없을 거야.

시민 4: 더 들어보자고. 안토니우스가 다시 말을 하는군.

안토니우스: 어제만 해도 카이사르의 말은 천하를 다스렸지만,

그는 지금 저곳에 누워 있습니다.

그리고 아무리 비천한 이도 그에게 경의를 표하지 않습니다.

오, 여러분, 만약 제가 여러분의 심장과 마음을 충동질해 반란과

폭동을 일으키게 만든다면,

저는 브루투스와 캐시어스를 욕되게 하는 것입니다.

여러분도 알다시피 그들은 모두 영예로운 분들입니다.

저는 그분들을 욕되게 하지 않을 것입니다.

그렇게 고귀한 분들을 욕되게 하느니

저는 죽은 사람과 제 자신과 여러분을

욕되게 할 것입니다.

그런데 여기 카이사르의 봉인이 찍힌 서류가 있습니다.

이것은 그의 벽장에서 발견한 유서입니다.

시민 여러분만 이 유서의 내용을 들어보십시오.

(죄송하지만, 제가 낭독하겠다는 뜻은 아닙니다.)

내용을 들은 이들은 죽은 카이사르의 상처에 입을 맞추고,

그분의 신성한 피에 그들의 손수건을 적시고,

그분의 머리카락 한 올을 기념으로 삼기 위해 달라고 애원하고,

자신이 죽을 때는 그에 관한 기록을 유언장에 남겨

후손에게 귀중한 유산으로 물려줄 것입니다.

시민 4: 유서의 내용을 듣고 싶소. 읽어주시오, 마르쿠스 안토니우스.

시민들: 어서 유언장을 읽어주시오. 우리는 카이사르의 유언을 듣고

싶소.

안토니우스: 참으십시오, 점잖은 친구들이여. 전 그렇게 할 수 없습니다.

카이사르가 그대들을 얼마나 사랑했는지 모르는 것이 더 낫습니다.

여러분은 목석이 아니라 인간입니다.

따라서 여러분이 이 내용을 듣게 되면,

가슴이 분노로 불타올라 미쳐버릴 것입니다.

여러분이 그의 상속인이라는 사실을 모르는 것이 좋습니다.

만약 사실을 안다면 무슨 일이 벌어질지

생각만 해도 두렵기 때문입니다!

시민 4: 얼른 읽으시오. 듣고 싶소, 안토니우스.

꼭 읽어주시오, 카이사르의 유언을!

안토니우스: 참아주십시오. 좀 진정해주시겠습니까?

유언장 이야기를 꺼내다니 제가 경솔했습니다.

제가 저 고귀하신 분들에게 못할 짓을 하는 것 같아 두렵습니다.

카이사르를 칼로 찌른 분들에게 말입니다. 저는 두렵습니다.

시민 4: 그들은 반역자요! 고귀하신 분들이 아니오!

시민들: 유서를 읽으시오! 읽으시오!

시민 2: 그들은 극악무도한 살인자들이오. 어서 유서를 읽으시오.

안토니우스: 꼭 유서의 내용을 들어야겠습니까?

그렇다면 카이사르의 유해 주위로 모여주십시오.

여러분에게 유언장을 쓴 분의 모습을 보여드리겠습니다.

제가 내려가도 될까요? 제가 그리 가도 될까요?

시민들: 그러시오. (그가 내려온다.)

시민 2: 내려오시오.

시민 3: 이쪽으로 오시오.

시민 4: 원을 만듭시다. 빙 둘러서시오.

시민 1: 관에서 물러서시오. 유해에서 떨어져요.

시민 2: 고귀한 안토니우스가 설 자리를 만들어줍시다.

안토니우스: 밀지 말고 멀리 떨어져주십시오.

시민들: 물러나시오. 공간을 만들어줘요.

안토니우스: 여러분에게 눈물이 있다면, 이제 흘릴 준비를 하십시오.

여러분은 이 망토를 잘 아실 것입니다.

저는 카이사르가 이 망토를 처음 입었을 때를 기억합니다.

어느 여름날 저녁 그의 천막 안에서였죠.

그날 그는 너비 족을 정복했습니다.

보십시오. 이곳이 캐시어스의 검이 뚫고 지나간 자리입니다.

질투에 사로잡힌 카스카가 남긴 이 상처를 보십시오.

이곳은 그분이 그토록 총애하던 브루투스가 찌른 자리입니다.

브루투스가 자신의 저주받은 칼을 꺼냈을 때,

카이사르의 피가 어떻게 그 칼을 뒤쫓아 나왔는지 보십시오.

마치 문밖으로 달려 나가 브루투스가 정말 그렇게 찔렀는지

확인이라도 하려는 듯합니다.

아시는 바와 같이 브루투스는 카이사르의 두터운 총애를 받았습니다.

오, 신들이여! 판단해주소서. 카이사르가 그를 얼마나 사랑했는지!

이것은 모든 상처 중에서 가장 잔인한 상처입니다.

고귀한 카이사르께서는 브루투스마저 자신을 찌르는 것을 보고, 반

역자들의 흉기보다 더 강한 그의 배신에 질려

그 위대한 가슴이 터져버렸던 것입니다.

그래서 망토로 얼굴을 가리고,

폼페이우스의 조각상 밑에서

붉은 피를 흘리며 그렇게 위대한 카이사르는 쓰러졌습니다.

아, 동포 여러분, 이것이 무엇이란 말입니까?

그때 저와 여러분, 우리 모두가 쓰러진 것입니다.

그사이 반역은 피비린내를 풍기며 우리 위에 군림했습니다.

여러분도 눈물을 흘리시는군요. 저는 알 수 있습니다.

여러분이 측은함을 느끼고 있음을. 그것은 거룩한 눈물입니다.

선하신 분들이여, 카이사르 옷에 나 있는 상처를 보는 것인데도

그렇게 눈물을 흘리십니까? 여기를 보십시오.

여기 그가 있습니다. 반역자들의 칼에 찔린 모습 그대로.

시민 1: 오, 비참하구나.

시민 2: 고귀한 카이사르여!

시민 3: 오, 비통한 날이여!

시민 4: 오, 반역자들, 악당들.

시민 1: 오, 정말 잔인하구나!

시민 2: 우리가 복수할 것이다.

시민들: 복수, 일어서자, 찾아라, 태워라, 불 질러라, 죽여라, 베어라, 반역자를 살려두지 마라!

안토니우스: 진정들 하시오.

시민 1: 조용히 해보시오! 고귀한 안토니우스의 말을 들읍시다.

시민 2: 우리는 그의 말을 들을 것이오. 그를 따르겠소. 우리는 그와 함께 죽을 것이오.

안토니우스: 좋은 친구들, 믿음직한 친구들이여, 나는 여러분을 선동할 생각이 없습니다.

갑작스레 폭동을 일으켜서는 안 됩니다.

그런 짓을 한 분들은 고귀하신 분들입니다.

그들이 무슨 고민 때문에 이렇게 했는지 나는 모르겠습니다.

그들은 현명하고 고귀한 분들입니다.

그러니 틀림없이 여러분에게 그 이유를 설명해주실 것입니다.

동포들이여! 저는 이곳에 여러분의 마음을 훔치기 위해 온 것이 아닙니다.

저는 브루투스 같은 웅변가가 아니며,

여러분도 알다시피 저는 그저 친구를 사랑하는,

평범하고 어수룩한 사람입니다. 그들도 이를 잘 알기 때문에

카이사르에 대해 내가 이야기하도록 허락한 것입니다.

왜냐하면 저에게는 재주도, 말솜씨도, 위풍도, 행동도, 웅변술도,

사람의 피를 끓게 할 능력도 없기 때문입니다.

저는 오로지 솔직하게 말할 뿐입니다.

저는 여러분도 잘 알고 있는 사실을 말씀드리고,

존경하는 카이사르의 상처를 보여드려

그 불쌍하고 가련한 상처들이 무언의 입이 되어

제 대신 말하게 한 것뿐입니다.

하지만 만일 제가 브루투스이고, 브루투스가 안토니우스라면,

안토니우스는 여러분의 정신을 흔들고,

카이사르의 상처들에 혓바닥을 달아주어

로마의 돌들이 분기해 일어나게 할 것입니다.

시민들: 우리가 들고 일어나겠소.

시민 1: 우리가 브루투스 집에 불을 지르겠소.

시민 3: 이제 갑시다! 자, 반역자들을 찾아봅시다.

안토니우스: 제 이야기를 더 들어주십시오. 아직 할 말이 있습니다.

시민들: 조용히! 쉿! 우리 고결한 안토니우스의 말을 들어봅시다.

안토니우스: 아니, 동포들이여! 여러분이 어떤 일을 하려는지 알고 가야 하지 않겠습니까?

무엇 때문에 카이사르는 이렇게 여러분의 사랑을 받아야 할까요?

아! 모르고 계시는군요. 그럼 제가 말씀드리겠습니다.

여러분은 유언장의 내용을 모르고 있습니다.

시민들: 그건 그렇군. 가만히 유언장의 내용을 들어봅시다.

안토니우스: 이것은 카이사르의 봉인이 찍힌 유언장입니다.

그는 로마 시민 모두에게 유산을 남겼습니다.

사람들마다 각각 75드라크마씩 말입니다.

시민 2: 오, 고귀한 카이사르! 우리가 그를 대신해 복수하겠소.

시민 3: 오, 영예로운 카이사르!

안토니우스: 제 말을 끝까지 들어주십시오.

시민들: 모두 조용히, 쉿!

안토니우스: 그뿐만 아니라 그는 테베레 강 이쪽에 있는

자신의 모든 산책로, 개인 정원, 새로 나무를 심은 과수원을

여러분에게, 그리고 여러분의 후손에게 영원히 남겨주었습니다.

여러분이 밖으로 나가 산책하며 휴식하거나

재충전할 수 있도록 말입니다.

카이사르는 바로 그런 사람이었습니다. 그런 사람이 또 나올 수

있을까요?

시민 1: 절대, 절대 없을 겁니다. 자, 갑시다!

그분의 시신을 거룩한 곳에서 화장한 뒤,

타다 남은 장작으로 반역자들의 집을 불사르겠소.

자, 시신을 옮깁시다.

시민 2: 불을 가져오시오.

시민 3: 의자들을 헐어버립시다.

시민 4: 창틀이든 창이든 모조리 뜯어냅시다.

(시민들이 시신과 함께 퇴장)

안토니우스: 이제 어떻게 되나 보자. 이간질이여, 이제 네가 진행되는

구나. 어서 일어나 네 길을 가라.

청중을 단숨에 사로잡기

1. 청중과 의견이 같은 부분에서 시작하라. 처음에는 모두가 당신의 말에 동의하도록 하라.

2. 처음부터 사람들이 "아니요"라는 반응을 보이지 않도록 조심하라. 사람은 일단 "아니요"라고 말하고 나면 자존심 때문이라도 그 말을 취소하기 어렵다. "시작 단계에서 '예'라는 반응을 많이 이끌어낼수록 우리의 궁극적인 목적으로 청중의 관심을 끌어들일 가능성은 더 높아진다."

3. 이것저것을 증명해 보이겠다는 말로 시작하지 마라. 상대의 반감을 불러일으키기 쉬운 방법이다. 그러면 청중들은 '그래, 얼마나 잘하나 두고 보자'라는 식으로 반응하기 마련이다. 적절한 질문을 제시한 뒤, 청중들이 당신과 함께 해답을 찾는 과정에 참여하게 만들어라. "최고의 논쟁은 단지 설명처럼 보이게 하는 것이다."

4. 셰익스피어가 쓴 가장 유명한 연설문은 카이사르를 애도하는 마르쿠스 안토니우스의 추도사다. 그의 기지가 번득이는, 연설의 고전 가운데 하나다. 애초에 로마 시민들은 음모자들에게 우호적이었다. 하지만 안토니우스가 얼마나 교묘하게 그 호의를 격렬한 증오의 감정으로 바꾸는지 주목하라. 그가 이 과정에서 논쟁을 하지 않았다는 사실 역시 눈여겨보라. 그는 객관적인 사실들을 제시하고, 군중이 스스로 결론을 내리도록 했다.

11

어떻게
마무리할 것인가

"결론도 공들여 해야 한다. 결론은 연설을 마무리하는 부분이기에 그 순간 청중 전체가 연설에 더욱 집중하도록 해야 한다. 결론 부분은 생각의 실타래를 뽑아내어 연설이라는 천을 완성시켜야 한다. '이제 말을 다 한 것 같습니다'라는 식으로 웅얼거리면서 어색하고 급작스럽게 끝내서는 절대 안 된다. 제대로 끝을 맺어서 청중이 이제 연설이 완성되었다는 것을 알게 하라."

— 조지 롤런드 콜린스, 《연단에서의 연설》

"설교의 길이 자체가 중요한 것은 아니다. 전혀 상관없다! 짧더라도 길게 느껴지는 설교가 긴 설교고, 길더라도 사람들이 더 듣고 싶어 하며 아쉬워하면 짧은 설교다. 단 20분짜리 설교든 한 시간 반짜리 설교든 상관없다. 더 듣고 싶은 설교라면 청중은 시간이 얼마나 흘렀는지 모르고, 또 신경 쓰지도 않는다. 따라서 시간의 길이만 갖고 긴 설교와 짧은 설교를 구분할 수 없다."

— 찰스 R. 브라운, 예일대 신학대학 학장, 《설교의 기술》

어떻게 마무리할 것인가

　연설자의 노련함 혹은 미숙함, 재능 혹은 서투름이 가장 잘 드러나는 부분은 어디일까? 바로 시작 부분과 끝 부분이다. 연극계에서는 배우와 관련된 이런 오래된 격언이 있다.

　"등장하고 퇴장하는 모습으로 그 배우를 알 수 있다."

　시작과 끝! 어떤 일이든 가장 힘들고 까다로운 부분이 바로 시작과 끝이다. 예를 들어 사교 행사에서도 우아한 등장과 퇴장이 가장 어렵지 않던가? 업무상 면담에서 인상적인 첫 대면과 성공적인 마무리만큼 어려운 일이 있을까?

　연설에서 마무리는 전략적으로 가장 중요한 순간이다. 마지막에 하는 말은 연설이 다 끝난 뒤에도 청중의 귀에 가장 오래 남는다. 하지만 초보자들은 이러한 마무리의 중요성을 깨닫지 못하기 때문에 아쉬운 경우가 많다. 가장 흔히 저지르는 실수는 무엇일까? 몇 가지 예를 살펴보고 해결책을 찾아보자.

　첫째, '이제 말을 다 한 것 같습니다' '이제 끝낼 때가 된 것

같네요'라는 식으로 마무리하는 사람이 있다. 이렇게 끝내서는 안 된다. 아마추어 티를 내는 용서받을 수 없는 실수다. 정말 할 말을 다 했으면 바로 끝내고 자리에 앉으면 될 터인데, 이제 다 말한 것 같다는 얘기는 왜 하는 걸까? 정말 할 말을 다 했는지는 청중의 판단에 맡기는 게 안전하고 지각 있는 행동이다.

또 할 말을 다 해놓고도 좀처럼 끝내지 않는 사람이 있다. 조쉬 빌링스는 황소를 잡을 때는 뿔을 잡지 말고 꼬리를 잡으라고 했다. 그래야 놓기가 더 쉽기 때문이다. 그런데 이런 연설자는 황소를 정면에서 상대하고 있으니 떨어지고 싶어도 안전한 울타리나 나무로 피할 수가 없다. 결국 그는 원 안에서 빙빙 돌며 계속 되풀이함으로써 보는 사람들을 괴롭게 한다.

그럼 어떻게 해야 할까? 유종의 미를 거두려면 계획이 필요하지 않겠는가? 청중과 마주한 직후나 연설 중간, 혹은 긴장하며 온 정신을 집중해야 할 때 결론을 생각하는 것이 현명한 일일까? 상식적으로 조용하고 차분한 때에 미리 계획을 세워야 하지 않겠는가?

탁월한 영어 구사 능력을 갖추었던 웹스터, 브라이트, 글래드스톤 같은 노련한 연설자들도 마지막에 할 말은 미리 한 단어 한 단어 정확하게 적어놓고 외워야 한다고 느꼈다.

초보자들이 이들의 방법을 따르면 후회할 일은 없을 것이다. 마무리하는 말에 어떤 생각을 표현할 것인지를 명확하게 정해야 한다. 몇 차례 리허설을 해야 하는데, 그때마다 똑같은 표현을 쓸 필요는 없지만 전하고자 하는 생각의 내용은 명확하게 표현해야 한다.

즉흥 연설은 연설 도중에 내용이 크게 변할 수도 있고, 상황이 예상치 않게 전개되어 분량이 줄어들거나 청중의 반응에 맞춰 조정될 수도 있기 때문에 마무리 발언을 두세 가지 정도 마련해두는 것이 현명하다. 하나가 맞지 않으면 다른 것을 쓰면 된다.

어떤 연설자들은 좀처럼 마무리를 짓지 못한다. 그들은 연설 중간에 마치 연료가 다 떨어져가는 자동차 엔진이 털털거리듯 더듬거린다. 그러고는 몇 번의 필사적인 돌진을 시도한 뒤에 고장 나 멈춰버린다. 그런 사람들은 탱크에 연료를 채우듯 더 치밀한 준비와 연습이 필요하다.

많은 초보자들이 연설을 갑작스레 끝낸다. 매끄럽고 세련된 끝손질이 부족하다. 엄밀히 말하자면, 마무리 과정 없이 그저 어느 순간에 뜬금없이 돌연 멈출 뿐이다. 그래서 끝이 편치 않고, 아마추어 냄새를 풍기게 된다. 마치 대화를 나누던 친구가 퉁명스럽게 말을 끊더니 제대로 된 작별 인사도 없이 방을 뛰쳐나가는 것과 같다.

연설 잘하기로 유명한 링컨도 첫 취임식 연설 초고에서 이런 실수를 저질렀다. 그 연설이 있던 때는 긴장이 팽배하던 시기였다. 증오와 불화의 기운이 가득한 먹구름이 사람들의 머리 위를 뒤덮고 있었다. 몇 주 뒤에는 유혈과 파괴의 회오리가 전국을 휩쓸었다. 링컨은 남부 사람들을 향해 이렇게 말하면서 연설을 마무리할 생각이었다.

"불만에 찬 동포 여러분, 내전이라는 중대한 문제는 제 손이 아니라 여러분의 손에 달려 있습니다. 정부는 여러분을 공격하지 않을 것입니다. 여러분 스스로 공격에 나서지 않는 한, 분쟁에 휩쓸리지 않을 것입니다. 여러분은 정부를 파괴하겠다고 하늘에 맹세하지는 않았지만, 저는 정부를 지키고 보호하겠다고 엄숙하게 맹세했습니다. 여러분은 정부를 공격하는 일을 그만둘 수 있지만, 저는 정부를 지키는 일을 그만둘 수 없습니다. 평화냐 전쟁이냐의 중대한 선택은 제가 아니라 바로 여러분에게 달려 있습니다."

링컨은 이 원고를 수어드 장군에게 보여주었다. 수어드는 끝부분이 너무 퉁명스럽고, 급작스러우며, 도전적이라고 정확히 지적해주었다. 그러고는 자신이 직접 결론 부분을 손질해 마무리 부분을 두 가지 만들었다. 그중 링컨이 하나를 선택해 약간 수정한 후 자신의 원래 마지막 세 문장 대신 사용했다. 그 결과 링컨의 취임 연설문은 처음의 도전적이고 퉁명스러운 모습을 걷어내고 부드럽고, 순수하고, 시적 유려함으로 가득한 명연설문이 되었다.

"끝을 맺기 아쉽습니다. 우리는 적이 아니라 친구입니다. 우리는 적이 되어서는 안 됩니다. 비록 격한 감정으로 팽팽하게 맞서더라도 그로 인해 호의로 뭉쳤던 우리의 결속이 깨져서는 안 됩니다. 모든 전쟁터와 애국지사의 무덤에서부터 살아 있는 모든 이의 마음과 이 땅의 모든 가정에 이르기까지 신비로운 기억의 심금이 우리 심성에 자리한 천사에 의해 다시 한 번 연방의 합창을 울릴 것입니다. 반드시 그럴 것입니다.”

그럼 초보자가 연설의 마지막을 적절히 마무리할 수 있는 감각을 어떻게 기를 수 있을까? 기계적인 규칙에 의해서? 아니다. 그런 감각은 문화처럼 대단히 섬세하다. 감각적이고 직관적인 문제다. 만약 자신의 연설이 조화롭고 잘되었다고 느끼지 못하는 연설자라면, 어떻게 그가 그런 연설을 할 수 있으리라 기대할 수 있겠는가?

하지만 그런 느낌도 계발할 수 있다. 다시 말해 이러한 숙련된 감각 역시 명연설가들이 했던 방식을 연구함으로써 어느 정도 발달시킬 수 있다. 예를 들어 영국 황태자가 토론토의 엠파이어 클럽에서 했던 연설의 끝 부분을 소개하면 다음과 같다.

“신사 여러분, 지금까지 제 이야기를 너무 많이 한 것 같아 송구스럽군요. 하지만 캐나다에서 만난 가장 많은 대중 앞에서 제 위치와 책임에 관한 생각을 말씀드리고 싶었습니다. 저는 이런 큰 책임에 부응하고, 앞으로 여러분의 기대에 어긋나지 않기 위해서 항상 노력하겠습니다.”

이런 말을 들으면 앞을 보지 못하는 장님이라도 연설이 끝났음을 알 수 있을 것이다. 풀려진 줄처럼 아무렇게나 내팽개쳐지지 않았으며, 매끈하게 손질되고 마무리된 모습이다.

저명한 해리 에머슨 포스딕 박사는 제6차 국제연맹 회의가 개막된 뒤 일요일에 제네바의 성 피에르 성당에서 연설한 적이 있었다. 강연 주제는 ‘칼로 흥한 자 칼로 망한다’였다. 그가 연설의 마지막 부분을 이끌어간 방식이 얼마나 아름답고, 우아하며, 힘이 넘치는지 주목하기 바란다.

"우리는 절대 예수 그리스도와 전쟁을 함께 받아들일 수 없습니다. 이것이 문제의 핵심입니다. 또한 오늘날 기독교인들의 양심이 마주한 문제이기도 합니다. 전쟁은 인류를 좀먹는 가장 크고 파괴적인 사회악입니다. 전쟁은 비기독교적이며, 전체적인 방법과 결과를 놓고 볼 때 예수님의 뜻과 반대됩니다. 전쟁은 하나님과 인간에 대한 기독교의 모든 교리를 세상의 모든 무신론자들이 생각할 수 있는 그 어떤 방법보다 더 노골적으로 부정합니다. 기독교 교회가 오늘날 이러한 크나큰 도덕적 문제를 자신의 문제로 보고, 우리 선조 때 그러했듯이 현 시대의 우상숭배를 거부하고, 호전적인 국가들의 요구에 양심을 팔아버리는 행위를 거부하며, 민족주의를 넘어서 하나님의 왕국을 받들면서 평화를 외쳐야 하지 않겠습니까? 이것은 애국심의 부정이 아니라 애국심의 승화입니다.

저는 오늘 이 높고 사랑이 가득한 지붕 아래서 미국인으로서 미국 정부를 대신해 말하고 있지 않습니다. 하지만 저는 미국인이자 또 기독교인으로서 수백만 동료 시민들을 대신해 우리가 믿고 기도하며, 우리가 참여하지 못함을 진심으로 애석해하는 여러분의 위대한 사역이 그에 합당한 빛나는 성공을 거두기를 기원합니다. 우리는 평화로운 세계라는 공동의 목표를 위해 다양한 방법으로 협력하고 있습니다. 이보다 더 가치 있는 목표는 없습니다. 평화 이외의 다른 목표는 인류의 가장 끔찍한 재앙이 될 것입니다. 물리적 영역에서의 중력의 법칙처럼, 도덕적 영역에서의 하나님의 법칙은 어느 인간이나 어느 국가에게도 예외가 없습니다. '칼로 흥한 자는 칼로 망한다'라는 법칙에서 자유로울 수 있는 인간이나 국가는 결코 없습니다."

하지만 그 어떤 연설의 마지막도 링컨의 재선 취임 연설의 마무리 부분처럼 웅장한 어조와 오르간 음색에서 느껴지는 듯한 장엄함을 찾기는 어려울 것이다. 옥스퍼드 대학 총장을 지낸 커즌 백작은 이렇게 칭송했다. "인간의 연설 중에서 가장 신성한 황금과 같은, 아니 거의 신성의 경지에 이른 연설이었다."

"우리는 전쟁이라는 이 엄청난 재앙이 빨리 지나가기를 진심으로 소망하며 간곡히 기도합니다. 하지만 노예들이 250년 동안 아무런 보상도 없이 노역을 해서 쌓아올린 이 모든 부가 사라질 때까지, 그리고 3000년 전에 말씀하셨듯이 채찍질로 흘린 모든 핏방울이 칼로 흘린 다른 피를 전부 되갚을 때까지 전쟁이 지속되는 것이 하나님의 뜻이라고 해도, 그래도 여전히 '여호와의 법도 진실하여 다 의로우니'(시편 19편 9절)라고 말해야만 합니다. 누구에게도 원한을 품지 말고, 누구에게나 관용을 베풀며, 하나님께서 우리에게 보여주신 정의와 마찬가지로 그 정의에 대한 확신을 가지고 우리에게 주어진 일을 완수하기 위해 노력합시다. 국가의 상처를 치유하기 위해 전투를 치러야 했던 이들과 남겨진 아내들과 고아들을 보살피고, 우리들 사이, 그리고 모든 국가들 사이에 정의롭고 영구적인 평화를 이루고 소중히 지켜나가기 위해 매진합시다."

인간의 입에서 나올 수 있는 가장 아름다운 연설의 마무리였다고 나는 생각한다. 그렇지 않은가? 연설 문학을 통틀어서 이처럼 인류애와 사랑과 동정심이 넘쳐나는 글이 있단 말인가?

윌리엄 E. 바턴 박사는 자신의 책《에이브러햄 링컨의 생애》에서 이렇게 말했다. "게티즈버그의 연설도 숭고하지만, 이 연설은 한층 더 고귀한 품격을 갖고 있다. (…) 이는 에이브러햄 링컨의 연설 가운데 가장 위대하며, 그의 수준 높은 지적, 영적 능력을 보여준다."

칼 슈르츠는 다음과 같이 말했다. "이 연설은 마치 신성한 시와 같다. 미국의 어떤 대통령도 국민들에게 이렇게 말한 적이 없었다. 이렇게 마음 깊은 곳에서 우러나는 말을 한 대통령을 지금껏 만나본 적이 없다."

하지만 당신은 대통령으로서 워싱턴에서 혹은 수상으로서 오타와나 멜버른에서 만인에게 영원히 기억에 남을 만한 연설을 해야 할 필요는 없을 것이다. 대부분은 기업인 모임에서 하게 될 간단한 연설을 어떻게 마무리하는 게 좋을지 궁금할 터이니, 지금부터는 실용적인 방법들을 하나씩 알아보기로 하자.

핵심을 요약하는 마무리

연설자들은 3분에서 5분 정도의 짧은 연설을 하면서도 흔히 너무 많은 것을 다루려는 경향이 있기 때문에 사람들은 그가 무슨 말을 했는지 헷갈리는 경우가 많다. 하지만 이런 현실을 잘 파악하고 있는 연설자는 많지 않다. 그들은 자신이 하는 여러 가지 내용을 자신은 잘 알고 있기 때문에 청중에게도 명확히 전달되었을 거라고 착각한다. 하지만 전혀 그렇지 않다. 연설자는 자신의 논점에 대해 많은 생각을 해보았지만, 청중은 처음 듣는 이야기일 수 있다. 마치 한 줌의 모래처럼 청중에게 휙 뿌려지는 것과 같아서, 일부는 이해되겠지만 대부분은 이해되지 않는 경우가 많다. 청중은 셰익스피어 작품의 이아고처럼 '많은 것이 기억나지만 뚜렷이 기억나는 것도 없는' 상황에 처하게 된다.

어떤 아일랜드 정치인은 연설에 관해 이런 조언을 남겼다고 한다. "우선 청중에게 어떤 말을 할 것이라고 말하라. 그리고 말하라. 그리고 무슨 말을 했는지 말하라." 나쁘지 않다. 사실 '청중에게 이런저런 말을 했다'라고 상기시켜주는 것이 바람직할 때가 많다. 단, 간단히 요점만 빨리 일러줘야 한다.

여기 좋은 사례가 있다. 연설자는 시카고 센트럴 YMCA에서 미스터 빌스 대중 연설 강좌를 들은 학생으로, 시카고의 한 철도 회사 운수 책임자였다.

"신사 여러분, 제가 뒷마당에서 이 차단 장치로 실험해본 경험, 동부와 서부와 북부에서 사용해본 경험, 아울러 무난한 작동 원리, 실제 검증 결과 파손되지 않아 연간 절약되는 돈의 양 등을 고려해볼 때, 저는 우리 남부 지점에서도 이 장치를 즉시 설치해야 한다고 건의하겠습니다."

그가 앞에서 어떤 연설을 했는지 알겠는가? 앞부분의 연설을 듣지 않고도 이해할 수 있다. 그는 전체 연설에서 밝힌 사실상 모든 내용을 단 몇 문장으로 요약했다. 이런 식의 요약이 효과적으로 생각되지 않는가? 그렇다면 이 방법을 당신의 것으로 만들어라.

행동을 촉구하는 마무리

앞서 인용한 연설의 마무리는 청중에게 행동을 촉구하며 마무리한 아주 훌륭한 예다. 연설자는 어떤 행동, 즉 어떤 차단 장치를 자기 회사의 남부 지점에 설치하자고 촉구했다. 그는 그러한 제안의 근거로 비용 절감, 파손 사고 방지 등을 언급했다. 연설자는 행동을 원했고, 그 뜻을 이루었다. 위의 연설은 단순한 연습용 연설이 아니었다. 한 철도 회사 이사진 앞에서 행한 연설이었고, 그는 차단 장치를 설치하자고 설득하는 데 성공했다.

간결하고 진정한 칭찬의 마무리

찰스 슈왑은 뉴욕 펜실베이니아 소사이어티에서 했던 어느 연설을 아래와 같이 마무리했다.

"위대한 펜실베이니아 주는 새 시대를 열어가는 데 앞장서야 합니다. 펜실베이니아는 철강의 주 생산지이자 세계 최대의 철도 회사가 태어난 곳이며, 농업 생산 규모도 미국에서 세 번째를 자랑하는 우리 산업의 핵심입니다. 지금은 과거 어느 때보다 전망이 밝으며, 리더십을 발휘하기에도 더없이 좋은 때입니다."

그는 청중들을 기쁘고, 행복하고, 들뜨게 만들었다. 이런 마무리도 훌륭하다. 하지만 진정 효과를 발휘하려면 진정성이 담겨 있어야 한다. 세련되지 못한 아첨이나 과장을 하면 절대 안 된다. 진정성을 담지 않은 채 이런 식으로 마무리한다면, 사람들은 지독한 가식으로 생각할 것이다. 그리고 마치 위조지폐처럼 아무도 거들떠보지 않을 것이다.

유머를 이용한 마무리

조지 코핸은 이렇게 말했다. "작별 인사를 할 때는 웃음을 남겨라." 만약 그럴 수 있는 능력과 적절한 소재만 있다면 참 좋은 일이다. 하지만 어떻게 웃겨야 할까? "그것이 문제로다(That is the question)"라고 했던 햄릿의 대사 그대로다. 결국 저마다 자기 방식대로 하는 수밖에 없다.

로이드 조지가 감리교 신자들의 모임에서 존 웨슬리의 무덤과 관련된 엄숙한 주제를 이야기하면서 신도들을 웃기리라고는 아무도 상상하지 못했다. 하지만 그가 얼마나 재치 있게 신도들을 웃기는지, 그러면서 연설을 얼마나 부드럽고 아름답게 마무리하는지 잘 보기 바란다.

"저는 여러분이 그분의 무덤을 보수하신다는 소식을 듣고 기뻤습니다. 그분의 무덤은 합당하게 보존되어야 합니다. 그분은 생전에 불결하고 지저분한 것을 참지 못하셨습니다. 또 '감리교 신자는 남의 눈에 초라하게 보여서는 안 된다'라고 말씀하기도 했죠. 우리 신도 가운데 그런 사람을 볼 수 없는 것도 다 그분 덕분입니다. (웃음) 그분의 무덤을 누추하게 내버려 두는 것은 커다란 실례입니다. 생전에 그분이 지나가는 모습을 보고 더비셔의 한 소녀가 문으로 달려와 '하나님의 축복이 함께하기를, 웨슬리 선생님'이라고 인사했던 적이 있습니다. 그때 그분은 이렇게 대답하셨습니다. '젊은 아가씨, 아가씨의 얼굴과 앞치마가 좀 더 깨끗했다면 그 축복이 더욱 값어치 있었을 거요.' (웃음) 이 정도로 그분은 깨끗하지 못한 것을 싫어하셨습니다. 그분의 무덤을 깔끔하지 못한 상태로 두지 마십시오. 만약 그분이 지나가시다가 깔끔하지 못한 모습을 보게 된다면 매우 서운해하실 겁니다. 부디 잘 관리해주십시오. 그곳은 기념할 만한 성소입니다. 여러분의 믿음이기도 하지요. (환호)"

시구를 인용한 마무리

잘만 한다면 유머나 시를 활용하는 마무리는 그 어떤 마무리보다 효과적일 수 있다. 실제로 연설의 마지막을 적절한 시 구절로 장식할 수 있다면 아주 이상적이다. 연설을 더 매력적이고, 품위 있고, 개성 넘치며, 아름답게 만들어줄 것이다. 로터리 클럽 회원인 해리 로더 경은 에든버러 집회에 참가한 미국 로터리 클럽 대표단에게 행한 연설에서 이렇게 마무리했다.

"여러분 가운데 일부는 집에 돌아가신 다음 제게 엽서를 보내주실 겁니다. 만약 여러분이 안 보내시면 제가 보내드리죠. 제가 보내드린 엽서는 쉽게 알아챌 수 있을 겁니다. 거기에는 우표가 붙어 있지 않을 테니까요. (웃음) 하지만 그 엽서에 글을 적어드릴 텐데, 바로 이것입니다.

'계절은 오고 또 가네.

모든 것은 때가 되면 시든다네.

하지만 아침이슬처럼 신선하게 피어나는 것 있으니,

그것은 그대를 향한 나의 사랑과 애정이라네.'"

이 짧은 시는 해리 로더 경의 성격과 잘 맞았고, 연설의 의도와도 분명 조화를 이루었다. 그러므로 그가 이 시구를 선택한 것은 탁월했다. 만약 딱딱하고 근엄한 다른 로터리 클럽 회원이 엄숙한 연설을 하면서 이 시를 이용해 마무리를 했다면, 그 지독한 부조화에 사람들은 어쩌면 웃음을 터뜨렸을지도 모른다. 나는 그동안 대중 연설을 오래 가르쳐오면서 모든 경우에 두루 적용될 수 있는 만병통치약 같은 규칙은 만들 수 없다고 확신한다. 연설의 주제, 시간, 장소, 대상 청중에 따라 많은 것이 바뀔 수 있다. 사도 바울의 말처럼 '구원은 스스로 책임질' 수밖에 없다.

브루클린의 L. A. D. 모터스 사의 부사장인 J. A. 애보트는 회사 직원들에게 애사심과 협동심을 주제로 연설했다. 그는 키플링의《정글북 2》에 나오는 인상적인 시구를 인용해 이렇게 마무리했다.

"이것은 하늘만큼 오래되고 진리인 정글의 법칙.

이를 따르는 늑대는 번성하고, 범하는 늑대는 패하여 죽으리라.

나무줄기를 휘감는 덩굴식물처럼, 이 법칙도 정글을 휘감지 아니한가?

무리의 힘이 곧 늑대이며, 늑대의 힘이 곧 무리다."

지역의 공공 도서관에 가서 당신이 이러저러한 주제로 연설을 준비 중이며, 이러저러한 생각을 표현해줄 시구를 찾는다고 조언을 구해보라. 그는 바틀릿의 인용문 모음집 같은 책을 참고하면서 적당한 시구를 찾아줄지도 모른다.

성경 구절을 인용한 마무리

운 좋게도《성경》속 구절을 인용해 연설을 보강할 수만 있다면 그렇게 하라.《성경》속 구절을 인용하면 흔히 굉장한 효과를 보게 된다. 유명한 재정 전문가인 프랭크 밴더립은 연합국의 대미 채무를 주제로 한 연설에서 끝 부분에《성경》을 인용했다.

"만일 우리가 청구권을 글자 그대로 행사하고자 한다면, 모두 받아내지 못할 것입니다. 우리가 이기적으로 청구권을 주장한다면, 우리는 돈 대신 증오심을 돌려받게 될 것입니다. 만일 우리가 관대하다면, 지혜롭게 관대하다면, 청구 금액을 다 받아낼 수 있을 것이며, 우리가 그들에게 베푸는 선은 아마 우리가 받을 수 있는 다른 어떤 것보다 물질적으로 우리에게 더 이득이 될 것입니다. '누구든지 목숨을 구하려는 자는 목숨을 잃을 것이요, 나와 복음을 위해 자기 목숨을 잃는 자는 목숨을 얻으리라.'"

클라이맥스를 이용한 마무리

클라이맥스는 연설을 마무리하는 데 자주 사용되는 방법이다. 하지만 제대로 사용하기 어려운 경우가 많으며, 연설자나 주제와 상관없이 어떤 경우에나 다 어울리는 것도 아니다. 하지만 잘만 사용한다면 효과는 상당히 좋다. 이 방법은 문장 뒤로 가면서 더 힘을 받아 절정을 향해 상승하는 식이다. 3장에서 최고상을 받은 연설로 소개한 필라델피아에 관한 연설의 마지막 부분이 클라이맥스를 이용한 마무리 방법을 잘 보여준다.

링컨은 나이아가라 폭포에 관한 강연을 준비하면서 이 방법을 활용했다. 각 문장이 비교하는 대상이 앞의 것과 비교해 어떻게 더 강해지는지, 그리고 링컨이 나이아가라 폭포의 연대를 콜럼버스, 예수, 모세, 아담의 시기와 비교함으로써 클라이맥스 효과를 얻어내고 있는 것에 주목하기 바란다.

"이것을 보면 머나먼 과거를 떠올리게 됩니다. 콜럼버스가 처음으로 이 대륙을 발견했을 때, 예수가 십자가에서 고통당했을 때, 모세가 이스라엘 백성을 이끌고 홍해를 건넜을 때, 아니 그보다 훨씬 이전에 아담이 창조주의 손에서 생겨났던 태초에도 나이아가라 폭포는 지금처럼 이곳에서 굉음을 내고 있었습니다. 이제는 멸종되어 이 땅에 자신의 뼈를 묻은 거인족들도 지금 우리가 그러하듯 나이아가라를 응시했습니다.

태초의 인류와 함께했고, 그들보다 먼저 존재한 나이아가라는 1만 년 전과 마찬가지로 오늘도 힘차고 생생합니다. 오래전에 멸종되어 이제는 거대한 뼛조각들로만 자신의 존재를 입증하는 매머드와 마스토돈도 나이아가라를 바라보았습니다. 그 기나긴 시간 동안 나이아가라는 결코 한시도 멈추지 않았으며, 말라붙거나, 얼어붙거나, 잠을 자거나, 휴식을 취한 적도 결코 없었습니다."

웬델 필립스도 뚜쌍 루베르뛰르(Toussaint l'Ouverture, 아이티의 군사, 정치 지도자—옮긴이)에 관한 연설에서 이 방법을 이용했다. 아래에 연설의 마무리 부분을 소개해두었다.

이 글은 대중 연설 관련 서적에서 자주 인용되는 박력 있고 생동감 넘치는 연설이다. 실용을 추구하는 현대의 기준으로 보면 문체가 지나치게 화려한 점은 있지만, 그럼에도 흥미롭다. 이 연설문은 반세기도 더 전에 작성되었다. 웬델 필립스가 존 브라운과 뚜쌍 루베르뛰르의 역사적 중요성에 대하여 "지금부터 50년 후 진실이 제 목소리를 내게 될 때"라고 운을 떼며 했던 예측이 얼마나 빗나갔는지 확인하는 재미가 있다. 역사를 상대로 추측놀음을 하는 것은 내년도 주식시장이나 돼지기름 가격을 예측하는 것만큼이나 헛된 일이 되기 쉽다.

"저는 그를 나폴레옹이라 부르고자 하지만, 나폴레옹은 맹세를 깨고 피바다를 만들며 제국을 세웠습니다. 그런데 이 사람은 자신의 말을 어기지 않았습니다. 그는 '보복하지 않는다'라는 말을 자신의 중요한 좌우명이자 삶의 규범으로 삼았습니다. 그는 프랑스에서 자신의 아들에게 마지막으로 이렇게 말했습니다. '아들아, 너는 언젠가 산토도밍고로 돌아갈 테지만, 그때 프랑스가 네 아버지를 죽였다는 사실은 잊어버려라.' 저는 그를 크롬웰이라 부르겠지만, 크롬웰은 한낱 군인이었을 뿐이며, 그가 세운 나라는 그와 함께 무덤으로 들어갔습니다. 저는 그를 워싱턴이라 부르겠지만, 그 위대한 버지니아 인은 노예를 소유하고 있었습니다. 하지만 이 사람은 자신이 지배하는 곳에서 노예무역을 허락하느니 차라리 자신의 제국을 위태롭게 하는 선택을 했습니다.

　오늘 밤 여러분은 저를 광적인 인물로 생각할지 모르겠습니다만, 그것은 여러분이 역사를 눈으로 읽지 않고 편견으로 읽기 때문입니다. 하지만 지금부터 50년 후 진실이 제 목소리를 내게 될 때, 역사의 여신은 포시온을 위대한 그리스인으로, 브루투스를 위대한 로마인으로, 햄든과 라파예트를 각기 영국과 프랑스를 대표하는 인물로, 워싱턴을 초기 미국 문명의 찬란한 꽃으로, 존 브라운을 한낮의 잘 익은 과일로 평가할 것입니다. 그리고 마지막으로 여신은 자신의 펜을 태양빛에 찍은 후, 맑고 푸른 하늘에 이 모든 인물들의 이름 위로 군인이며 정치가이자 순교자인 뚜쌍 루베르뛰르의 이름을 적어넣을 것입니다.”

발이 땅에 닿기 전까지

　시작과 끝을 훌륭하게 해줄 말을 찾을 때까지 사냥과 탐색과 실험을 멈추지 마라. 그리고 그 두 가지를 연결시켜라.

　요즘처럼 빠르고 급하게 움직여야 하는 시대적 분위기에 맞춰 자신의 말을 적당히 자르고 다듬지 못하는 연설자는 어디서든 환영받지 못하며, 때로는 노골적인 혐오의 대상이 될 것이다.

　타르수스의 사울 같은 성인도 이 같은 실수를 저질렀다. 그는 청중 가운데 유티쿠스라는 젊은이가 창가에서 떨어져 목이 거의 부러지는 상황에 이를 때까지 설교를 계속했다. 그 이후에도 그는 설교를 계속했을지도 모른다. 누가 알겠는가?

언젠가 브루클린의 유니버시티 클럽에서 연설하던 어느 의사가 기억난다. 당시 연회는 이미 길게 이어진 상황이었고, 많은 연설자들이 발언을 마친 끝 무렵이었다. 그의 차례가 왔을 때는 새벽 2시였다. 만약 그가 상식적이고 분별력 있는 사람이었다면, 대여섯 문장으로 연설을 빨리 마치고 청중들을 집에 보내주었을 것이다. 하지만 그는 그렇게 하지 않았다. 그는 생체 해부를 반대하는 연설을 45분간 했다. 그가 연설을 절반도 하기 전부터 청중은 그가 유티쿠스처럼 창문에서 떨어지기라도 해서 제발 입을 닥쳐주었으면 하고 바라게 되었다.

〈새터데이 이브닝 포스트〉의 편집자인 로리머는 잡지에 연재되는 기사가 인기 절정의 순간에 다다를 때 항상 연재를 중단시킨다고 한다. 그러면 독자들은 계속 연재해달라고 요구한다. 그럼 왜 중단시키는 걸까? 로리머는 이렇게 대답했다. "인기 절정의 순간이 지나면 바로 포만감이 찾아오기 때문이죠."

연설 역시 똑같은 원리를 적용하고 또 적용해야 한다. 청중이 당신의 말을 더 듣고 싶어 할 때 끝내라. 예수의 가장 위대한 설교인 산상수훈도 5분 정도다. 링컨의 게티즈버그 연설은 단 10개의 문장으로 되어 있다. 〈창세기〉의 천지창조 설화를 다 읽는 데 걸리는 시간은 조간신문에 실린 살인 사건 기사를 읽는 시간보다도 짧다. 간결하게 하라! 간결하게!

니아사(동아프리카 니아사 호 지역—옮긴이)의 부교주인 존슨 박사는 49년간 원시부족과 함께 살면서 그들을 관찰한 다음 책을 썼다. 그의 책에 따르면, 마을 회합인 광와라에서 연설자가 말을

길게 하면 사람들은 "이메토샤! 이메토샤!(충분하다! 충분하다!)"를
외치며 말을 끊어버린다고 한다.

또 어떤 부족은 연설자가 한 발로 서 있을 수 있는 시간만큼
만 말을 하도록 허락한다고 한다. 그래서 들고 있던 발의 발가
락이 땅에 닿는 즉시 그는 말을 끝내야 한다. 이들보다 좀 더
정중하고 참을성 있는 보통의 백인 청중도 아프리카 흑인들처
럼 긴 연설을 싫어하기는 마찬가지다.

분명 한 귀로 흘려들을 테지만,
부디 그들의 운명을 거울삼아,
그들로부터 말하는 법을 배워라.

어떻게 마무리할 것인가

1. 연설의 마지막 부분은 전략적으로 가장 중요하다. 청중은 마지막에 들은 말을 오래 기억한다.

2. '이제 말을 다 한 것 같습니다, 이제 끝낼 때가 된 것 같네요'라는 식으로 끝내지 마라. 할 말을 다 했으면 그냥 끝내고, 질질 끌지 마라.

3. 웹스터, 브라이트, 글래드스톤이 했듯이 마무리 부분을 미리 세심하게 계획하고 연습하라. 마지막으로 하는 말은 단어를 하나하나 정확하게 알고 있어야 한다. 매끄럽게 마무리하라. 다듬어지지 않은 돌처럼 거칠고 깨진 티가 나면 안 된다.

4. 마무리 방법의 일곱 가지 제안

   1) 전체 내용을 요약해서 요점을 다시 일러준다.

   2) 행동을 촉구한다.

   3) 청중에게 진정한 찬사를 보낸다.

   4) 웃음을 선사한다.

   5) 적절한 시구를 인용한다.

   6) 성경 구절을 인용한다.

   7) 클라이맥스를 이용한다.

5. 시작과 끝을 훌륭하게 해줄 말을 찾고 이를 서로 연결시켜라. 언제나 청중이 끝내길 바라기 전에 끝내라. "인기 절정의 순간이 지나면 바로 포만감이 찾아온다."

12

의미를
명확히 하는 법

"독자 열 명 중 아홉은 명료한 진술을 진실로 받아들인다."
— 브리태니커 백과사전

"해야 하는 말에 관해 신중히 조사한 뒤, 글로 쓰거나 가상의 인물에게 소리 내어 말해보라. 핵심 요점을 순서대로 나열하라. 그 순서에 따르라. 중요도에 따라 각 요점 간에 시간을 적절히 배분하라. 다 끝나면 바로 끝내라."
— 에드워드 에버렛 헤일 박사

"만약 기업인들을 상대로 솔로몬에 관해 강연한다면, 그를 당대의 J. P. 모건에 비유하라. 만약 야구팬들 앞에서 삼손에 관해 강연한다면, 그를 당대의 베이브 루스에 비유하라. 프랭크 시몬스는 힌덴부르크 방어선을 무너뜨린 포슈의 전략을 이야기할 때, 문의 경첩 두 개를 때려 부수는 비유를 사용했다. 이와 비슷하게 위고는 워털루 전장을 묘사할 때 글자 A를 이용했고, 엘슨은 말발굽을 이용해 게티즈버그 전투를 설명했다. 사람들은 전쟁터를 본 적은 없어도 알파벳과 말발굽을 모를 리는 없다."
— 글렌 클락, 《즉흥 연설에서의 자기계발》

의미를 명확히 하는 법

제1차 세계대전 당시 유명한 주교가 업톤 캠프에 배치된, 몇몇 글을 모르는 병사들에게 연설을 했다. 그들은 전선으로 가는 길이었지만, 그곳으로 끌려가는 이유를 아는 병사는 거의 없었다. 그 당시 병사들에게 물어 알게 된 사실이다. 주교는 그런 그들에게 '국제 친선'과 '세르비아의 권리' 등을 이야기했다. 병사 중 반은 세르비아가 지역 이름인지 질병 이름인지도 몰랐다. 결과를 놓고 보면 차라리 성운설(태양계의 기원설—옮긴이)을 듣기 좋게 낭독하는 게 나을 뻔했다. 그래도 주교가 연설하는 동안 단 한 명의 병사도 자리를 이탈하지 않았다. 권총을 찬 헌병대가 이탈을 막기 위해 모든 출구를 봉쇄하고 있었기 때문이다.

주교를 비하하려는 것이 아니다. 교육을 받은 사람들에게는 주교의 영향력이 대단했겠지만 병사들에게는 아니었다. 그는 청중에 대해 알지 못했고, 연설을 하는 정확한 목적이나 전달

방법도 몰랐다. 완전히 실패한 것이다.

연설의 목적에 따라 우리가 의도하는 것은 무엇인가? 화자가 알든 모르든, 모든 연설은 네 가지 중 하나의 목적을 갖는다. 주요한 목적이란 무엇인가?

1. 뭔가를 명확히 이해시킨다.
2. 감동을 주고 설득시킨다.
3. 행동을 유도한다.
4. 재미를 준다.

구체적인 예를 들어보자. 항상 기계에 관심을 갖고 있던 링컨은 좌초된 배를 모래사장이나 다른 방해물로부터 들어 올리는 장치를 발명해 특허를 따냈다. 그는 자신의 법률 사무소 근처에 있는 기계 정비소에서 발명한 장비 모형을 만들었다. 비록 장비의 가치는 인정받지 못했지만, 장비가 가진 가능성에 대한 그의 열정은 대단했다. 친구들이 장비를 구경하러 사무실에 오면, 그는 장비에 대해 설명하느라 무던히도 애를 썼다. 이때 설명의 주요 목적은 명확히 이해시키는 것이었다.

게티즈버그에서 한 불멸의 연설이나 두 번의 취임 연설, 그리고 헨리 클레이가 죽었을 때 낭독한 추모사에서 연설의 주요 목적은 감동과 설득이었다. 물론 설득하기에 앞서 연설의 목적이 명확해야만 했다. 하지만 이런 연설에서 명확히 이해시키는 것은 그의 주된 목적이 아니었다.

배심원 앞에서 변호할 때 그는 우호적인 판결을 얻으려고 노력했다. 정치적 회담에서는 표를 얻으려고 애썼다. 이 경우 그의 목적은 행동의 유도였다.

대통령으로 당선되기 2년 전, 링컨은 발명에 관한 강의를 준비하고 있었다. 그의 목적은 재미였다. 적어도 재미가 그의 목표였어야 했지만, 재미를 부여하는 데 확실하게 실패했다. 사실 일반 대중 앞에서 그의 연설 능력은 완전히 실망스러웠다. 심지어 청중이 단 한 명도 참석하지 않은 곳도 있었다.

하지만 결과적으로 그는 성공했고, 내가 인용한 그의 다른 연설을 통해 명성을 얻었다. 왜일까? 그는 목적과 그 목적을 달성하는 방법을 알았기 때문이다. 그는 자신이 가고 싶은 곳과 그곳으로 가는 방법을 알았다. 많은 연설자들이 그걸 몰라서 종종 당황하고 실패하는 것이다.

예를 들어 언젠가 뉴욕의 어느 오래된 극장에서 미국 상원의원이 조롱과 야유를 받으며 무대에서 쫓겨나는 것을 본 적이 있다. 어리석게도 그는 무심결에 아무런 의심 없이 뭔가를 이해시키는 것을 목적으로 선택했기 때문이다. 당시는 전쟁 중이었다. 그는 청중에게 미국이 어떻게 전쟁에 대비하고 있는지를 이야기했다. 사람들은 교육을 받으려고 그 자리에 온 게 아니었다. 그들은 그저 즐겁고 싶었다. 사람들은 인내심을 갖고 예의상 10분을 참았으나, 15분이 지날 때쯤에는 어서 빨리 끝나길 바랐다. 하지만 이 지루한 연설은 좀처럼 쉽게 끝나지 않았다. 의원이 계속 장황하게 말을 이어가자, 인내심이 바닥난 청중은 더 이상 참지 않았다. 문득 누군가 야유를 하기 시작했다. 다른 사람들도 따라 하기 시작했다. 어느 순간 1000명이 동시에 휘파람을 불고 소리를 질러대고 있었다.

좌중의 분위기를 감지하는 데 둔하고 소질이 없던 연설자는 계속 연설을 이어나갔다. 그런 태도가 청중을 들쑤셨다. 전쟁이었다. 그들의 짜증은 서서히 분노로 돌아섰다. 그들은 연설자의 입을 다물게 하기로 결심한 듯했다. 그들의 항의는 폭풍처럼 점점 더 거세졌다. 마침내 좌중의 웅성거림과 분노하는 소리가 연설자의 말소리를 압도했다. 그는 6미터 밖에서 나는 소리도 듣지 못할 지경이었다. 결국 그는 연설을 포기해야 했다. 패배를 인정하고 굴욕스럽게 물러나야 했다.

의원의 사례를 본보기로 삼아보자. 목적을 알아야 한다. 연설을 준비하기 전에 현명하게 선택하도록 하라. 목적에 도달하는 방법도 알아야 한다. 그런 후에 능숙하고 기술적으로 준비하라.

명확성을 높이려면 비유를 이용하라

명확성의 중요함이나 어려움을 과소평가하지 마라. 어느 아일랜드 시인이 자신의 시로 시 낭송의 밤을 여는 것을 들어본 적이 있다. 중반이 지나도록 그가 무슨 이야기를 하는지 아는 청중은 10퍼센트도 안 됐다. 많은 연설자들이 공적이건 사적인 자리에서 꽤 자주 그런 상황에 빠진다.

언젠가 나는 올리버 로지 경과 공개 연설의 필수 요건을 논의한 적이 있었다. 40년 동안 대학과 공개 장소에서 강연을 해 온 그는 가장 중요한 요소로 첫째는 지식과 준비이며, 두 번째 는 '명확히 설명하는 데 힘을 쏟는 것'이라고 강조했다.

프로이센과 프랑스의 전쟁이 발발하던 시점에 폰 몰트케 장 군은 장교들에게 말했다. "제군들, 오해할 수 있는 명령은 오해 하기 마련이라는 것을 명심하라."

나폴레옹도 같은 위험 요소를 인지했다. 그가 비서에게 가장 단호하고 자주 반복한 지시는 "확실하게! 확실하게!"였다.

예수가 사람들을 가르칠 때 비유를 드는 이유에 대해 제자 들이 묻자, 예수는 이렇게 대답했다. "그들은 보아도 보지 못하 며, 들어도 듣지 못하며 깨닫지 못함이니라."

사정이 이러한데 청중에게 낯선 주제를 이야기할 때, 그 옛 날 군중들이 예수의 말을 이해했던 것보다 현대의 청중이 당신 의 말을 더 잘 이해하기를 기대할 수 있을까? 결코 그렇지 않 다. 그렇다면 우리는 어떻게 해야 할까? 이 같은 상황에서 예수 는 어떻게 했던가? 상상할 수 있는 가장 쉽고 자연스러운 방법 을 택했다. 사람들이 알지 못하는 것을 그들이 알 만한 것으로 비유해 설명했다. 천국을 무엇으로 설명할 수 있을까? 배우지 못한 팔레스타인 농민들이 무슨 수로 이해할 것인가? 그래서 예수는 추상적인 것을 그들에게 이미 익숙한 물건이나 행위로 설명했다.

"하늘의 왕국은 마치 여자가 굵은 가루 서 말 속에 넣어 전부 를 부풀게 한 누룩과 같으니라."

"하늘의 왕국은 마치 질 좋은 진주를 찾는 상인과도 같도다."

"하늘의 왕국은 마치 바다에 던져놓은 그물과도 같으니라."

농민들이 이해할 만큼 명료한 비유다. 청중 속 부녀자들은 매주마다 누룩을 사용했고, 어부들은 매일 바다에 그물을 던졌으며, 상인들은 진주를 거래했다.

그렇다면 다윗은 어떻게 여호와의 보호와 자애심을 명확히 전달했을까?

"여호와는 나의 목자시니 내게 부족함이 없으리로다. 그가 나를 푸른 풀밭에 누이시며 쉴 만한 물가로 인도하시는도다…"

국토의 대부분이 척박한 나라에서 푸른 초원이며, 양이 마실 물이라니…. 유목민들은 그가 하는 말의 의미를 이해했을 것이다.

이러한 원리를 좀 더 참신하면서 약간은 우습게 사용한 또 다른 예가 있다. 몇몇 선교사들이 적도 부근의 아프리카에 사는 한 부족의 방언으로 《성경》을 번역한 것이다. "너희의 죄가 주홍 같을지라도 눈(雪)과 같이 희어질 것이다"라는 구절에 봉착했다. 선교사들은 어떻게 옮겼을까? 아프리카 원주민들은 겨울 아침에 길에서 눈을 치워본 경험이 없었다. 부족의 방언에는 눈이라는 단어가 아예 없었다. 눈과 석탄의 차이점을 설명할 수 없는 상황에서 그들이 끼니를 때우기 위해 코코넛 나무에 수없이 올라가 열매를 따는 모습을 보았다. 선교사들은 그들이 알지 못하는 것을 아는 것에 빗대어 그 구절을 다음과 같이 바꿨다.

"너희의 죄가 주홍 같을지라도 코코넛의 속살같이 희어질 것이다.”

　이렇듯 이야기의 주제를 명확히 하기란 쉬운 일이 아니다. 한번은 미주리 주 워렌버그 지역에 있는 주립교육대학에서 어떤 강사가 알래스카에 관해 강연하는 것을 들은 적이 있다. 그는 아프리카에 간 선교사들과 달리 청중의 배경지식을 무시해서 이야기의 주제를 명확히 하거나 흥미를 끄는 데 자주 실패했다. 이를테면 그는 알래스카의 총 면적은 59만 804제곱마일이고, 6만 4356명의 인구가 있다고 말하는 식이었다.

　일반인들에게 50만 제곱마일이 무슨 의미가 있겠는가? 알아듣는다 해도 극소수에 불과할 것이다. 그는 제곱마일이란 단어에 대해 고민하지 않았다. 사람들은 그 크기를 쉽게 떠올리지 못한다. 그는 50만 제곱마일이 대략 메인 주나 텍사스 주의 면적과 맞먹는다는 사실을 모른다. 가령 그가 알래스카와 그 섬의 해안선이 지구 둘레보다 길고, 면적이 버몬트, 뉴햄프셔, 메인, 매사추세츠, 로드아일랜드, 코네티컷, 뉴욕, 뉴저지, 펜실베이니아, 델라웨어, 메릴랜드, 웨스트버지니아, 노스캐롤라이나, 사우스캐롤라이나, 조지아, 플로리다, 미시시피, 테네시를 모두 합친 면적보다 크다고 말했다고 치자. 그랬다면 모든 사람들이 알래스카의 면적을 확실하게 이해하지 않았을까?

　그는 인구가 6만 4356명이라고 말했다. 10명 중 한 명도 인구 조사의 수치를 5분은커녕 1분도 기억하지 못할 것이다. 왜? 말하는 속도로는 '육만사천삼백오십육'을 확실하게 기억에 남기기 어렵기 때문이다. 마치 해변에 있는 모래사장에 쓴 글자처럼 흐리고 뚜렷하지 않은 인상을 남길 뿐이다. 파도에 휩쓸리듯 다음 이야기에 완전히 잊히고 만다. 인구 수치를 청중에게 친숙한 것으로 바꿔 말했다면 훨씬 낫지 않았을까? 청중이 살고 있는 미주리에서 멀지 않은 곳에 세인트조지프가 있다. 그들 중 많은 사람이 세인트조지프에 가봤다. 그리고 당시 알래스카의 인구는 세인트조지프보다 1만 명 정도 적었다. 그렇다면 지금 연설을 하고 있는 지역과 비교해 알래스카를 설명하면 더 좋지 않았을까? "알래스카의 면적은 미주리 주보다 여덟 배나 크지만, 인구는 고작 이곳 워렌스버그보다 13배 더 많다"라고 말했다면 훨씬 더 명확하게 전달되지 않았을까?

다음 사례에서 1과 2 중 어떤 문장이 더 알아듣기 쉬운가?

1. 지구에서 가장 가까운 행성은 약 6광년 떨어져 있다.

2. 기차가 분당 1마일의 속도로 달리면 지구에서 가장 가까운 행성에 4800만 년 후에 도착한다. 그곳에서 부른 노래가 지구까지 도달하려면 380만 년이 걸린다. 거미가 그 행성까지 거미줄을 친다면 그 무게가 500톤에 이른다.

1. 세계에서 가장 큰 교회인 성 베드로 성당은 길이가 212미터에 넓이는 110미터에 이른다.

2. 성 베드로 성당은 워싱턴의 국회의사당만 한 건물 두 채를 쌓아 올린 크기다.

올리버 로지 경은 대중에게 원자의 크기와 성질을 설명할 때 이 방법을 즐겨 사용했다. 유럽인 청중에게 물 한 방울에 들어 있는 원자의 수는 지중해 바닷물에 있는 물방울 개수만큼 많다고 설명하는 것을 보았다. 청중의 대부분은 지브롤터에서 수에즈 운하까지 일주일 넘는 거리를 항해해본 사람들이었다. 그는 청중이 좀 더 쉽게 이해하도록 물 한 방울에 들어 있는 원자 수는 지구상의 풀잎만큼 많다고도 이야기했다.

리처드 하딩 데이비스는 소피아 성당을 뉴욕 시민에게 "5번가 극장의 상영관만큼 크다"라고 설명했다. 또 이탈리아의 항구 도시인 브린디시를 "뒤쪽에서 들어가면 롱아일랜드 시티와 비슷하다"라고 했다.

이제부터 당신의 이야기에 이 원리를 적용해보라. 만약 피라미드를 설명한다면, 청중에게 먼저 그 크기가 136미터라고 말한 다음 그들이 매일 봐서 익숙한 건물과 높이를 비교해서 말해보자. 또 그 면적이 얼마나 많은 도시 구역을 덮을 수 있는지도 말해보자. 하지만 당신이 설명하는 공간에 방이 몇 개이며, 그 공간을 채울 수 있는 물의 양을 설명하지 않은 채 단순히 수천 갤런 또는 수만 배럴의 물을 언급하지 말자. 높이 20피트라고 말하는 대신 천장의 1.5배 높다고 하면 어떨까? 로드 또는 마일로 거리를 나타내는 대신에 여기서 유니언 스테이션까지, 또는 다른 스트리트까지 떨어진 거리라고 말하면 좀 더 친숙한 설명이 되지 않을까?

전문용어를 피하라

만약 당신이 변호사, 의사, 엔지니어와 같은 특정 분야의 전문가이거나 또는 고도로 전문화된 사업에 종사하는 사람으로서 비전문가에게 이야기할 때는, 두 배로 신중하게 알아듣기 쉬운 말을 사용하고 필요한 세부 정보를 제공해야 한다.

두 배로 신중하라는 이유는 전문 분야의 종사자들이 하는 수백만 건의 연설이 바로 이 점에서 한심할 정도로 실패했기 때문이다. 연설자들은 그들의 특정 분야에 대해 일반인들이 전혀 모른다는 사실을 전혀 깨닫지 못한 듯 보였다. 그러니 결과가 어떠했겠는가? 지금이나 앞으로도 그들에게 의미 있고, 그들의 전문 분야에 어울리는 말을 사용하며, 자신의 생각을 입 밖으로 장황하게 늘어놓을 뿐이었다. 하지만 특정 지식이 없는 사람들에게 그들의 이야기는 6월경의 아이오와와 캔자스의 새로 경작된 옥수수 밭에 비가 내린 후의 미시시피 강물만큼이나 탁하게 느껴질 뿐이었다.

전문직 종사자는 어떤 식으로 이야기해야 할까? 인디애나 주 상원 의원이었던 베버리지의 솜씨 좋은 글을 읽고 그 충고에 주의를 기울이기 바란다.

"청중 가운데 가장 지식이 없어 보이는 사람을 골라서 그 사람이 당신의 주제에 관심을 갖도록 노력하는 연습이 좋다. 단, 사실의 명료한 진술과 타당한 근거가 있어야 한다. 부모님과 동행한 아이를 이야기의 대상으로 하는 방법은 훨씬 더 좋다.

토론 주제에 대해 아이가 이해하고, 기억하고, 토론이 끝난 후에도 자신이 어떤 이야기를 했는지 아이가 말할 수 있을 만큼 쉽게 설명하겠다고 스스로 다짐하거나, 원한다면 청중에게 말해도 좋다."

어느 의사가 강연에서 "횡격막 호흡은 장의 연동 운동에 뚜렷한 효과를 주며, 건강을 지키는 데도 요긴합니다"라고 했던 기억이 난다. 그는 그 한 문장으로 이야기의 단계를 무시한 채 다음 이야기로 급히 넘어가는 듯했다. 나는 그의 말을 멈추고 횡격막 호흡과 다른 방식의 호흡이 어떻게 다른지, 왜 횡격막 호흡이 건강에 이로운지, 그리고 연동 운동이란 무엇인지를 확실히 이해한 사람은 손을 들어보라고 했다. 의사는 즉석 투표 결과에 놀랐다. 결국 그는 다시 돌아가서 다음과 같이 더 상세하게 설명했다.

"횡격막이란 가슴 밑 부분에 형성되어 있는 얇은 근육으로 폐와 복강 상부 사이에 자리 잡고 있습니다. 비활동 상태이거나 흉부로 호흡할 때 세면기를 엎어놓은 것처럼 휘어져 있습니다.

복식 호흡을 할 때 숨을 들이쉬면 이 근육은 거의 평평해질 때까지 아래로 휘게 되는데, 그러면 복부가 팽창해서 벨트를 밀어내는 것처럼 느껴집니다. 이렇게 횡격막이 아래로 압력을 받으면 위, 간, 췌장, 비장, 명치와 같이 복강 윗부분에 있는 장기를 마사지하고 운동을 촉진시킵니다.

다시 호흡을 내뱉으면 위와 장이 횡격막 쪽으로 올라오게 되며, 이는 또 다른 마사지 효과를 줍니다. 이러한 마사지 작용은 배설작용을 촉진합니다.

장기에서 비롯된 건강상의 문제는 상당히 많습니다. 깊은 횡격막 호흡을 통해 위와 장이 제대로 움직인다면 소화불량, 변비, 자가중독증은 대부분 고쳐질 것입니다."

명쾌한 링컨의 연설 비법

링컨은 항상 명제를 두고 말하기를 좋아해서 듣는 사람들은 모두 바로 명쾌하게 이해했다. 그는 의회에 처음으로 보낸 메시지에 '사탕발림(Sugar-Coated)'이라는 말을 썼다. 당시 인쇄국장이었던 디프리는 링컨의 개인적인 친구로서, 그 문구가 일리노이 주의 가두연설에는 제격일지 몰라도 역사적인 기록에 남기기에는 품위가 떨어진다고 조언했다. 링컨은 이렇게 대답했다. "디프리, 언젠가 사람들이 '사탕발림'이란 단어의 뜻을 모르는 시대가 오게 된다면 바꾸겠네. 그렇지 않은 이상 그냥 그대로 가겠네."

그는 녹스 대학 학장인 걸리버 박사에게 자신이 어떻게 알아듣기 쉬운 말에 대한 '열정'을 키우게 되었는지를 다음과 같이 설명했다.

"기억하는 가장 어린 시절을 되짚어보면, 단지 어린아이에 불과했을 때도 저는 누구든지 제가 이해하지 못하게 이야기를 하면 굉장히 화가 났습니다. 살면서 그 외의 일에는 전혀 화나는 일은 없었습니다. 하지만 그런 상황만이 언제나 제 신경을 거슬리게 했죠.

어느 날 저녁, 아버지와 이웃 사람들이 하는 이야기를 듣고 침실로 들어갔는데 좀처럼 잠들지 못하고 한참이나 서성였습니다. 아버지와 이웃들이 나눈 이야기가 도대체 무슨 의미인지 알아내기 위해 애를 썼죠. 잠에 들려고 계속 노력했지만 잠이 오지 않았어요. 한 가지 생각에 사로잡히면 그게 해결될 때까지, 그리고 일단 해결했다고 생각하면 제가 아는 아이들이 이해할 만큼 쉬운 말로 풀어서 몇 번이고 되풀이하고 나서야 만족했죠. 이러한 열정이 그때부터 제게 뿌리내린 것이죠."

이게 열정 아니었을까? 뉴 살렘의 교사인 멘토 그레이엄의 진술에 따르면, 그런 태도는 바로 열정이라고 표현할 만하다. "저는 링컨이 한 가지 생각을 표현하는 최고의 방법을 세 가지 찾아내기 위해 몇 시간이나 고민하는 모습을 봐왔습니다."

듣는 사람이 이해하기 쉽도록 설명하는 데 실패하는 이유는 매우 일반적으로 말하는 사람조차 전달하려는 내용을 확실하게 알지 못하기 때문이다. 두루뭉술한 표현이나 분명하지 않고 추상적인 생각들이 만연한데 결과가 어떠하겠는가? 정신이 흐린 생각은 안개 속에서 사진 찍는 것과 같다. 링컨이 그랬듯이 그들도 애매모호함 때문에 잠을 뒤척여봐야 한다. 그들은 링컨이 한 방식을 따라야 할 것이다.

시각적인 효과를 노려라

4장에서 다루었듯이 눈에서 뇌로 연결된 신경들은 귀에서 연결된 신경들보다 더 많다. 그리고 과학적으로도 우리가 귀로 들을 때보다 눈으로 볼 때 25배 더 집중한다는 사실이 입증

되었다. 중국 속담에도 "한 번 보는 것이 백 번 듣는 것보다 낫다"라는 말이 있다.

그러니 명확하게 전달하고 싶다면, 요점 사항을 그림으로 그려서 당신의 생각을 시각화하라. 이는 유명한 내셔널 캐시 레지스터 사의 사장이었던 존 H. 패터슨이 사용했던 방법이다. 다음은 현장 직원들과 영업 직원들과 간담할 때 사용한 방법을 강조하며 〈시스템 매거진〉이라는 잡지에 그가 쓴 기사다.

"듣는 이의 이해를 돕거나 주의를 끌려면 연설문에만 의지하면 안 된다고 생각한다. 확실한 보충 설명이 있어야 한다. 가능하면 맞고 틀린 것을 보여주는 그림으로 보충하는 것이 좋다. 단지 말로 하는 것보다 도표가 설득력이 있지만, 그림은 도표보다 더 설득력 있기 때문이다. 이상적인 설명회는 모든 세부 내용을 이미지화하고, 그와 관련된 단어만 사용한 것이다. 나는 일찍이 사람을 대할 때는 내가 어떤 말을 하는 것보다 그림 한 장을 보여주는 것이 더 효과적이라는 사실을 깨달았다.

약간 기괴한 그림은 놀랍게도 효과적이다. (…) 나는 그림으로 암호를 만들거나 '도표'를 이용했다. 동그라미 한 개와 달러 마크를 그리면 지폐 한 장을 뜻하고, 가방 한 개와 달러 마크를 그리면 많은 액수를 의미했다. 보름달 얼굴을 그리면 효과적으로 전달할 수 있다. 원을 하나 그리고 작대기 몇 개로 눈, 코, 입, 귀를 만든다. 선을 변형하면 여러 가지 표현을 만들 수 있다. 시대에 뒤떨어진 사람은 입 꼬리가 아래로 처져서 울상을 짓고, 명랑하고 시대감각을 아는 사람은 다시 입 꼬리가 올라가서 밝은 표정이 된다. 그림은 이해하기 쉽게 만들지만, 가장 예쁜 그림이 가장 효과적인 그림은 아니다. 중요한 것은 생각과 의미의 차이점이 표현되고 구별되어야 한다.

큰 돈 가방과 작은 돈 가방을 나란히 그리면 각각이 나타내는 의미를 비교해 차이점을 알려준다. 두 가방 중 하나는 많은 돈을, 나머지 하나는 적은 돈을 의미하는 것이다. 당신이 재빨리 그림을 그리면서 말을 한다면, 무슨 말을 하는지 사람들이 이해하지 못해서 궁금해하는 일이 없다. 그들은 자연스럽게 당신이 그리는 것을 보며 당신이 전달하고자 하는 요점 사항으로 순순히 끌려가게 된다. 또한 우스꽝스러운 그림은 사람들의 기분을 좋게 한다.

나는 아티스트를 고용해서 나와 같이 공장을 순회하며 무언가 잘못된 것이 있으면 스케치하도록 시켰다. 그 스케치들이 그림으로 완성되면 나는 직원들을 불러서 그림을 보며 그들이 무엇을 잘못했는지 정확히 보여주었다. 실물 영사기에 대해 듣자마자 한 대를 구입해서 스크린에 그림을 비춰주었을 때는 당연히 종이로 보여주는 것보다 훨씬 더 효과가 있었다. 그다음에는 활동사진으로 발전했다. 내가 구입한 영사기는 아마도 최초로 만들어진 기계일 것이다. 그리고 지금은 많은 영상 필름과 6만 장 이상의 컬러 영상 슬라이드를 관리하는 부서가 있을 정도다."

물론 모든 주제와 상황을 그려서 보여줄 수는 없지만 가능한 이용해보자. 이미지는 관심을 끌고, 흥미를 유도하며, 종종 우리의 요점을 두 배로 명확하게 해준다.

록펠러, 동전을 쓸어내다

록펠러 역시 콜로라도 연료 철강 회사의 재정 상황을 명확히 전달하기 위해 시각적인 효과를 이용했다는 칼럼을 〈시스템 매거진〉에 게재했다.

"콜로라도 연료 철강 회사 직원들은 록펠러 가문의 사람들이 보유한 회사의 지분으로 막대한 이익을 챙겨왔다고 생각했다. 나는 그들에게 정확한 상황을 설명했다. 나는 그들에게 콜로라도 연료 철강 회사와 관계해온 14년 동안 보통주에 대한 배당금은 단 한 푼도 받지 않았다는 것을 보여주었다.

한 모임에서 나는 회사의 재정 상황을 시각적으로 볼 수 있도록 했다. 나는 동전 한 무더기를 탁자에 올렸다. 그리고 회사에 대한 그들의 첫 번째 불만 사항인 현장 직원의 임금에 해당하는 비율만큼 동전 일부를 쓸어냈다. 그다음으로 사무직원 급여에 해당하는 일부를 쓸어냈더니 탁자에는 임원진 급여에 해당하는 동전만 남았다. 주주들의 수익에 해당하는 동전은 남아 있지 않았다. 그리고 그들에게 물었다. '여러분, 크든 작든 우리 3자 모두가 이 회사의 파트너로서 모든 수익을 나눠 갖고, 제4자에게는 아무 이익도 없다면 공평하다고 생각합니까?'

설명이 끝난 후, 한 사람이 일어나 임금 인상을 주장하는 발언을 했다. 나는 그에게 물었다. '동업자 한 사람은 한 푼도 못

받는데, 당신만 더 높은 임금을 받겠다는 게 과연 공정한가요?'
그는 공정하지 않다는 사실을 인정했다. 그 뒤로 나는 더 이상
임금 인상을 주장하는 소리를 듣지 못했다."

시각적 호소는 분명하고 구체적으로 하라. 햇빛에 윤곽이 뚜
렷이 드러난 수사슴의 뿔 그림자처럼 명확한 그림이 머릿속에
떠오르도록 하라. 예를 들면 '개'라는 단어를 말하면 보통 코카
스패니얼, 스코치테리어, 세인트버나드, 포메라니안 같은 확실
한 동물의 이미지를 연상시킨다. 만약 그보다 덜 포괄적인 '불
도그'라는 단어를 말하면 얼마나 더 뚜렷한 이미지가 떠오르
는지 주목해보자. 대표적인 '브린들 불도그'가 확연하게 떠오
르지 않는가? '말'이라고 하는 것보다 '셔틀랜드 종의 검정 조
랑말'이라고 말하면 더 뚜렷하게 그려지지 않는가? '다리가 부
러진 흰 밴텀 수탉'은 '가금'이라는 단순한 단어보다 훨씬 더
정확하고 뚜렷한 그림이 그려지지 않는가?

당신의 요점을 여러 가지 단어로 표현하라

나폴레옹은 웅변술에서 중요한 원칙은 오직 반복이라고 말
했다. 자신에게 명확한 생각이 언제나 다른 사람에게도 즉각적
으로 받아들여지지 않는다는 걸 알았기 때문이다. 그는 새로운
생각을 이해하는 데 시간이 걸리고, 계속 그 생각에 집중해야
한다고 느꼈다. 다시 말해 그는 반복해야 한다는 걸 깨달았다.
그저 같은 단어를 반복하는 것이 아니다. 사람들은 당연히 같
은 말을 반복하는 데 거부감을 느낄 것이다. 하지만 만약 새로

운 표현이나 다양한 표현으로 반복한다면 청중은 절대 반복으로 여기지 않을 것이다.

구체적인 예를 살펴보자. 다음은 브라이언이 한 말이다.

"당신 스스로 이야기의 주제를 이해하지 못하면 사람들을 이해시킬 수 없다. 당신이 주제를 명확히 알면 알수록 다른 사람에게도 더 확실하게 전달할 수 있다."

이 글의 마지막 문장은 단순히 첫 번째 문장의 내용을 반복한 것이지만, 이 문장을 말하면 듣는 사람들은 반복이라고 생각하지 않는다. 단지 주제가 더 명확하게 전달되었다고 느낄 뿐이다.

나는 이 반복의 원리를 이용했다면 더 명확하고 인상적이었을 강연을 제법 많이 들었다. 주로 초보자들이 이 원칙을 완전히 무시한다. 얼마나 안타까운지!

보편적인 표현과 구체적인 예를 이용하라

자신의 요점을 가장 확실하고 쉽게 표현하는 방법 중 하나는 보편적인 표현과 구체적인 예를 이용하는 것이다. 이 둘의 차이점은 무엇일까? 말 그대로 하나는 보편적인 것이고, 다른 하나는 구체적인 것이다.

각각의 구체적인 예를 들어 둘의 차이점을 설명하겠다. "놀라울 정도로 많은 수입을 벌어들이는 전문직 남자들과 여자들이 있다"라는 문장이 있다.

의미가 명확하게 전달되는 문장인가? 당신은 화자의 의도를 확실히 이해했는가? 아닐 것이다. 화자 또한 다른 사람들이 이 발언을 어떻게 받아들일지 확신할 수 없다. 오자크 산지의 시골 의사는 작은 마을에서 5000달러를 버는 주치의를 떠올리고, 성공한 광산 기술자는 같은 분야에서 연간 10만 달러를 버는 사람을 떠올릴 것이다. 이 문장 그대로는 너무 모호하고 방대하다. 좀 더 범위를 좁혀야 한다. 화자가 말하고자 하는 전문 직종은 무엇이며, '놀라울 정도로 많은'이 정확하게 어느 정도를 의미하는지 나타내줄 구체적인 표현이 더 있어야 한다.

"미국의 대통령보다 많이 버는 변호사, 권투 선수, 작곡가, 소설가, 극작가, 화가, 배우, 가수들이 있다."

이 문장은 화자가 전하려 하는 의미가 훨씬 더 명확하게 전달되지 않는가? 하지만 이 역시 구체적이지 않다. 화자는 일반적인 표현만 나열했을 뿐 구체적인 예를 들지 않았다. 로자 폰셀, 키르스틴 플라스타 릴리 폰스라고 하는 대신 '가수들'이라고 말했다.

그렇기 때문에 이 문장 역시 매우 모호하다. 문장을 설명해줄 구체적인 예가 바로 떠오르지 않는다. 그렇게 하는 게 화자가 듣는 사람을 위해 해야 할 일 아닌가? 다음과 같이 화자가 구체적인 예를 들었다면 더 명확하게 의미를 전달하지 않았을까?

"유명한 재판 변호사인 사무엘 운테메이어와 맥스 스튜어는 1년에 거의 100만 달러를 번다. 잭 뎀프시의 연간 수익은 50만 달러로 알려져 있다. 교육도 제대로 받지 못한 흑인 권투 선수인 조 루이스는 불과 이십 대에 50만 달러 이상을 벌었다.

어빙 베를린은 래그타임 음악으로 연간 50만 달러를 벌어들였다고 한다. 시드니 킹슬리는 저작권 사용료로 일주일에 1만 달러를 번다. H. G. 웰스는 자서전에서 그의 책으로 300만 달러를 벌었다고 고백했다. 디에고 리베라는 그림으로 1년에 50만 달러 이상 번다. 캐서린 코넬은 일주일에 5000달러의 출연료도 거듭 거절하고 있다. 로렌스 티베트과 그레이스 무어는 연수입이 25만 달러까지 올라간 것으로 밝혀졌다."

자, 이제 화자가 정확히 의도하는 바가 매우 쉽고도 뚜렷하게 전달되지 않는가?

구체적인 예를 들어라. 명확하게 표현하라. 확실하게 표현하라. 이러한 명확화의 특징은 전달하는 내용이 분명해질 뿐만 아니라 깊은 인상과 확신을 주고 흥미를 끌게 해준다.

산양을 흉내 내지 마라

교사를 대상으로 하는 강의에서 윌리엄 제임스 교수는 잠시 멈추고 강의 하나에는 오직 하나의 요점만 있어야 하며, 강의 시간은 한 시간 분량이면 좋다고 말했다. 그런데 내가 최근에 보았던 어느 강연자는 강연을 시작하며 제한 시간 3분 안에 우리에게 11가지 요점을 이야기하겠다고 했다. 각 요점마다 주어진 시간은 16.5초였다! 소위 지식인이라는 사람이 그런 어이없는 시도를 한다는 게 참으로 놀라울 따름이다. 내가 너무 극단적인 예를 든 것은 맞지만, 이 정도까지는 아니어도 거의 모든 초심자가 그런 실수를 범하는 경향이 있다. 예를 든 강연자는 마치 요리사에게 파리의 모든 음식을 단 하루 동안에 소개하려는 가이드와 같다. 혼자서 미국 자연사박물관을 30분 안에 돌아보는 것은 가능하다. 하지만 뚜렷이 기억나는 것도, 즐거움도 남지 않는다.

많은 경우 정해진 시간 안에 화자가 너무 많은 이야기를 하려 하기 때문에 명확하게 전달하는 데 실패한다. 산양이 재빠르게 휙휙 움직이듯이 한 화제에서 다른 화제로 뛰어넘어 간다.

연설은 짧아야 하므로 제한 시간 내에 하려는 말을 압축해야 한다. 예를 들어 만약 당신이 노동조합에 대해 강연을 한다면 3분 또는 6분 사이에 노동조합은 왜 생겨났는지, 단체가 생겨난 목적은 무엇인지, 그들이 성공적으로 수행한 일은 무엇인지, 그들이 저지른 악행은 무엇인지, 노동 분쟁을 해결하는 방법은 무엇인지 등을 말하지 마라. 당신이 그런 말을 내뱉는 순간, 그 자리의 어느 누구도 그 강연의 요점을 명확하게 짚어내지 못할 것이다. 그런 말은 혼란을 주고, 요점이 흐릿하며, 개괄적인데다 단순한 겉핥기에 지나지 않는다.

노동조합에 관한 내용만 단계별로 접근해서 적절히 다루고 설명하는 게 현명하지 않겠는가? 그럴 것이다. 그런 식의 화법은 단 하나의 인상을 남긴다. 명료하고, 이해하기 쉽고, 기억하기 쉽다.

하지만 만약 당신의 강연 주제를 여러 단계를 거쳐 설명해야 한다면, 마지막에 간결하게 요약하는 것이 효과적이다. 이 방법이 어떻게 작용하는지 알아보자. 다음은 이번 장을 요약한

내용이다. 이 요약을 읽는 것만으로도 지금까지 우리가 전달한
메시지가 좀 더 명확하고 쉽게 이해되는가?

1. 명확하게 전달하는 것은 굉장히 중요하지만 때로는 너무 어렵다. 예수는 비유를 들어 가르치고자 했다. "왜냐하면 그들(청중)은 보아도 보지 못하며, 들어도 듣지 못하며 깨닫지 못함이니라."

2. 예수는 낯선 용어를 친숙한 용어로 바꾸어 명확하게 했다. 그는 천국을 누룩, 바다에 던져진 그물, 진주를 구하는 상인에 비유했다. 알래스카 땅 면적의 크기를 명확하게 전달하고 싶다면 단순히 수치로 말하지 말고, 그 면적 안에 들어갈 만한 주의 이름을 대거나 당신의 강연을 듣는 청중이 사는 지역과 비교한 인구수를 나열하라.

3. 비전문가를 대상으로 할 때 전문용어를 사용하지 마라. 링컨처럼 당신의 생각을 어린아이들도 이해할 수 있을 만큼 쉬운 말로 바꿔라.

4. 당신이 말하고자 하는 내용을 당신이 제일 먼저 확실하게 이해하고 있어야 한다는 걸 명심하라.

5. 가능한 한 사물, 사진, 삽화 등을 이용해 시각적으로 보여주어라. 구체적으로 말하라. '오른쪽 눈가에 반점이 있는 폭스테리어'를 그냥 '개'라고 하지 마라.

6. 당신의 생각을 되풀이해 말하되 같은 말을 두 번 반복하지는 마라. 문장에 변화를 주되 청중이 반복되는 것을 알아채지 못하도록 하라.

7. 추상적인 말은 일반적인 표현으로 명확하게 만들고, 특정
   예시나 구체적인 사례를 이용하면 더 효과적이다.

8. 너무 많은 이야기를 하려고 하지 마라. 짧은 연설에서 큰
   주제 하나를 여러 갈래로 나누면 적절히 다룰 수 없다.

9. 당신의 요점들을 간략하게 요약하고 끝내라.

13

깊은 인상과
확신을 주는 방법

"인생의 성공 열쇠는 사람의 마음을 움직이는 법을 아는 데 있다. 변호사, 상점 주인, 정치인, 혹은 설교자로 성공하느냐 못하느냐는 바로 이 능력이 결정한다."

— 프랭크 크레인 박사

"말로 사람을 움직일 수 있는 능력이 지금보다 더 중요했던 적은 없었고, 그 능력이 성취해야 할 자질로서 더 유용하고 더 높이 평가된 적도 없었다."

— 케들스턴의 커즌 백작, 옥스퍼드 대학 총장

"영원히 무지하려면 자신의 의견과 지식에 만족하면 된다."

— 엘버트 허바드

"같은 주제와 내용이라도 남들이 단조롭고 맥 빠진 말투로 전달하는 것을 대중 연설가는 힘차고 매혹적으로 표현해낼 수 있어야 한다."

— 키케로

깊은 인상과 확신을 주는 방법

다음은 매우 중요한 심리학적 발견이다. "마음에 들어오는 모든 생각, 개념, 또는 결론은 그와 대립되는 생각의 제지를 받지 않는 한, 진실한 것으로 여겨진다. (…) 누군가에게 어떤 생각을 주입시키면 그의 마음에 그와 배치되는 생각들이 떠오르지 않는 한, 주입시킨 생각의 진실성을 확신시킬 필요는 없다. 만일 내가 당신에게 '미국제 타이어는 좋다'라는 문장을 읽게 하면, 당신 마음에 이와 반대되는 생각이 떠오르지 않는 한, 당신은 별 증거 없이도 미국제 타이어는 좋다고 그냥 믿을 것이다." 노스웨스턴 대학의 총장 월터 딜 스코트의 말이다.

그가 여기서 말하는 것은 바로 암시다. 암시는 공적 혹은 사적인 자리에서 남에게 말하는 사람이 사용할 수 있는 가장 강한 도구 중 하나다.

동방박사들이 베들레헴의 별을 따라 나선 첫 번째 크리스마스보다 300년 앞선 때, 아리스토텔레스는 인간이 논리의 명령

대로 행동하는 이성적인 동물이라고 말했다. 하지만 이는 인간
에 대한 과대평가다. 순전히 이성에 기초한 행동은 아침 식사
앞에서 낭만적인 생각을 하는 것만큼 어렵다. 우리 행동의 대
부분은 암시의 결과다.

암시는 증거를 제시하지 않더라도 마음이 어떤 생각을 받아
들이게 만든다. 내가 당신에게 "로열 베이킹파우더는 정말 순
하다"라고 말하면서 그에 대한 증거를 제시하지 않는다면, 나
는 암시의 방법을 이용하는 것이다. 만일 내가 그 제품을 분석
하고 그와 관련된 유명 요리사들의 증언을 제시한다면, 나는
내 주장을 증명하려는 것이다.

다른 사람의 마음을 움직이는 사람들은 논쟁보다 암시에 더
많이 의존한다. 판매 기법이나 현대의 광고는 주로 암시를 기
초로 한다.

무엇을 믿긴 쉬워도 의심하기는 어렵다. 우리가 어떤 것을 의
심하고, 지적으로 의문을 제기하려면 경험과 지식과 사고가 필
요하다. 어린아이에게 산타클로스가 굴뚝을 타고 들어온다고
말하고, 미개인에게 천둥은 신이 진노한 것이라고 말하면, 그들
은 이러한 사실에 의문을 품을 정도의 지식이 쌓이기 전까지 그
런 주장을 진짜로 받아들인다. 인도의 수백만 국민들은 갠지스
강물은 신성하고, 뱀은 신이 변신한 것이며, 소를 죽이는 것은
사람을 죽이는 것만큼 나쁜 짓이라고 믿고 있다. 그들에게 소고
기 구이를 먹는 것은 식인 행위와 같다. 그들이 이런 터무니없
는 믿음을 갖는 것은 그런 이야기들이 증명되어서가 아니라 암

시에 의해 그들의 뇌리에 깊이 새겨졌기 때문이고, 이런 믿음에 의문을 제기하는 데 필요한 지성, 지식, 경험이 없기 때문이다.

우리는 그들을 비웃는다. 이런 순진한 사람들 같으니! 하지만 자세히 들여다보면 우리가 가진 의견, 믿음, 신조, 삶의 기반이 되는 행동 원칙들 대부분이 사실은 이성적 사고보다 암시의 결과라는 사실을 발견하게 된다.

상거래 측면에서 예를 찾아보자. 우리는 에로우 칼라, 로열 베이킹파우더, 하인즈 피클, 골드 메달 밀가루, 아이보리 비누 등의 상품을 최고까지는 아니더라도 각 분야의 대표적인 상품으로 여긴다. 왜 그럴까? 그렇게 판단하는 합당한 이유가 있을까? 사실 그렇게 생각하는 데는 대부분 근거가 없다. 이들 브랜드의 제품과 경쟁사의 제품을 비교해본 적이 있는가? 그렇지 않다. 별다른 증거가 제시되지 않은 이야기를 그냥 믿게 된 것이다. 논리가 아니라 편견이나 선입관에 물든 반복된 주장들이 우리의 믿음을 형성한 것이다.

인간은 암시의 존재다. 이는 부정할 수 없는 사실이다. 만약 당신과 내가 생후 6개월 만에 미국에 있는 요람으로부터 위대한 브라마푸트라 강둑에 사는 어느 힌두인 가정으로 옮겨져 양육되었다면, 유아 시절부터 소는 신성한 동물이라는 가르침을 받고 성장했을 것이다. 우리도 비프스테이크를 먹는 '기독교의 개들'을 공포의 눈길로 바라볼 것이고, 원숭이 신과 코끼리 신, 나무 신과 돌의 신들에게 경배할 것이다. 결국 믿음은 이성과 상관없다. 믿음을 형성한 것은 거의 전적으로 암시와 지리적

환경이다.

우리가 일상생활에서 암시에 영향을 받고 있는 사례를 살펴
보자. 지금까지 당신은 커피가 몸에 해롭다는 글을 여러 차례
읽어봤기에 커피를 끊기로 했다고 가정해보자. 어느 날 당신이
자주 가는 식당에 저녁을 먹으러 갔다. 그곳 종업원은 판매 수
완이 부족해 손님의 심리를 제대로 파악하지 못하고 이렇게 물
었다. "커피 드시겠어요?" 그러면 당신은 마시느냐 마느냐를
놓고 갈등하게 되고, 아마도 당신의 자제력이 승리할 것이다.
당장 미각을 충족시키기보다는 소화가 잘되게 하는 쪽을 선택
하는 것이다.

한편 종업원이 부정적인 표현으로 "커피 안 드실 거죠?"라
고 물으면, 당신은 "네, 안 마셔요"라고 답할 확률이 높아진다.
종업원이 당신 마음에 심어준 부정적인 생각이 행동으로 쉽게
연결되기 때문이다(감각이 부족하고 제대로 교육받지 못한 세일즈맨은 잠재
고객에게 부정적으로 제안한다는 얘기를 들어봤는가). 하지만 종업원이 "지
금 커피 드실래요? 나중에 드실래요?"라고 질문한다고 가정
해보자. 어떻게 될까? 종업원은 당신이 커피를 원하는 데 이의
를 제기하지 않는다고 단정했다. 그 결과 커피를 언제 마실 것
인지에 당신의 모든 관심이 집중된다. 당신에게는 언제 커피를
마시느냐 외의 다른 생각들이 떠오르기 어려워지며, 커피를 주
문하는 생각을 행동으로 옮기게 된다. 결국 당신은 커피를 원
치 않음에도 "지금 주세요"라고 말하게 된다.

나도 이런 경험이 있고, 이 글을 읽는 독자 대부분도 경험해

보았을 것이다. 이런 일과 비슷한 일들이 매일 수없이 일어난다. 백화점에서는 매장 직원더러 "이거 가져가시겠어요?"라고 손님에게 묻게 한다. 그 이유는 "물건은 배달시켜드릴까요?"라고 물으면, 즉시 백화점 배달 비용이 증가한다는 사실을 알게 되었기 때문이다.

마음에 들어오는 모든 생각은 진실로 간주될 뿐만 아니라 곧잘 행동으로 옮겨지기도 한다는 사실은 잘 알려져 있다. 예를 들어 우리가 어떤 알파벳 글자를 떠올리면, 무의식적으로 그 글자를 발음하는 데 사용되는 근육들이 미세하게 움직이게 된다. 뭔가를 삼킨다는 상상을 할 때도 그때 사용되는 근육이 미세하게 움직이게 된다. 우리는 흔히 이러한 움직임을 미처 의식하지 못하지만, 이런 미세한 근육의 반응을 잡아내는 섬세한 기계는 이를 포착할 수 있다. 당신이 마음에 들어오는 모든 생각을 행동으로 옮기지 않는 유일한 이유는, 또 다른 생각(그 일의 무익함, 비용, 수고, 불합리함, 위험 등)이 반작용을 일으켜 그 충동을 억제하기 때문이다.

우리의 주된 문제

우리의 생각을 다른 사람들이 받아들이게 하거나 우리의 암시에 따라 행동하게 하는 방법은, 그들 마음에 어떤 생각을 심고 그와 모순되거나 배치되는 생각이 움트지 못하게 하는 것이다. 이를 솜씨 있게 하는 사람이 말도 잘하고, 사업에서도 성공한다.

심리학에서 얻는 도움

이와 관련해 심리학으로부터 도움을 받을 수 있을까? 그렇다. 어떤 생각에 전염성이 강한 열정과 진심 어린 감정이 담겨 있다면, 그와 반대되는 다른 생각이 떠오를 가능성이 크게 줄어든다. 나는 '전염성이 강한'이란 표현을 사용했는데, 이는 열정의 속성이기 때문이다. 열정은 사람들의 비판적인 능력을 잠재우고, 모든 부정적이고 적대적인 생각을 없애버린다.

상대에게 강한 인상을 남기고자 한다면, 사람들의 생각을 일깨우기보다 그들의 감정을 자극하는 것이 더 효과적이란 사실을 기억하라. 차가운 관념보다 뜨거운 감정이 더 위력적이다. 청중의 감정을 흔들기 위해서는 매우 진실해야 한다. 불성실하면 전달의 힘이 크게 약화된다. 아무리 미사여구를 사용하고, 많은 예를 들고, 목소리가 좋고, 제스처가 세련되어도 공허한 외침에 불과하다. 만일 청중을 감동시키고 싶다면, 먼저 당신이 감동을 받아야 한다. 당신의 눈을 통해 드러나고, 목소리를 통해 발산되며, 태도를 통해 드러나는 당신의 영혼은 청중과 자연스럽게 소통할 것이다.

당신이 전하려는 바를 그들이 믿고 있는 것에 연결시켜라

어느 무신론자가 영국 목사인 윌리엄 페일리에게 하나님이 없다는 자신의 주장을 반증해보라고 했다. 페일리는 차분하게 시계를 꺼내더니, 덮개를 열고 그 무신론자에게 시계 내부를 보여주며 말했다. "만일 내가 여기 있는 톱니바퀴와 스프링 등의 부품이 저절로 생겨나 저절로 조립되고 움직였다고 말하면, 선생은 내 지적 능력을 의심하지 않을까요? 물론 그러실 겁니다. 그런데 하늘의 별을 보십시오. 수많은 별들이 완벽하게 정해진 궤도를 따라 움직입니다. 지구와 태양 둘레의 행성들, 그리고 모든 별들의 무리가 하루에 100만 마일 이상의 속도로 운항하고 있습니다. 각각의 항성들은 자체의 세계를 거느린 또 다른 태양으로서 우리 태양계처럼 우주 공간을 질주하고 있습니다. 그럼에도 서로 충돌하지 않고 방해도, 혼란도 없습니다. 그 모든 별들이 조용히, 효율적으로, 통제된 상태로 움직입니다. 이 모든 형상이 그저 우연에 불과하다고 믿는 게 쉬울까요, 아니면 누군가 그렇게 만들었다고 믿는 게 쉬울까요?"

인상적이지 않은가? 이 목사는 어떤 방법을 사용했는가? 10장에서 언급했듯이 그는 상대가 공감할 수 있는 사실로부터 시작했다. 우선 상대방이 그의 의견에 동의해 '예'라고 말하게 만들었다. 그리고 하나님에 대한 믿음은 시계공의 존재를 믿는 것만큼이나 단순하고 필연적이라는 논리를 폈다.

처음부터 그가 상대의 말에 반박했다고 가정해보자. "하나님이 없다고요? 정말 어리석군요. 당신은 지금 자신이 무슨 말을 하는지도 모르고 있습니다." 이렇게 말했다면 무슨 일이 일어났을까? 틀림없이 소란스럽고, 의미 없고, 격렬한 설전이 오갔을 것이다. 그 무신론자는 자신의 신념을 고수하겠다는 강한 열정에 휩싸여 불손한 생각을 더욱 확고히 했을 것이다. 왜 그럴까? 로빈슨 교수가 지적했듯이 그게 자신의 생각이었기 때문이다. 그 소중하고 무엇과도 바꿀 수 없는 자신의 자존감과 자부심이 위협받는데 어떻게 가만히 있을 수 있겠는가?

자부심의 위력은 대단하기 때문에 이를 거스르지 않고 현명하게 이용하는 것이 유리하다. 그럼 어떻게 해야 할까? 페일리 목사처럼 당신의 제안이 상대가 이미 믿고 있는 것과 유사하다는 것을 보여주면 된다. 그렇게 하면 상대방이 당신의 제안을 받아들이기 쉬워진다. 그리고 상대의 마음속에서 당신이 말한 것과 반대되는 생각이 나타나 당신의 말을 방해하지 않도록 할 수 있다.

페일리는 인간의 심리 작용을 잘 이해했다. 하지만 이처럼 다른 사람의 믿음의 성채에 들어갈 수 있는 능력을 가진 사람은 많지 않다. 대부분의 사람들은 다른 사람의 믿음의 성채를 빼앗기 위해 정면으로 공격해야 한다고 생각한다. 그럼 어떻게 될까? 공격이 시작되면 도개교(큰 배가 지나갈 수 있도록 하기 위해 위로 열리는 구조로 만든 다리—옮긴이)가 올라가고, 무거운 성문은 굳게 닫힌다. 성문에는 빗장이 채워질 것이며, 갑옷을 입은 궁수들은 긴 화살을 뽑을 것이다. 그리고 치열한 전투가 시작된다. 하지만 이런 싸움은 대부분 무승부로 끝난다. 어떤 문제에서든 어느 쪽도 상대를 설득하지 못한다.

성 바울의 기지

우리가 지지하는 이 방법은 새로운 것이 아니다. 오래전부터 성 바울이 사용하던 방법이다.

그는 마스 언덕에서 아테네 사람들을 상대로 했던 연설에서 이 방법을 능숙하고 솜씨 있게 사용해 1900년이 지난 지금 우리에게도 깊은 감동을 준다. 그는 교육받은 사람이었고, 기독교로 개종한 후에 뛰어난 웅변술로 기독교의 대표적인 지지자가 되었다. 어느 날 그는 아테네에 도착했다. 당시 페리클레스 이후의 아테네는 전성기를 지나 쇠퇴의 길로 접어들고 있었다. 《성경》은 이 시기의 아테네를 다음과 같이 묘사했다.

"그곳에 살던 모든 아테네인과 이방인들은 그저 새로운 이야기를 하거나 듣는 것으로 하루를 보냈다."

라디오도, 전보도, AP통신의 긴급 타전도 없던 당시에 아테네 사람들은 매일 오후마다 새로운 소식을 얻기가 쉽지 않았을 것이다. 이때 바울이 등장했다. 뭔가 새로운 것이 있었다. 그들은 즐거운 호기심으로 바울 주위에 모여들었다. 사람들은 그를 아레오파고스 언덕에 데려가서 이렇게 말했다.

"당신이 말하는 새로운 가르침을 알려주시오. 당신의 말은 우리에게 생소한 것이라 그 의미를 알고 싶소."

그들은 연설을 부탁했고, 바울은 이에 응했다. 사실 이는 그가 그곳에 온 목적이기도 했다. 연설을 시작하기 전에 그는 나무 등걸이나 돌 위에 서서 모든 훌륭한 연설자들도 처음엔 그렇듯 약간 불안해하며 손바닥을 비비고 헛기침을 했을지도 모른다.

그런데 바울은 그들이 자신에게 연설을 청하며 했던 말이 신경 쓰였다. '새로운 가르침' 혹은 '생소한 것'이라는 말은 독약

과 같아 우선 그런 생각을 없애야만 했다. 왜냐하면 그런 생각
은 적대적이고 반대되는 의견들이 자랄 수 있는 토양이기 때문
이다. 그는 자신의 믿음을 생소하고 이질적인 것으로 제시하지
않고, 사람들이 이미 믿고 있는 것과 연결하며 유사성을 부각
시키려고 했다. 그렇게 하면 부정적인 생각이 싹트는 것도 막
을 수 있을 것이다. 그는 어떻게 해야 할지 생각하다가 아이디
어가 떠올랐다. 그는 이렇게 연설을 시작했다.

"아테네 시민 여러분, 저는 여러분이 매사에 미신적이라 생
각합니다."

어떤 번역본에는 '여러분은 대단히 종교적입니다'로 표현되
어 있기도 하지만, 나는 이것이 더 맞는 표현이라 생각한다. 그
들은 많은 신을 숭배했고, 종교적이었으며, 그러한 사실을 자
랑스러워했다. 바울은 그들에게 찬사를 보냈고, 그들을 기쁘게
했다. 그들도 그를 향해 문을 열었다. 대중 연설의 주된 기법 중
하나는 어떤 사례를 들어 진술을 보강하는 것이다. 바울이 바
로 그렇게 했다.

"왜냐하면 제가 여러분이 예배드리는 곳을 지나다가 그곳에
서 '미지의 신에게'라고 쓰인 제단을 발견했기 때문입니다."

이는 아테네인들이 매우 미신적이라는 사실을 입증한다. 그
들은 많은 신들 가운데 행여나 어떤 신에게 불경을 저지를까
두려워서 알 수 없는 신을 위한 제단까지 세웠던 것이다. 이는
무의식적이고, 의도하지 않은 불경과 무례에 대한 보험과도 같
은 것이었다. 바울은 이 특별한 제단을 예로 들면서 자신이 괜

한 말을 하는 것이 아님을 알렸다. 그는 자신의 발언이 실제 관찰에 근거한 진정한 이해에서 나온 것임을 보여주었다. 이제 매우 적절한 서두가 이어진다.

"저는 여러분이 알지도 못하고 섬겨온 그 신을 알려드리겠습니다."

여기에 '새로운 가르침'이나 '생소한 것'이 있을까? 바울은 그들이 의식하지 못하면서 숭배한 어떤 신에 대해 몇 가지 진실을 알려주고자 했던 것이다. 그들이 믿지 않는 것을 그들이 이미 받아들이고 있는 것과 연계시키는 이 방법은 아주 훌륭했다.

바울은 구원과 부활의 가르침을 전한 뒤, 어느 그리스 시인의 시구를 사용해 끝을 맺었다. 연설 시간은 2분도 걸리지 않았다. 그를 조롱한 사람도 있었지만, 어떤 이들은 이렇게 말했다.

"우리는 이 주제에 대해 당신 이야기를 또 듣고 싶소."

덧붙여 이야기하자면, 2분짜리 연설의 장점 중 하나는 바울이 그랬듯 한 번 더 말해달라는 요청을 받을 수 있다는 것이다. 전에 필라델피아의 한 정치인은 연설할 때 유념해야 될 주요 원칙은 '짧게 하고 빨리 끝내는 것'이라고 내게 말했다. 당시 성 바울은 이 두 가지를 모두 성공적으로 해냈다.

오늘날 현명한 기업인들도 성 바울이 아테네에서 사용한 이 방법을 판매 상담과 광고에 이용한다. 예를 들어 최근에 내 책상에 배달된 어느 구매 권유 편지의 일부를 소개하면 다음과 같다.

"올드 햄프셔 본드의 종이를 사용하면 가장 저렴한 종이를 사용할 때보다 장당 0.5센트도 더 들지 않습니다. 만일 귀하가

고객이나 잠재 고객에게 1년에 10통의 편지를 쓴다면, 올드 햄프셔 종이를 사용할 때 발생되는 추가 비용은 한 차례의 교통 요금도 안 되며, 5년치를 모두 합하더라도 고객에게 괜찮은 시가 하나 주는 비용도 안 됩니다."

1년에 한 번 고객의 차비를 부담하거나 10년에 하바나 시가 두 개 정도의 돈이 드는 일을 누가 거절하겠는가? 그럴 사람은 없다. 올드 햄프셔 본드 종이를 사용했을 때 추가 비용이 그 정도에 불과한데, 그렇게 되면 고객의 마음속에서 가격이 너무 비싸다는 생각을 할 여지를 막기에 충분하지 않을까?

작은 것은 커 보이게, 큰 것은 작아 보이게 만들어라

비슷한 방식으로, 큰 금액도 오랜 시간에 걸쳐 나눔으로써 하찮아 보이는 일상적인 비용과 대조해 작아 보이게 할 수도 있다. 예를 들어 어느 생명보험사 사장은 회사의 영업 사원들에게 연설하면서 다음과 같은 방식으로 보험료가 비싸지 않다는 인상을 주고자 한다.

"30세 미만의 남자는 직접 구두를 닦아 매일 5센트씩 절약한 돈으로 보험에 들면, 죽을 때 가족에게 1000달러를 남길 수 있습니다. 매일 25센트의 시가를 피우는 34세의 남자는 그 돈으로 보험에 들면, 가족 곁에 더 오래 머물 수 있을 뿐 아니라 3000달러의 유산도 남겨줄 수 있습니다."

반면 적은 금액은 한데 모아 계산하는 방법으로 상당히 크게 보이게 할 수도 있다. 어떤 전화 회사의 임원은 자투리 시간들을 합하는 방법으로 뉴욕 시민들이 전화를 받지 않아 낭비되는 시간이 얼마나 많은지 강하게 전달했다.

"연결된 전화 통화 100건당 7건은 수신자가 전화를 받기까지 1분의 시간이 걸립니다. 이런 식으로 매일 28만 분이 낭비됩니다. 뉴욕에서 6개월 동안 이렇게 낭비되는 시간을 합하면, 콜럼버스가 아메리카를 발견한 이후 현재까지 흐른 근무 일수를 모두 합한 것과 비슷합니다."

숫자를 인상적으로 보이게 하는 법

단순한 숫자나 양은 그 자체로만으로는 깊은 인상을 주지 못한다. 가능하면 우리의 경험, 특히 최근의 경험이나 감정적 체험과 연결된 사례와 함께 제시되어야 한다. 예를 들어 올더맨 람베스는 런던 자치 의회에서 근로 조건에 관한 주제로 연설할 때 이 방법을 사용했다. 그는 연설 도중에 갑자기 멈추더니, 시계를 꺼내어 아무 말도 안 하고 1분 12초 동안 멍하니 청중을 쳐다보기만 했다. 청중은 불안한 몸짓과 의아한 표정을 하며 연설자를 쳐다보았다. 어떻게 된 걸까? 연설자가 갑자기 정신이 나갔나? 올더맨은 다시 말을 시작하며 이렇게 말했다. "여러분이 방금 자리에서 불안해하며 시간을 보낸, 영원처럼 느낀 72초의 시간은 보통의 노동자가 벽돌 한 장을 쌓는 데 걸리는 시간입니다."

이 방법은 효과적이었을까? 너무 효과적이어서 그 내용이 전 세계로 퍼져 해외 신문에 실리기도 했다. 또한 건설업 통합

노조는 "우리의 존엄성 모독에 대한 항의"로 즉시 파업에 나설 정도였다.

다음 두 가지의 진술 중에서 어느 것이 더 전달력이 강한가?

1. 바티칸에는 1만 5000개의 방이 있다.
2. 바티칸에는 40년 동안 매일 방을 바꿔가며 자도 다 자지 못할 정도로 방이 많다.

다음 중 어느 표현이 세계대전 중 영국이 쓴 엄청난 돈을 더 인상적으로 전달하는가?

1. 영국은 전쟁 기간에 약 70억 파운드, 미화로 340억 달러의 돈을 사용했다.
2. 4년 반 동안의 세계대전 동안에 영국이 사용한 돈은 필그림 파더스가 플리머스의 바위에 상륙한 때부터 지금까지 매분마다 34달러씩 모은 금액이라면 놀라겠는가? 하지만 이는 거짓말이다. 실제로 그보다 훨씬 많다. 세계대전 중 영국이 사용한 돈은 콜럼버스가 미국을 발견한 이후 지금까지 밤낮을 가리지 않고 매분마다 34달러씩 모은 것과 같다. 놀랍지 않은가? 하지만 실제로는 그보다 훨씬 많다. 세계대전 중 영국이 사용한 돈은 1066년 노르망디 공작 윌리엄이 잉글랜드를 쳐들어와 정복한 이후부터 지금까지 매분마다 34달러씩 모은 금액과 비슷하다면 놀라겠는가? 하지만 아직 놀라기에 이르다. 실제로는 그보다 훨씬 많다.

세계대전 동안 영국이 사용한 돈은 예수가 탄생한 이후부터 지금까지 매분마다 34달러씩 모은 금액에 해당한다. 다시 말해 세계대전 중에 영국은 340억 달러를 사용했으며, 이는 예수 탄생 이후 약 10억 분의 시간이 흘렀다는 말이다.

재진술의 영향력

재진술은 청중들의 마음속에 우리 주장과 모순되거나 반대되는 생각이 떠오르는 것을 막기 위해 우리가 사용할 수 있는 또 하나의 수단이다. 유명한 아일랜드 웅변가 다니엘 오코넬은 이렇게 말했다. "대중은 정치적 진실을 한두 번, 심지어 10번을 말해도 받아들이지 않는다." 그는 청중과 대중을 많이 상대한 인물이므로, 그의 말은 귀 기울여 들어볼 가치가 있다. 그는 또 이렇게 말했다. "상대방에게 정치적 진실을 받아들이게 하기 위해서는 끊임없는 반복이 필요하다. 사람은 같은 것을 계속해서 들으면 자신도 모르게 그것을 진리와 연관시킨다. 그러다 결국 그 반복된 내용을 마음 한구석에 간직하고, 마치 신앙으로 자리 잡은 종교적 믿음처럼 의심하지 않는다."

하렘 존슨은 오코넬의 이 말을 정확히 이해했다. 그가 7개월 동안 캘리포니아를 오가면서 했던 모든 연설을 다음과 같은 똑같은 예측으로 마무리한 것도 같은 이유에서였다.

"잊지 마십시오, 나의 친구 여러분. 저는 캘리포니아 주지사가 될 것입니다. 그리고 그때, 저는 이 정부에서 윌리엄 F. 헤린과 남태평양 철도를 몰아내고 말 것입니다. 감사합니다."

존 웨슬리의 어머니도 오코넬이 한 말을 제대로 이해했다. 그래서 왜 아이들에게 같은 말을 여러 번 반복하느냐고 남편이 묻자 이렇게 대답했다. "왜냐하면 아이들은 내가 19번을 일러줄 때까지도 그 가르침을 모르기 때문이죠."

우드로 윌슨도 오코넬이 한 말의 의미를 알고 있어서 연설을 할 때 이 방법을 이용했다. 다음에 소개하는 세 문장 가운데 뒤의 두 문장은 첫 문장에서 말한 내용을 바꾸어서 반복했을 뿐이라는 사실에 주목하라.

"지난 몇십 년 동안 대학생들은 제대로 교육받지 못했습니다. 모든 가르침에도 불구하고 아무도 교육시키지 못한 것입니다. 열심히 뭔가를 가르치긴 했는데 정작 제대로 배운 사람은 아무도 없습니다."

하지만 재진술의 방법이 효과가 좋더라도 미숙한 연설자에게는 위험한 도구가 될 수 있다. 표현력이 좋지 않아 바꿔 말하지 못하면 단조롭고 너무 뻔할 것이다. 이것은 치명적이다. 청중은 당신의 그 어설픈 화법을 알아채는 순간, 곧 자리에서 몸을 비틀고 시계로 눈을 돌릴 것이다.

일반적인 예시와 구체적인 사례

일반적인 예시와 구체적인 사례를 제시하면 큰 위험 없이 청중을 즐겁게 만들 수 있다. 연설에서 깊은 인상과 확신을 주고 싶을 때, 이는 쉽게 흥미와 관심을 끌 수 있는 아주 쓸모 있는 방법이다. 이는 반대되는 생각이 나지 못하도록 하는 데 도움을 준다.

예를 들어 뉴웰 드와이트 힐리스 박사는 한 강연에서 "불복종은 노예이고, 복종은 자유입니다"라고 말했다. 이 말은 구체적인 사례로 뒷받침되지 않으면 명확하지도, 인상적이지도 않다. 그 역시 이를 깨닫고 말을 이었다. "불이나 물이나 산(酸)의 법칙에 불복하면 곧 죽음입니다. 화가는 색채의 법칙에 복종할 때 기술을 얻고, 웅변가는 수사학의 법칙에 복종할 때 힘을 얻으며, 발명가는 철의 법칙에 복종할 때 도구를 얻습니다."

사례는 깊은 인상을 주는 데 도움이 된다. 구체적인 사례를 덧붙이면 생생함과 힘이 배가되지 않던가? 이렇게 하면 어떨까? "레오나르도 다 빈치는 색채의 법칙에 복종해 〈최후의 만찬〉을 그렸습니다. 헤니 워드 비처가 리버풀 연설을 그토록 감동적으로 할 수 있었던 것은 웅변술의 법칙에 복종했기 때문입니다. 맥코믹은 철의 법칙에 복종해 수확기를 발명했습니다."

훨씬 낫지 않은가? 사람들은 연설자가 구체적인 이름과 날짜를 제시하는 것을 좋아한다. 그러면 원할 경우 그들이 직접 확인해볼 수도 있다. 구체적인 이름과 날짜의 제시는 연설자가 진실하고 정직하다는 느낌과 신뢰감을 주어 깊은 인상을 남긴다.

예를 들어 내가 "많은 부자들이 매우 소박하게 산다"라고 말했다고 하자. 이 말은 그리 인상적이지 않다. 너무 모호하다. 뚜렷하게 머릿속에 들어오지도 않고 이내 사라져버린다. 분명하지도 않고, 흥미롭지도 않고, 확실성도 없다. 아마도 부자들의 생활에 관해 이와 상반되는 신문 기사를 읽은 기억이 떠오르면서 내 주장에 대한 의구심이 생길 것이다.

만일 내가 많은 부자들이 소박하게 산다고 믿는다면, 나는 어떻게 그런 생각을 하게 되었을까? 아마도 구체적인 사례를 목격했기 때문일 것이다. 따라서 청중들도 나처럼 믿게 만들 수 있는 가장 좋은 방법은 구체적인 사례를 제시하는 것이다. 내가 본 것을 청중에게 보여줄 수 있으면, 그들은 나와 같은 결론을 내릴 것이다. 내가 제시하는 구체적인 사례와 증거를 통해 청중들이 스스로 결론에 이르게 된다면, 그 위력은 뻔하고 진부한 결론보다 두 배, 세 배, 혹은 다섯 배나 더 강할 것이다. 예를 들어보자.

- 존 D. 록펠러는 브로드웨이 26번가에 있는 사무실에 가죽 소파를 두고, 거기서 매일 낮잠을 잤다.
- J. 오그덴 아무어는 보통 9시에 자고 6시에 일어났다.
- 누구보다 많은 기업을 운영했던 조지 F. 베이커는 칵테일을 좋아하지 않았다. 담배는 죽기 불과 몇 년 전에 피기 시작했다.
- 내셔널 캐시 레지스터 사의 사장인 존 H. 패터슨은 술과 담배를 전혀 하지 않았다.
- 미국 최대 은행의 은행장을 지낸 프랭크 밴더립은 하루에 두 끼만 먹었다.
- 해리만의 점심은 대개 우유와 옛날식 생강 와퍼였다.
- 제이콥 H. 쉬프는 점심으로 우유 한잔을 하곤 했다.

— 앤드류 카네기가 즐겨 먹은 음식은 오트밀과 크림이었다.
— 〈새터데이 이브닝 포스트〉와 〈레이디스 홈 저널〉의 주인
  인 사이러스 H. 포티스는 구운 베이컨과 삶은 콩을 곁들
  인 요리를 좋아한다.

이 구체적인 사례들은 당신의 마음에 어떤 효과를 주는가? 부
자들이 소박하게 산다는 진술을 극적으로 표현해주는가? 진정
성을 느끼게 해주는가? 이런 사례들을 제시하면 마음속에서 이
에 반대되는 생각이 고개를 쳐들 가능성이 낮아지지 않겠는가?

축적의 원리

한두 가지 사례를 대충 나열하기만 한다고 원하는 효과를 얻
을 수 있다고 기대하지 마라.

필립스 교수는《효과적인 연설》에서 이렇게 말한다. "처음 강
조한 인상이 계속 이어져야 한다. 처음 사로잡힌 생각에 계속해
서 관심이 집중되도록 해야 한다. 쌓이고 쌓인 여러 경험의 무
게가 그 생각을 뇌의 깊숙한 곳으로 밀어 넣을 때까지 과정이
계속 반복되어야 한다. 이 과정이 완성될 때 그 생각은 그의 일
부가 되고, 세월도, 사건도 그것을 지울 수 없게 된다. 이 작업을
가능하게 하는 효과적인 원리가 바로 축적이다."

앞에서 부자들은 흔히 소박하게 산다는 진술을 뒷받침하기
위해 구체적인 사례를 나열했던 부분을 다시 살펴보라. 이때 축
적의 원리가 어떻게 사용되었는지 주목하라. 또한 3장에서 필

라델피아가 '세계에서 가장 거대한 산업도시'라는 것을 증명
하면서 이 원칙이 어떻게 이용되었는지 보라. 다음 글에서 서
스톤 상원 의원이 이 원리를 어떻게 활용했는지 주목하라. 그
는 인간은 오직 힘에 의해서만 부정과 압제의 해악을 바로잡을
수 있었다는 사실을 입증하기 위해 축적의 원리를 사용했다.
만약 다음 글에 나오는 구체적인 사례의 3분의 2가 생략되었
다면 글의 효과가 어떠했을까?

"인간의 존엄성이나 자유를 지키기 위한 싸움에서 힘 외의
다른 수단으로 이겨본 적이 있던가? 부정, 불의, 압제의 장벽을
힘이 아닌 다른 것으로 제거해본 적이 있던가?

내켜 하지 않는 왕에게 마그나카르타에 서명하도록 만든 것
은 힘이었다. 독립선언서와 노예해방령이 효력을 낼 수 있게
한 것도 힘이었고, 맨손으로 바스티유의 철문을 부수고 수백
년 동안 저질러진 왕실의 악행에 죄값을 물은 것도 힘이었다.
힘은 벙커 힐에 혁명의 깃발을 세웠고, 포지 계곡의 눈 위에 피
묻은 발자국을 남겼다. 힘은 실로의 무너진 전선을 지켜냈고,
차나투가의 불길에 휩싸인 언덕을 기어올랐으며, 룩아웃 하이
츠 고원의 구름을 뚫고 기습을 가능하게 했다. 셔먼 장군이 바
다로 진군한 것도, 셰넌도어 계곡에서 셰리든 장군과 함께 말
을 달린 것도, 아포맷톡스에서 그랜트 장군에게 승리를 안겨준
것도 힘이었다. 그리고 힘은 연방을 지켜주었고, 성조기의 별
들이 제자리를 지키게 했으며, '검둥이들'이 인간으로 대접받
게 만들었다."

시각적인 비교

수년 전 브루클린 센트럴 YMCA에서 강좌를 듣던 수강생이 연설 중에 그 전해에 발생한 화재로 타버린 집들이 얼마나 많은지 말한 적이 있었다. 그 수치를 말했을 뿐 아니라 불탄 집들을 나란히 세울 경우 그 길이가 뉴욕에서 시카고까지일 것이고, 그 사건으로 희생된 사람들을 반 마일 간격으로 세우면 시카고에서 브루클린까지 갈 거라고 덧붙였다.

그 수강생이 말했던 숫자는 금방 잊혔지만, 10년이 지난 지금까지 나는 어렵지 않게 맨해튼 섬에서 일리노이 주의 쿡 카운티까지 불에 탄 집들이 줄지어 있는 모습을 머릿속에 그릴 수 있다. 이유는 무엇일까? 청각적인 인상은 오래 지속되지 않는다. 그것은 너도밤나무의 미끄러운 껍질에 내려앉는 진눈깨비처럼 흔적도 없이 사라진다. 하지만 시각적 인상은 어떨까? 언젠가 나는 다뉴브 강둑에 있는 오래된 집에 대포알이 박혀 있는 것을 본 적이 있다. 나폴레옹의 포병대가 울름 전투에서 발사한 포탄이었다. 시각적인 인상들은 이와 같다. 우리에게 강한 인상을 주고, 머릿속에 깊이 박혀 사라지지 않는다. 시각적인 인상들은 나폴레옹이 오스트리아 군을 몰아낸 것처럼 반대되는 모든 암시들을 없앤다.

무신론자의 질문에 대한 윌리엄 페일리 목사의 답이 인상적이었던 이유는 시각적이었기 때문이다. 버크는 미국 식민지에 대한 영국의 과세를 비난하는 연설을 할 때 이 방법을 사용했다. 그는 예언적인 시각으로 이렇게 선언했다. "우리는 지금 양이 아닌 늑대의 털을 깎고 있습니다."

유명인의 권위를 등에 업어라

중서부에 살던 나는 어린 시절에 양들이 지나가는 문에 막대기를 걸쳐놓고 쳐다보곤 했다. 몇 마리의 양이 막대기를 뛰어넘어 가면 그때 나는 막대기를 치웠다. 그러면 뒤따라오던 양들은 상상의 장애물 위를 뛰어넘어 문을 지나갔다. 그 이유는 앞서 간 양들의 행동을 무작정 따라 하기 때문이다. 양만 그런 게 아니다. 우리는 대부분 남들이 하는 대로 하려고 하고, 남들이 믿는 것을 믿으며, 유명 인사의 말이라면 의심하지 않고 받아들인다.

미국 은행협회 뉴욕 지부에 있었던 한 교육 수강생이 절약에 대한 연설을 하며 유명인의 말을 빌려왔는데, 매우 적절했다.

"제임스 J. 힐은 이렇게 말했습니다. '당신이 성공할 수 있는지 알아볼 수 있는 쉬운 방법이 있다. 당신은 돈을 저축할 수 있는가? 할 수 없다면 성공을 기대하지 마라. 분명히 실패할 것이다. 당신은 그렇게 생각하지 않겠지만, 당신의 실패는 당신이 지금 살아 있는 것만큼이나 확실하다.'"

이렇게 제임스 J. 힐의 말을 인용한 것은 그를 직접 데려와 말을 듣는 것 다음으로 효과적이었다. 그 학생의 말은 인상적이고, 반대되는 생각들이 떠오르는 것을 막아버렸다.

그런데 권위자의 말을 인용할 때는 다음의 네 가지 사항을 유의해야 한다.

1. 정확해야 한다.

다음 중 어느 것이 더 인상적이고 설득력 있는가?

a. "통계에 따르면 시애틀이 세계에서 가장 건강한 도시다."
b. "연방정부의 공식 사망률 통계에 따르면, 지난 15년간 시애틀의 연 사망률은 1000명당 9.78명이었다. 반면 시카고는 14.65명, 뉴욕은 15.83명, 뉴올리언스는 21.02명이다."

막연히 '통계에 따르면'이라고 시작하지 않도록 하라. 무슨 통계인가? 누가 왜 그런 자료를 수집했는가? "숫자는 거짓말을 하지 않지만, 거짓말쟁이는 제멋대로 숫자를 주무른다."

또 흔히 사용되는 표현이 무엇이던가? '대다수의 권위자들이 말하듯'이란 표현도 마찬가지다. 어떤 권위자인가? 한두 사람의 이름을 직접 거명하라. 만약 그들이 누구인지 모른다면, 어떻게 그들이 한 말을 믿을 수 있겠는가?

정확해야 한다. 그래야 청중들의 신뢰를 얻고, 정확히 알고 있다고 청중들에게 알릴 수 있다. 시어도어 루스벨트 역시 애매한 것은 용납하지 못했다. 그는 우드로 윌슨 정부 시절에 켄터키 주 루이빌에서 했던 연설에서 인용구의 출처를 다음과 같이 밝혔다.

"윌슨은 선거 전에 했던 연설이나 정당 발표에서 한 약속을 거의 지키지 않았기 때문에 그의 친구들조차 약속을 지키지 않는 그의 버릇을 웃음거리로 삼았습니다. 의회 내 윌슨의 유력한

민주당 지지자 중 한 사람은 윌슨의 선거 전 공약과 그를 대신해 발표했던 공약이 지켜지지 않는다는 비난에 이렇게 대답했습니다. '우리의 공약은 대선 승리용이었고, 결국 우리는 이겼다.' 이는 제62대 국회 제3차 의사록 4618쪽에 기록되어 있습니다."

2. 유명인의 말을 인용하라.

좋아하고 싫어하는 것은 우리의 생각 이상으로 각자의 신념과 관련이 있다. 나는 사무엘 언터마이어가 뉴욕의 카네기홀에서 사회주의 논쟁을 벌일 때 청중에게 야유를 받는 모습을 본 적이 있다. 그는 아주 정중했고, 내가 보기에 논조도 부드러웠다. 하지만 대다수의 청중은 사회주의자들이었다. 청중은 그를 증오했다. 그가 구구단을 인용했더라도 청중은 그 진실성에 의문을 제기했을 것이다. 반면 앞에 나온 제임스 J. 힐의 말을 인용한 것은 특히 미국 은행협회의 지부에서 사용하기에 적합했다. 왜냐하면 구레나룻을 기른 철도 건설업자는 금융 단체 사이에서 평판이 좋았기 때문이다.

3. 해당 지역 권위자의 말을 인용하라.

만약 디트로이트에서 연설하게 된다면 디트로이트 사람의 말을 인용하라. 청중들은 그에 관해 찾아보고 조사해볼 수도 있다. 그들은 먼 곳의 잘 알지도 못하는 사람의 말보다는 자기 고장 사람의 말에 더 강한 인상을 받을 것이다.

4. 자격 있는 사람의 말을 인용하라.

스스로에게 이렇게 질문해보라. 이 사람이 일반적으로 해당 분야의 권위자로 인정되고 있는가? 왜 그런가? 편견이 작용한 것은 아닌가? 그에게 이기적인 목표가 있지는 않은가? 한 수강생은 브루클린 상공회의소에서 전문화에 대해 연설하면서 앤드류 카네기의 말을 인용했는데, 이는 적절한 선택이었다. 왜 그랬을까? 청중으로 참석한 기업인들은 위대한 강철 왕에 대한 변치 않은 존경심이 있었기 때문이다. 게다가 사업 성공과 관련된 그의 말이 인용되었는데, 카네기의 삶을 볼 때 그에게는 충분한 자격이 있다고 볼 수 있다.

"어떤 분야에서든 성공하기 위해서는 그 분야의 전문가가 되어야 한다고 생각한다. 자신의 능력을 여러 곳에 분산시키는 사람은 믿음이 가지 않는다. 내 경험으로 볼 때, 여러 분야에 발을 내딛는 사람치고 돈을 제대로 버는 사람을 보지 못했다. 특히 제조업 분야에서는 한 사람도 보지 못했다. 성공한 사람들은 한 분야를 선택해 거기에 모든 것을 쏟아부었던 사람들이다."

깊은 인상과 확신을 주는 방법

"마음에 들어오는 모든 생각, 개념, 또는 결론은 그와 대립되는 생각의 제지를 받지 않는 한 진실로 여겨진다."

사람들에게 감동과 확신을 주고 싶다면 두 가지 전략을 고려하라. 첫째, 자신의 생각을 표현하고, 둘째, 그 생각이 해롭지 않고 공허한 것이 되지 않도록 청중의 마음에 대립되는 생각이 떠오르지 않게 만들어라. 그 목적을 이루기 위해 필요한 여덟 가지 제안을 소개하면 다음과 같다.

1. 남을 설득하기 전에 자신을 먼저 설득하라. 당신의 말 속에 청중에게 전해질 정도로 강한 열정이 느껴지게 하라.

2. 당신이 전하려는 것과 청중이 이미 믿고 있는 것이 유사하다는 것을 보여주라.

   예: 페일리 목사의 무신론자와의 논쟁, 아테네의 성 바울, 올드 햄프셔 본드 종이

3. 당신의 생각을 재진술하라.

   예: 하렘 존슨, "저는 캘리포니아 주지사가 될 것입니다…." 우드로 윌슨, "우리는 아무도 교육시키지 못하고 있습니다…."

   수치를 전달할 때는 사례를 들어 보강하라. 예를 들어 세계대전 동안 영국은 340억 달러를 사용했는데, 이는 예수가 탄생한 이후 지금까지 매분마다 34달러를 사용한 금액과 같다.

4. 일반적인 예를 들어라.

   예: 힐리스 박사, "화가는 색채의 법칙에 복종할 때 기술을 얻는다."

5. 명확하고 구체적인 사례를 들어라.

   예: "많은 부자들은 소박하게 산다…. 프랭크 밴더립은 하루에 두 끼만 먹었다." 등

6. 축적의 원리를 이용하라. "당신이 제시한 생각을 뒷받침하는 구체적인 경험들을 연이어 제시함으로써 축적된 경험의 무게가 그 생각을 듣는 이의 뇌 깊은 곳으로 밀어 넣게 하라."

   예: "내켜 하지 않는 왕에게 마그나카르타에 서명하도록 만든 것은 힘이었다." 등

7. 시각적인 비교를 활용하라. 청각적 인상은 쉽게 잊히지만, 시각적 인상은 깊이 박혀 있는 대포알처럼 생명이 길다.

   예: 뉴욕에서 시카고까지 한 줄로 늘어서 불에 탄 집들

8. 편견 없는 유명인의 권위로 당신의 진술을 보강하라. 루스벨트가 했던 것처럼 정확하게 인용하라. 유명 인사나 해당 지역 인사의 말을 인용하고, 특정 주제에 대해 말할 만한 자격이 있는 사람의 말을 인용하라.

14

청중의 관심을
끄는 법

데 일 카 네 기 시 리 즈 3   성 공 대 화 론

"글이든 말이든 모든 의사소통에는 흥미의 한계선이 있다. 만일 이 선을 넘을 수 있다면 최소한 잠시나마 사람들의 관심을 받을 수 있다. 하지만 그 선을 넘을 수 없다면 그만두는 게 낫다. 누구도 관심을 갖지 않을 것이기 때문이다."

— H. A. 오버스트리트, 《인간 행동에 영향을 미치는 법》

"말하고자 하는 뭔가가 늘 있어야 한다. 할 말이 있는 사람과 할 말이 없으면 입을 열지 않는다고 알려진 사람의 말에는 사람들이 늘 귀를 기울인다. 말을 하기 전에 반드시 자기가 무슨 말을 할 것인지 알고 있어야 한다. 만일 당신의 생각이 뿌옇다면 청중의 생각은 더 혼란스러울 것이다. 생각을 일정한 순서에 맞춰 정리하라. 그 생각들이 아무리 단순해도 시작, 중간, 끝이 있으면 더 좋을 것이다. 무슨 수를 써서라도 당신의 생각이 청중에게 명확히 전달되게 하라. 논쟁에 참여할 때는 상대방이 어떻게 대응할지 예측하라. 상대의 익살에 진지하게 답하고, 상대의 진지함에는 익살로 답하라. 그리고 상대하는 청중의 성격을 잘 알아두어라. (…) 절대로 청중을 무료하게 만들지 마라."

— 브라이스 경

청중의 관심을 끄는 법

　만약 중국 어느 지역의 부잣집에 식사 초대를 받는다면, 식사가 끝난 뒤 어깨 너머로 그 집 마룻바닥에 닭고기 뼈와 올리브 씨앗을 던지는 것이 적절한 행동이다. 그것이 주인에게 찬사를 표하는 행동이다. 그가 부자라는 사실, 그리고 그렇게 어질러놓아도 식사 후에 말끔히 치워놓을 하인들이 많다는 사실을 당신이 알고 있다는 표시이기 때문이다. 주인 역시 그런 행동을 마음에 들어 한다.

　부잣집에서는 호화로운 식사 후에 음식이 한껏 남아도 별 신경을 쓰지 않겠지만, 중국 일부 지역의 가난한 사람들은 목욕물도 아껴 써야 한다. 물을 데우는 데 돈이 너무 많이 들기 때문에 따뜻한 물을 파는 가게에서 더운 물을 사다 써야 한다. 목욕을 한 후에는 그 물을 다시 가져다가 애초에 구입했던 가게에 중고품으로 다시 되팔 수도 있다. 그런데 두 번째 고객이 씻고 나서 더러워진 물도 계속 거래된다고 한다. 물론 좀 더 할인

된 가격이기는 하지만 말이다.

　중국인의 삶에 대한 이런 이야기가 재미있는가? 만약 그렇다면 그 이유는 무엇일까? 그들의 일상생활이 우리와 매우 다르기 때문이다. 식사나 목욕 같은 매우 흔한 일상에서 중국인들은 특이한 모습을 보여준다. 익숙하고 일상적인 것의 새로운 면, 바로 이것이 우리의 흥미를 자극한다.

　다른 예를 들어보자. 당신이 지금 읽고 있는 이 페이지, 이 종이는 매우 평범하다. 그렇지 않은가? 이런 종이를 수천 장도 더 봤을 것이다. 지금은 따분하고 지루하지만, 내가 이와 관련된 재미있는 사실을 얘기하면 당신은 분명히 흥미를 느끼게 될 것이다. 어디 한번 보자! 지금 당신이 보는 것처럼 이 종이는 고체로 보인다. 하지만 실제로는 고체보다 거미줄에 가깝다. 물리학자는 종이가 원자로 구성되어 있다는 것을 알고 있다. 그러면 원자는 얼마나 작을까? 12장에서 지중해에 존재하는 물방울의 수, 세상에 존재하는 풀잎의 수만큼 물 한 방울에 수많은 원자가 존재한다고 배웠다. 그러면 이 종이를 이루고 있는 원자는 무엇으로 이루어져 있을까? 전자와 양성자라고 하는 더 작은 물질이다. 상대적인 거리로 보면, 지구에서 달까지 거리만큼 떨어진 상태에서 모든 전자가 원자의 중심에 있는 양성자 주변을 회전하고 있다. 이러한 소우주에서 전자들은 초속 약 1만 6000킬로미터라는 상상도 할 수 없는 속도로 자신들만의 궤도를 따라 돈다. 그러므로 이 문장을 읽기 시작한 이후로 당신이 들고 있는 종이의 전자들은 뉴욕에서 도쿄까지의 거리를 계속 움직이고 있다.

그리고 2분 전까지만 해도 당신은 종이 한 장이 정지해 있고, 감각이 없으며, 죽어 있다고 생각했을 것이다. 하지만 사실 이것은 하나님의 신비이며 진정한 에너지의 폭풍이다.

이제 흥미가 생겼다면 그 이유는 종이에 대해 새롭고 신기한 사실을 알았기 때문이다. 여기에 사람들의 관심을 끄는 비법이 있다. 이는 중요한 진실이며, 당신은 매일 소통할 때 도움을 받아야 한다. 완전히 새로워도 흥미롭지 않고, 또 아주 오래되어도 매력적이지 않다. 우리는 오래된 것의 새로운 이야기를 듣고 싶어 한다.

예를 들어 당신이 부르주의 대성당이나 모나리자를 일리노이 주 농부에게 설명한들 관심을 끌 수 없다. 농부에게는 너무 낯설다. 농부의 기존 관심사와 전혀 연관성이 없다. 하지만 네덜란드 농부가 해수면보다 아래에 있는 땅을 경작하고, 울타리 역할을 하도록 도랑을 파며, 대문처럼 열리는 다리를 짓는다는 사실에 대해 이야기한다면 관심을 끌 수 있다. 네덜란드 농부들이 겨울에 가족과 한 지붕 아래에서 소를 키우고, 소들이 가끔씩 레이스 커튼 사이로 휘날리는 눈을 바라본다고 말하면, 일리노이 지방의 농부들은 입을 떡 벌린 채 들을 것이다. 일리노이의 농부도 소와 울타리에 대해 알고 있지만, 익숙한 일에 대한 새로운 사실이었던 것이다. 농부는 이렇게 소리칠 것이다. "소가 레이스 커튼 사이로 창밖을 보다니! 말도 안 돼!" 그러고는 친구들에게 이 이야기를 전할 것이다.

또 다른 이야기가 있다. 당신이 읽으면서 흥미를 느끼는지 보라. 만약 흥미를 느꼈다면 그 이유가 무엇이라고 생각하는가?

황산이 당신에게 미치는 영향

액체는 대체로 파인트, 쿼트, 갤런, 배럴로 측정한다. 일반적으로 와인은 쿼트로, 우유는 갤런으로, 당밀은 배럴로 말한다. 유정이 새로 발견되면 일일 산출량을 배럴로 표현한다. 하지만 생산 및 소비되는 양이 엄청나기 때문에 측정 단위로 톤을 쓰는 액체가 하나 있다. 바로 황산이다.

황산은 수많은 경로로 당신의 일상에 영향을 미친다. 석유와 휘발유를 정제하는 과정에 광범위하게 사용되기 때문에, 만약 황산이 없다면 차가 움직일 수 없고 당신은 늙은 말이 끄는 마차를 타야 한다. 황산이 없다면 전등이 당신의 사무실을 밝힐 수도, 저녁 식탁을 비출 수도, 밤에 침대로 가는 길을 보여줄 수도 없을 것이다.

아침에 일어나 욕조에 물을 받을 때 우리는 니켈로 도금한 수도꼭지를 사용한다. 이 꼭지를 만들 때 역시 황산이 필요하다. 에나멜 욕조를 마무리하는 과정에서도 황산이 필요하다. 당신이 사용하는 비누도 아마 황산으로 처리된 윤활유나 기름으로 만들어졌을 것이다. 당신이 수건을 만나기 전에 수건은 황산을 만났다. 솔빗의 뻣뻣한 털을 만들 때도 황산이 필요하고, 황산이 없었다면 플라스틱 빗을 만들 수도 없었을 것이다. 면도칼을 담금질한 후에도 역시나 황산 용액으로 세척한다.

당신은 속옷을 입고 겉옷의 단추를 채운다. 표백업자, 염료 생산업자와 염색업자 역시 황산을 사용했다. 아마 단추 제조업자도 단추를 완성하는 데 황산이 필요하다는 사실을 알았을 것이다. 제혁업자도 신발 가죽을 만들 때 황산을 사용했고, 신발을 닦을 때 역시 사용한다.

당신은 아침을 먹으러 내려온다. 색이 입혀진 컵과 접시는 황산 없이 만들어질 수 없다. 금박이나 다른 장식품 착색에도 황산을 사용한다. 당신이 사용하는 숟가락, 칼, 포크가 은 도금 제품이라면 생산할 때 황산으로 목욕해야 한다.

비료 제조업자는 황산으로 만들어진 인산염 비료를 사용해서 식빵이나 롤빵의 밀을 키웠을 것이다. 만약 메밀 케이크와 시럽을 먹는다면 시럽을 만들 때도 황산이 필요하다.

이런 식으로 하루 종일 매순간마다 황산은 당신에게 영향을 미친다. 당신이 어디를 가든 그 영향력에서 벗어날 수 없다. 우리는 황산 없이 전쟁에 나갈 수도 없고 평화롭게 살 수도 없다. 그렇기 때문에 인류에게 꼭 필요한 황산이 일반 사람에게 완전히 생소할 수는 없어 보인다. 하지만 그게 현실이다.

세상에서 가장 흥미로운 세 가지

세상에서 가장 흥미로운 세 가지 소재가 무엇이라고 생각하는가? 섹스, 재산, 그리고 종교다. 섹스로 생명을 만들어내고, 재산으로 삶을 유지하며, 종교로 다음 생에도 이어지기를 바란다.

하지만 우리가 관심 있는 것은 나의 섹스, 나의 재산, 나의 종교다. 우리의 모든 관심은 자신의 자아로 가득하다.

우리는 '페루에서 유언장을 쓰는 방법'에 대한 이야기에는 별 관심이 없지만, '나의 유언장을 쓰는 방법'이라는 제목의 이야기에는 관심을 가질 것이다. 단순히 궁금한 경우를 제외하고 힌두교에 관심이 없지만, 다음 생의 영원한 행복을 약속하는 종교에는 지대한 관심이 있다.

사람들의 관심을 끄는 것이 무엇인지 물었을 때, 노스클리프 경은 한마디로 대답했다. 그것은 '자기 자신'이었다. 노스클리프 경은 영국의 가장 큰 신문사의 사장이었기 때문에 알고 있었을 것이다.

당신이 어떤 사람인지 알고 싶은가? 오, 우리는 지금 흥미로운 주제를 다루고 있다. 바로 당신에 대해 이야기하고 있다. 있는 그대로의 모습을 거울에 비추고 당신이 진짜 누구인지 바라볼 수 있는 방법이다. 당신의 환상을 보라.

환상이 무엇을 의미하는가? 제임스 하비 로빈슨 교수가 답해줄 것이다. 다음은 《정신의 형성》에서 인용한 글이다.

"우리는 모두 깨어 있는 동안 계속 생각을 한다. 깨어 있을 때보다 더 황당하지만, 대부분은 자는 동안에도 계속 생각한다고 알려져 있다. 현실적인 문제들로 방해받지 않는 한, 우리는 환상이라는 것에 사로잡힌다. 환상은 마음에서 우러나오며, 우리가 가장 좋아하는 생각의 한 종류다. 우리는 생각이 흐르는 대로 놔두며, 그 흐름의 방향은 우리의 희망과 두려움, 무의식적인 소망, 그런 소망의 충족과 좌절, 좋아하는 것과 싫어하는 것,

사랑과 증오와 분노에 따라 좌우된다. 우리에게 우리 자신만큼 흥미로운 것은 없다. 노력으로 조절이나 통제가 어려운 모든 생각은 필연적으로 자아를 중심으로 돌아간다. 우리 자신이나 다른 사람들의 이러한 경향을 관찰하는 것은 즐거우면서도 안타깝다. 우리는 점잔을 빼며 앉아서는 이러한 진실을 못 본 척하지만, 일단 마음먹고 이 문제를 생각해보면 그것은 한낮의 태양처럼 우리 앞에서 빛날 것이다.

환상을 통해 근본 성격의 주요한 특징들이 형성된다. 우리의 성격을 반영하는 이러한 특징들은 흔히 숨어버리거나 잊혀진 경험에 의해 변형된 형태다. 환상은 끊임없이 자신을 과대평가하고 정당화하려는 경향이 있어 의심할 여지없이 우리의 사고에 영향을 미치며, 이는 환상이 만드는 주된 편견이다."

그러므로 당신이 이야기해야 하는 사람들은 집안일이나 인간관계, 업무 문제에 신경 쓰지 않을 때, 자기 자신을 생각하고 정당화하며 미화하는 데 대부분의 시간을 쓴다는 점을 명심하라. 또한 보통 사람은 미국에 부채를 갚는 이탈리아보다 일을 그만두는 요리사를 더 걱정하고, 남아메리카의 혁명보다 무딘 면도날에 더 흥분할 것이다. 어떤 여자는 50만 명의 삶을 파괴한 아시아의 지진보다 치통에 더 스트레스를 받으며, 당신이 말하는 역사 속 위인 10명에 대한 토론보다 자신에 대한 달콤한 말에 더 귀를 기울일 것이다.

달변가가 되는 법

많은 사람들이 대화에 약한 이유는 자신이 관심을 갖는 소재에 대해서만 이야기하기 때문이다. 상대방은 지루해 죽을 지경일 것이다. 방법을 바꿔보라. 상대방이 자신의 관심사, 자신의 직장, 자신의 골프 스코어, 자신의 성공, 엄마라면 자신의 아이들에 대해 이야기하도록 유도하라. 그다음에 귀 기울여 들으면 그에게 즐거움을 주게 된다. 그 결과 당신은 거의 이야기를 하지 않았지만 뛰어난 달변가로 인정받을 것이다.

필라델피아에 사는 해롤드 드와이트는 화술 강좌의 마지막 학기를 기념하는 연회에서 보기 드물게 훌륭한 연설을 했다. 테이블에 앉은 모든 사람들을 각각 차례대로 언급하며 강좌 초기에 말하기 실력이 어땠는지, 얼마나 발전했는지 이야기했고, 여러 사람들이 했던 대화와 토론했던 주제를 회고했으며, 그중 몇 명을 따라 하거나 특이한 버릇을 과장해서 말하며 사람들을 웃기고 즐겁게 해주었다. 이러한 소재로는 어떻게 해도 실패할 수 없다. 완벽하게 이상적이다. 이러한 주제만큼 같은 반 학생들의 흥미를 자극하는 것은 없을 것이다. 드와이트는 인간의 본성을 다루는 방법을 알고 있었다.

200만 독자를 얻은 아이디어

몇 년 전, 〈아메리칸 매거진〉은 엄청난 성장을 이뤄냈다. 이 잡지의 급증한 판매 부수는 출판업계에서 센세이션이 되었다. 비법이 무엇일까? 그 비법은 존 M. 시달과 그의 아이디어 덕분이었다. 처음 만났을 때, 시달은 잡지에서 사람들의 관심을 끄는 기획기사 란을 담당하고 있었다. 시달은 말했다.

"사람들은 이기적입니다. 특히 자기 자신에게 관심이 많습니다. 정부가 철도를 국유화하든 말든 별로 궁금해하지 않지만, 출세하는 법, 연봉을 올리는 법, 건강을 유지하는 법은 알고 싶어 합니다. 제가 편집장이었다면 치아를 관리하는 법, 목욕하는 법, 여름을 시원하게 보내는 법, 취직하는 법, 직원을 다루는 법, 집을 사는 법, 기억을 잘하는 법, 맞춤법을 틀리지 않는 법 등을 다룰 것입니다. 사람들은 언제나 사람 사는 이야기에 흥미를 느끼기 때문에 부자들에게 어떻게 부동산으로 100만 달러를 벌었는지 묻고, 유명한 은행가나 여러 기업의 회장들에게 바닥에서부터 노력해 부와 명예를 얻은 방법을 알아낼 것입니다."

그 후 얼마 지나지 않아 시달은 편집장이 되었다. 그 당시 잡지의 판매 부수는 저조했고, 파산 직전이었다. 시달은 자기가 하겠다고 말했던 것들을 그대로 실천했다. 결과가 궁금한가? 엄청났다. 판매부수가 20만, 30만, 40만, 50만까지 증가했다. 그게 대중들이 원하던 바였다. 이내 매달 100만 명의 사람들이 잡지를 샀고, 150만 명이 되더니 결국 200만 명에 이르렀다. 거기서 멈추지 않고 수년간 계속해서 증가했다. 시달은 독자의 자기중심적인 호기심에 어필했다.

콘웰 박사가 100만 청중을 사로잡은 법

'내 인생의 다이아몬드'가 세계에서 가장 인기 있는 강연이 될 수 있었던 비결은 무엇일까? 그것은 바로 지금껏 우리가 얘기해왔던 것이다. 존 M. 시달은 앞서 언급했던 대화에서 이 강연에 대해서도 얘기했다. 그리고 나는 그 강연의 엄청난 성공이 그의 잡지가 나아갈 방향을 결정하는 데 어느 정도 영향을 미쳤다고 생각한다.

그 강연은 고정 불변의 강연이 아니었다. 콘웰 박사는 강연의 내용을 자신이 연설하게 될 각 고장의 사정에 맞게 변화시키고 다듬었다. 이는 매우 중요한 과정이었다. 해당 지역의 관련 사실들을 언급하는 방법은 강연을 새롭고 신선해 보이게 했고, 그 지역 및 청중을 중요한 존재로 보이게 만들었다. 다음은 그가 이 작업을 어떻게 했는지를 직접 들려주었던 얘기다.

"나는 어떤 마을이나 도시에서 강연을 하게 되면, 그곳에 일찍 가서 우체국장, 이발사, 호텔 관리인, 학교 교장 선생님, 교회 목사님 등을 미리 만나본다. 또한 몇몇 공장 및 가게에도 들러 사람들과 이야기를 나누면서 그 지역의 현지 사정을 이해하고, 그들의 역사와 그들이 경험했던 행운과 실패(어느 곳이나 실패는 있게 마련이다)에 대해 알아본다. 그런 다음 강연에 들어가 그 지역 상황에 맞는 주제에 관해 이야기한다. 그럼에도 '내 인생의 다이아몬드'의 기본 정신은 전혀 달라진 적이 없다. 그 기본 정신이란, 그 나라의 모든 사람들은 자신이 처한 환경에서 자신의 기술과 자신의 힘과 자신의 친구들만으로도 지금보다 더 발전할 가능성이 있다는 것이다."

언제나 청중을 사로잡을 수 있는 연설 내용

어떤 사물이나 관념에 대해 얘기하면 사람들은 다소 지루해하겠지만, 사람 사는 이야기를 할 때는 관심을 끌 수밖에 없다. 내일도 티타임이나 저녁 식사 자리에서부터 미국의 뒤뜰 담장을 넘어 무수한 대화들이 흘러나올 것이다. 그렇다면 대화의 주된 내용은 무엇이겠는가? 사람들에 관한 이야기다. 그 남자가 이렇게 말했다더라, 아무개 양이 그랬다더라, 그 여자가 이것저것 하는 것을 내가 봤다, 그 사람이 떼돈을 벌었다 등등.

나는 미국과 캐나다의 초등학생들 앞에서 연설할 기회가 많았다. 그리고 그 경험을 통해 아이들을 집중시키기 위해서는 사람에 관한 이야기를 해야 한다는 사실을 깨달았다. 내가 일반적이고 추상적인 개념에 대해 이야기하자마자, 조니는 자리에서 엉덩이를 들썩거리면서 가만히 있지 못했고, 토미는 누군가에게 얼굴을 찌푸렸으며, 빌리는 통로 너머로 물건을 던졌다.

사실 당시의 청중은 아이들이었기 때문에 그럴 수도 있었다. 하지만 전쟁 중 군대에서 실시했던 어느 지능검사에 따르면, 놀랍게도 미국인의 49퍼센트가 열세 살 어린이 정도의 정신 연령을 갖고 있다고 한다. 그렇기 때문에 사람에 관한 이야기를 한다면 연설이 잘못될 가능성은 거의 없을 것이다. 수백만의 독자가 있는 〈아메리칸〉, 〈코스모폴리탄〉, 〈새터데이 이브닝 포스트〉 같은 잡지들 역시 사람에 관한 이야기로 채워져 있다.

한번은 파리에서 미국의 기업가들에게 '성공하는 법'에 대해 얘기해달라고 부탁한 적이 있었다. 대부분은 검소의 미덕을 찬양하거나 설교하고 잔소리하는 탓에 듣는 사람을 지루하게 만들었다(우연히 최근에 미국의 유명한 사업가 중 한 명이 동일한 주제로 전화 토론 프로그램에서 똑같은 실수를 했다고 들었다. 사교계 여성들이나 전문 강사도 마찬가지다).

결국 나는 이 강연을 중지시켰고, 다음과 같이 이야기했다.

"우리는 설교를 해달라는 게 아닙니다. 그 누구도 설교를 좋아하지 않습니다. 우리를 즐겁게 해주지 않으면, 당신이 뭐라고 이야기하든 우리는 귀를 기울이지 않는다는 사실을 명심하십시오. 또한 세상에서 가장 흥미로운 이야기는 순화되거나 미화된 남의 이야기라는 것도 잊지 마십시오. 그러니 당신이 아는 두 사람에 대한 이야기를 해주길 바랍니다. 한 사람은 왜 성공을 했고, 다른 한 사람은 왜 실패했는지 설명해주십시오. 우리는 기꺼이 경청하고, 잊지 않고 기억해 도움을 받을 수 있을지 모릅니다. 당신에게도 장황하고 추상적인 설교보다 전달하기 훨씬 쉬울 것입니다."

여느 때처럼 그날 강의에서도 한 기업가는 자신이든 청중이든 흥미를 갖도록 한다는 게 쉽지 않다는 사실을 깨달았다. 하지만 그날 저녁, 그는 사람들의 이야기를 하라는 조언을 받아들였고, 대학 동기 두 명에 대한 이야기를 했다. 한 명은 매우 검소했기 때문에 시내의 각각 다른 매장에서 셔츠를 사서 어떤 셔츠가 가장 세탁이 잘되는지, 오래 입을 수 있는지, 가격 대비 서비스를 많이 받을 수 있는지를 알아보기 쉽도록 도표로 만들었다. 그는 항상 푼돈에 집착했다. 공과대학 졸업 당시 자신의 능력을 과신해 다른 졸업생들처럼 바닥부터 시작해서 노력하며 나아가려고 하지 않았다. 심지어 세 번째 동창회가 열릴 때까지도 그는 소위 셔츠 평가 도표를 만들며 어떤 엄청난 기회가 찾아오기만을 기다리고 있었다. 하지만 기회는 결코 쉽게 오지 않았다. 25년이 지난 후, 좌절한 이 친구는 삶에 대한 의욕도 잃었으며 여전히 말단직으로 일하고 있다.

그리고 연설을 하던 기업가는 이 실패 사례와 모두의 기대를 넘어선 대학 동기의 이야기를 비교해주었다. 유별난 그 친구는 사교성이 뛰어났다. 모두가 그를 좋아했다. 나중에 큰 사업을 하고 싶은 욕심이 있었지만 초급 설계사부터 일을 시작했다. 그러면서 그는 언제나 기회를 살피면서 버펄로에서 열리는 전미 박람회를 위해 계획을 세웠다. 그곳에서 공학 기술이 필요하다는 것을 알았기 때문에 필라델피아의 직장을 그만두고 버펄로로 옮겼다. 상냥한 성격 덕분에 엄청난 정치적 영향력을 가진 버펄로의 한 인사와도 쉽게 친구가 되었다. 그 둘은 동업자가 되어 바로 사업 계약을 했다. 그들은 통신 회사를 위해 많은 일을 했고, 결국 그 친구는 높은 연봉을 받으며 그 회사에 스카우트되었다. 지금 그는 백만장자이자 웨스턴 유니언의 대주주 중 한 명이 되었다.

기업가가 했던 이야기 중 대략적인 내용만 다루었다. 흥미진진한 사람들의 이야기 덕분에 그의 강연 내용은 재미있고, 이해하기 쉬웠다. 원래 3분짜리 연설을 할 소재도 찾지 못했던 사람이 계속해서 이야기했고, 강연이 끝나자 오늘 자신이 30분 동안 떠들었다는 사실을 깨닫고 깜짝 놀랐다. 너무 재미있었기 때문에 사람들 모두 강연이 짧게 느껴졌다. 이 수강생의 진정한 첫 성공이었다.

이 사례를 통해 거의 모든 사람이 교훈을 얻을 수 있다. 평범한 연설이 흥미로운 사람들의 이야기로 가득하다면 더 큰 호소력을 발휘할 것이다. 말하는 사람은 몇 가지 요점을 정하고, 구체적인 사례를 들어가며 설명해야 한다. 이러한 구성 방법은 청중의 관심을 사로잡고 놓치지 않을 것이다.

가능하다면 사례는 노력하거나 경쟁하고 승리하는 이야기여야 한다. 우리 모두 투쟁하고 경쟁하는 이야기에 엄청난 흥미를 느낀다. 세상은 사랑하는 사람을 사랑한다고 한다. 하지만 그렇지 않다. 이 세상이 사랑하는 것은 싸움이다. 한 여자를 두고 싸우는 두 남자를 보고 싶어 한다. 이 사실을 확인하려면 아무 소설이나 잡지를 읽거나 영화를 보러 가라. 모든 장애물이 사라지고 영웅적인 인물이 여주인공을 차지하게 되면, 관객들은 모자와 코트를 챙기기 시작한다. 5분이 지나면 여자들은 빗자루로 바닥을 쓸며 잡담하고 있다.

모든 잡지나 소설은 거의 모두 이러한 공식을 따르고 있다. 독자가 남자 주인공 또는 여자 주인공으로 느끼도록 하고, 무언가를 애타게 갈망하도록 한다. 그 무언가는 얻기 불가능해 보여야 한다. 그리고 남자 주인공이나 여자 주인공이 맞서 싸워서 그 무언가를 얻는 모습을 보여준다.

업무나 직업상 방해하는 문제에 맞서 싸워 이기는 이야기는

언제나 용기를 주며 재미있다. 한 잡지의 편집장은 어떤 사람
이든 인생의 진짜 속사정은 흥미진진하다며 말한 적이 있다.
고군분투하고 맞서 싸운 경험이 있는 사람—없는 사람이 어디
있겠는가!—이 제대로만 말한다면 그의 이야기는 매력적일
것이다. 의심의 여지가 없다.

구체적으로 예를 들어라

　한 화술 강좌에 철학 박사 한 사람과 30년 전 영국 해군에서
자신의 청춘 시절을 보낸 다소 거친 학생이 한 명 있었다. 품위
있는 그 학자는 대학교수였고, 7대양을 누볐던 그의 동급생은
뒷골목 이삿짐센터의 사장이었다.

　이상하게 들리겠지만, 수업하는 동안 이삿짐센터 사장의 이
야기가 대학교수의 이야기보다 더 많은 인기를 끌었다. 이유가
무엇일까? 대학교수는 유창한 영어를 써가며 교양 있고 세련
된 태도로 논리적이고 명료하게 말했지만, 그의 이야기에는 꼭
필요한 한 가지, 구체적인 사례가 없었다. 그의 이야기는 너무
애매모호했고, 너무 일반적이었다. 반면에 이삿짐센터 사장은
바로 사업에 대해 술술 말하기 시작했다. 말하려는 바가 분명
했고, 구체적이었다. 이삿짐센터 사장의 에너지에 신선한 어법
이 더해져서 이야기가 매우 재미있었다.

　내가 이 예를 든 이유는 대학교수나 이삿짐센터 주인의 전형
적인 모습을 보여주기 때문이 아니다. 정규교육과 상관없이 말
할 때 명확하고 구체적으로 말하는 미덕을 가진 사람이 어떻게

청중을 사로잡는지를 보여주기 때문이다.

이 원칙은 매우 중요하기 때문에 당신의 마음에 확실하게 심어놓기 위해서 몇 가지 예시를 살펴볼 것이다. 절대 잊어버리지도, 무시하지도 않기를 바란다.

예를 들어 마틴 루터가 소년 시절 다루기 힘든 고집불통이었다는 말이 더 흥미로울까? 아니면 오전에만 15대를 맞을 정도로 선생님에게 자주 매를 맞았다고 고백했다는 말이 더 나을까? '다루기 힘든 고집불통' 같은 말은 거의 관심을 끌지 못한다. 하지만 매 맞은 횟수로 이야기한다면 귀 기울여 듣기 쉽지 않은가?

예전에는 어떤 인물에 대한 전기를 쓸 때 보편적인 것들을 다뤘고, 아리스토텔레스는 이를 제대로 '연약한 영혼의 안식처'라고 말했다. 전기를 쓰는 새로운 방법은 스스로 말하게 하고 구체적인 사실을 다루는 것이다. 옛날 전기 작가가 쓴다면, 존 도우는 '가난하지만 정직한 부모'의 아들로 태어났다고 썼을 것이다. 새로운 방법으로 말하면 다음과 같이 말할 것이다. "존 도우의 아버지는 덧신을 사줄 능력이 없어 눈이 오는 날이면 발을 마르고 따뜻하게 하려고 마대로 감싸야 했다. 하지만 가난할지라도 우유에 물을 타거나 천식이 있는 말을 건강한 말로 속여 팔지는 않았다." 존 도우의 부모는 '가난하지만 정직했다'라는 사실을 잘 보여주지 않는가? 또한 '가난하지만 정직했다'라는 표현보다 더욱더 재미있는 표현이지 않은가?

현대의 전기 작가에게 이 방법이 효과적이라면 현대의 연설가에게도 효과적일 것이다. 하나 더 예를 들어보자. 나이아가라에서 매일 낭비되고 있는 에너지 때문에 충격을 받았다는 말을 하고 싶다고 가정하자. 그렇게 말한 다음, 에너지가 활용되어 그 결과 얻은 수익으로 생활용품을 사게 된다면 사람들을 먹이고 입힐 수 있을 거라고 덧붙인다. 이야기를 더 흥미롭고 재미있게 하는 방법일까? 전혀 그렇지 않다. 이 방법이 더 낫지 않을까? 〈데일리 사이언스 뉴스 불리틴〉에 실린 에드윈 E. 슬로슨의 말을 인용하려고 한다.

"이 나라에 가난하고 영양 결핍인 수백만 명의 사람들이 있다고 들었지만, 나이아가라에서는 시간당 빵 덩어리 25만 개가 버려지고 있다. 마음의 눈으로 보면 양질의 신선한 계란이 한 시간마다 60만 개나 벼랑에서 떨어져 소용돌이 속에서 거대한 오믈렛이 만들어지고 있는 것이다. 나이아가라 같은 1200미터 너비의 옷감이 베틀에서 계속해서 쏟아지고 있다는 표현 역시 낭비되는 에너지를 잘 보여준다. 카네기 도서관이 물기둥 아래 지어졌다면 한두 시간 내에 좋은 책들로 가득 채워질 것이다. 또는 이리 호에서 매일 거대한 백화점이 떠내려와 50미터 아래의 바위에 많은 물품들을 때려 부수고 있다고 상상할 수도 있다. 그것은 정말 상당히 재미있고 짜릿한 장면이 될 것이고, 지금만큼이나 사람들에게 아주 흥미로운 구경거리가 될 뿐 아니라 유지 비용도 들지 않을 것이다. 그러나 떨어지는 물의 힘을 이용하는 데 반대하는 일부 사람들은 백화점의 물건을 폭포 아래로 쏟아버리자는 생각에는 낭비라는 이유를 들어 반대할지도 모르겠다."

이미지를 그리는 단어

흥미를 유발하는 과정에서 가장 중요한 보조 수단이자 기법이 있지만 거의 간과되고 있다. 일반적인 연설자들은 이러한 기술이 있는지조차 알지 못하는 것 같다. 아마도 의식해 고민해본 적은 한 번도 없을 것이다. 나는 지금 마음속에 어떤 장면을 연상시키는 단어에 대해 말하고 있다. 듣기 쉽게 말하는 연설자는 당신의 눈앞에 이미지를 그려준다. 반면 애매하고, 상투적이며, 재미없는 단어를 쓰는 연설자는 청중을 꾸벅꾸벅 졸게 만든다.

여기도 이미지, 저기도 이미지, 숨 쉬는 공기만큼 이미지가 넘쳐난다. 당신의 이야기, 당신의 대화 속에 이미지를 간간이 섞어라. 그러면 좀 더 유쾌하면서 영향력을 갖는 연설가가 될 수 있을 것이다.

설명하기 위해 조금 전 나이아가라에 대한 기사를 인용했다. 그 글에 사용된 이미지와 관련된 단어들을 보라. 호주의 토끼만큼 많은 단어들이 모든 문장에서 뛰어오르고 순식간에 사라졌다가 다시 사방을 휘젓는다. "빵 덩어리 25만 개, 벼랑에서 떨어지는 계란 60만 개, 소용돌이 속에서의 거대한 오믈렛, 1200미터 너비로 베틀에서 흐르는 옷감, 물줄기 밑에 지어진 카네기 도서관, 책, 떠다니는 거대한 백화점, 때려 부수기, 아래에 있는 바위, 떨어지는 물."

영화관의 스크린에서 상영되고 있는 영화 장면에 눈길을 주지 않는 게 어렵듯이 이러한 이야기나 기사를 무시하기란 어려울 것이다. 허버트 스펜서는 오래전에 《문체의 원리》라는 유명한 에세이에서 눈앞에 선명한 이미지를 그리는 단어의 중요성을 다음과 같이 강조했다.

"우리는 일반적인 상황이 아니라 특수한 상황을 생각한다. '한 국가의 예의범절과 풍습, 그리고 유흥 문화가 저속하고 야만적일수록 그에 비례해 형법 규정의 엄격함 정도가 결정될 것이다'와 같은 문장은 피해야 한다. 그 대신 '사람들이 전쟁, 투우, 검투사의 싸움에 열광할수록 교수형, 화형, 고문에 처해질 것이다'라고 써야 한다."

《성경》이나 셰익스피어 작품에는 이미지를 그려주는 문장들이 사과 주스 공장 주변에 있는 꿀벌만큼이나 많다. 예를 들어 평범한 작가는 어떤 일이 불필요하다는 것을 '완벽함을 더 완벽해지도록 한다'라고 표현할 것이다. 같은 생각을 셰익스피어는 어떻게 표현했을까? '제련된 금을 빛내려고 하는 일, 백합에 색을 입히려고 하는 일, 제비꽃에 향수를 뿌리려고 하는 일'이라고 이미지를 그려주는 문장으로 표현함으로써 그의 문장은 영원히 기억되고 있다.

오래전부터 전해 내려오는 속담이 거의 대부분 시각적인 문구들이라는 사실을 생각해본 적 있는가?

"숲 속의 두 마리 새보다 손 안에 있는 한 마리가 낫다."

"비가 내렸다 하면 억수같이 퍼붓는다."

"말을 물가로 데려갈 수는 있어도 물을 마시게 할 수는 없다."

수세기 동안 너무 많이 쓰여 진부해진 비유적 표현의 대부분에는 이미지 요소가 포함되어 있음을 알 수 있다. '여우처럼 교활한' '문에 박힌 못처럼 꼼짝하지 않는' '팬케이크처럼 납작한' '돌처럼 딱딱한' 등이 그렇다.

링컨은 언제나 시각적인 언어로 이야기했다. 백악관 내 링컨의 책상 위로 올라오는 길고 복잡한 형식적인 문서들에 질렸을 때도 그는 재미없는 어법이 아니라 잊을 수 없는 이미지로 그려지는 문장으로 이의를 제기했다.

"내가 누군가에게 말을 사오라고 시킬 때는 말 꼬리에 털이 몇 개나 붙어 있는지 궁금해서가 아닙니다. 내가 알고 싶은 건 말의 중요한 특징입니다."

관심을 끄는 대조법의 힘

매콜리가 찰스 1세를 비난하는 다음의 내용을 들어보자. 매콜리는 이미지를 사용하지 않았지만 대칭적인 문장을 사용했다는 점을 주의해서 보자. 강한 대조 표현은 언제나 우리의 눈길을 사로잡는다. 강한 대조 표현은 문장의 뼈대 역할을 한다.

"우리는 찰스 1세가 대관를 어겼다고 고발하지만, 찰스 1세는 혼인 서약을 지켰다고 말한다. 우리는 그가 충동적인 성직자들의 무자비한 횡포에 백성들을 내버렸다고 고발하지만, 그는 어린 아들을 무릎 위에 올려놓고 키스했다고 변명한다! 우리는 그가 훌륭하고 가치 있는 일이기 때문에 지키기로 약속해 놓고 권리청원 조항을 위반했다고 비난하지만, 우리가 듣는 얘기는 아침 6시마다 그가 예배를 본다는 것이다. 반다이크가 그린 초상화에 그려진 드레스와 잘생긴 얼굴, 뾰족한 턱수염과 함께 이러한 사건들 때문에 찰스 1세는 현세대 사람들에게 인기를 얻은 게 틀림없다고 우리는 확신한다."

관심은 전염된다

우리는 지금까지 청중의 관심을 끄는 방법에 대해 살펴보았다. 하지만 누군가 여기서 제안한 방법을 기계적으로 따르고, 정확하게 말한다 해도 연설은 여전히 흥미롭지 않고 따분할 수 있다. 사람들의 관심을 끌고 붙드는 것은 느낌과 생각에 관련된 미묘한 문제다. 증기기관차를 작동하는 것과 다르다. 일정한 규칙이 없다.

관심은 전염된다는 사실을 기억하라. 당신이 스스로 그 분야에 대해 병적일 정도로 관심이 있다면 청중도 대부분 관심을 가질 것이다. 얼마 전에 볼티모어에서 열린 강좌 수업 중에 한 신사가 일어나더니, 체서피크 만에서 지금과 같은 방식대로 락피쉬 낚시를 계속한다면 이 어종은 멸종하게 될 거라고 경고했다. 그것도 몇 년 안에! 그는 이 문제가 얼마나 심각한지를 깨달았다. 바로 이런 자세가 중요하다. 그 신사는 진지했다. 그가 말하는 내용과 그의 태도에서 그게 잘 드러났다. 신사가 말하려고 일어날 때까지 나는 체서피크 만에 락피쉬라는 물고기가 있는지도 몰랐다. 청중들 대부분이 나처럼 지식과 관심이 부족했을 거라고 생각한다. 하지만 그의 이야기가 끝난 뒤, 우리는 모두 그가 무엇을 말하려 했는지를 이해했다. 우리는 모두 법으로 락피쉬를 보호해야 한다고 입법부에 보내는 청원서에 기꺼이 서명을 했을지도 모른다.

언젠가 나는 당시 이탈리아 주재 미국 대사였던 리처드 워시번 차일드에게 인기 작가로 성공한 비결을 물은 적이 있다. 그는 이렇게 대답했다.

"나는 산다는 게 매우 즐겁기 때문에 가만히 있을 수 없습니다. 내 삶에 대해서 사람들에게 이야기해야만 합니다."

이런 연설자나 작가에게 매료되지 않을 사람이 누가 있겠는가? 런던에서 한 연설자의 강연을 들었다. 연설이 끝난 후, 우리 일행이었던 유명한 영국 소설가 E. F. 벤슨이 첫 부분보다 마지막 부분이 더 재미있었다고 말했다. 내가 이유를 묻자, 그는 이렇게 답했다.

"연설자가 마지막 부분을 더 재미있어하는 것처럼 보였거든요. 저는 열정과 재미를 주는 연설자에게 영향을 받습니다."

누구나 그렇다. 이 점을 명심하라.

청중의 관심을 끄는법

1. 우리는 평범한 것들 속에 깃들어 있는 특이한 사실에 관심을 갖는다.

2. 우리의 주 관심사는 자기 자신이다.

3. 다른 사람들이 자기 자신이나 자신의 관심사에 대해 이야기하게 하고, 그 이야기를 귀 기울여 듣는 사람은 거의 말을 하지 않더라도 일반적으로 뛰어난 달변가로 평가받는다.

4. 미화된 소문이나 사람들의 이야기는 언제나 관심을 끌고 붙든다. 말하는 사람은 몇 가지 요점만 정하고, 흥미로운 사람들의 이야기로 부가 설명을 해야 한다.

5. 구체적이고 명확해야 한다. '가난하지만 정직한' 따위의 연설자가 되지 마라. 단순히 마틴 루터가 소년 시절에 '다루기 힘든 고집불통'이었다고 말하지 마라. 사실을 말하라. 그러고 난 뒤 오전에만 15대를 맞을 정도로 선생님에게 자주 매를 맞았다는 말을 덧붙여라. 이렇게 하면 일반적인 주장이 명확하고, 인상적이며, 재미있어진다.

6. 당신의 눈앞에 이미지가 떠다니게 하는 단어, 그 장면을 연상시키는 문구를 이야기 중간중간에 섞어라.

7. 가능하다면 대칭되는 문장과 대조되는 개념을 써라.

8. 관심은 전염된다. 말하는 사람이 진심으로 그 주제에 관심이 있다면 청중도 반드시 관심을 가질 것이다. 하지만 이는 규칙 따위에 기계적으로 순응만 해서 될 일은 아니다.

15

행동을
이끌어내는 방법

"진정 유능한 연설자들은 맹목적 충동을 자신의 신으로 섬기지 않는다. 그들은 행동과 신념을 지배하는 법칙을 세심하게 연구한 후, 그로부터 형성된 판단력으로 충동을 조절하고 지배한다."
—아더 에드워드 필립스, 《효과적인 연설》

"난로를 파는 일이든, 공장의 정책을 표결에 부치는 일이든, 모든 비즈니스 대화에는 분명한 목적이 있다. 그 목적은 상품을 파는 것일 수도 있고, 어떤 아이디어를 파는 것일 수도 있다. 따라서 비즈니스 대화는 업무상 주고받는 편지나 길거리 광고판의 광고 문구처럼 사람들의 관심사에 호소해야 한다. 세밀하게 준비되고 계획된 대화는 철저하게 준비되고 검증된 광고가 그렇듯이 계획 없는 대화보다 훨씬 효과적이다."
—《성공적인 비즈니스 대화법》

"인생의 위대한 목적은 지식이 아니라 행동에 있다."
—헉슬리

"행동이야말로 다른 것과 뚜렷이 구별되는 위대함의 특징이다."
—E. 세인트 엘모 루이스

행동을 이끌어내는 방법

현재 당신이 가진 어떤 능력을 이내 두세 배로 향상시킬 수 있다면, 당신은 어떤 능력을 선택하겠는가? 다른 사람에게 영향을 미쳐 원하는 방향으로 행동을 유도할 수 있는 능력은 어떨까? 그런 능력을 향상시킨다면 당신의 힘, 이익, 기쁨은 더욱 커질 것이다.

성공적인 삶에 필수적인 이런 재능을 계속 운에만 맡겨두어야 할까? 본능이나 주먹구구식 임기응변에만 의존해 어리석은 실수를 연발해서는 안 된다. 이런 재능을 얻기 위한 합리적인 방법은 없을까?

물론 있으며, 지금부터 그에 관해 이야기하고자 한다. 나는 상식과 인간의 본성에 근거한 이 방법을 자주 사용했으며, 다른 사람들을 훈련시킬 때 그 효과를 입증해보였다.

이 방법의 첫 단계는 사람들의 관심과 주목을 끄는 것이다. 이에 실패하면 사람들은 당신의 말을 듣지 않을 것이다. 이와 관련해 9장과 14장에서 언급했던 내용을 다시 되짚어보기 바란다.

두 번째는 청중의 신뢰를 얻는 것이다. 신뢰가 없으면 그들은 당신의 말을 믿지 않을 것이다. 많은 연설자들은 이 부분에서 한계를 느낀다. 그리고 이 단계에서 많은 광고, 영업 서신, 그리고 많은 직원과 기업이 실패한다. 또한 많은 사람들이 각자의 환경에서 자신의 능력을 발휘하지 못하는 것도 이 때문이다.

신뢰받을 자격을 갖춰라

신뢰를 얻는 최선의 방법은 자격을 갖추는 것이다. J. 피어몬트 모건은 신뢰를 얻는 데 가장 중요한 요소는 인격이라고 말했다. 이는 청중의 신임을 얻기 위한 필수 요소이기도 하다. 나는 유창하고 재치 있는 연설자들이 그들보다 똑똑하진 않아도 진실한 연설자만큼 설득력을 발휘하지 못하는 경우를 많이 봤다.

최근에 내가 주최한 강좌에 외모가 뛰어난 수강생이 있었다. 연설할 때 드러나는 그의 거침없는 사고와 말재주는 사람들의 감탄을 자아냈다. 하지만 그가 말을 마치자, 사람들은 '똑똑한 친구네' 정도의 반응을 보이는 데 그쳤다. 그가 사람들에게 준 인상은 표면적 수준에 머물렀고, 그들의 마음을 움직이지 못했다. 한편 그와 같은 그룹에 속한 어느 보험사 직원은 체구가 작고, 말을 더듬는데다 표현도 세련되지 못했다. 하지만 그의 진정성은 눈을 통해 드러났고, 목소리는 깊은 울림을 일으켰다. 청중들은 자신도 모르는 사이에 그에게 깊은 신뢰감을 느꼈다. 칼라일은 《영웅과 영웅 숭배》에서 이렇게 말했다.

"미라보, 나폴레옹, 번즈, 크롬웰 등 뭔가를 이뤄낸 인물들은 무엇보다 진지하다. 나는 이런 이들을 성실한 인간이라고 부르겠다. 깊고 진실한 성실성이야말로 성공의 첫 번째 요소라고 생각한다. 스스로 성실한 척하는 가식적인 모습은 해당하지 않는다. 그런 태도는 정말 불쌍하고, 천박한 허영이자, 꾸며낸 성실성이고, 자만이라 할 것이다. 위대한 사람의 성실성은 자신도 말할 수 없고, 의식할 수 없는 것이다."

몇 년 전, 당대에 가장 재치 있고 뛰어난 연설가 중 한 명이 세상을 떠났다. 젊은 시절 그는 큰 꿈을 가진 장래가 촉망되는 젊은이었지만, 무엇 하나 제대로 이룬 것 없이 세월을 보냈다. 그는 가슴보다 머리가 발달한 사람이었다. 그는 무엇이든 자신에게 돈이 되거나 이익이 되는 것을 위해 입을 놀리면서 자신의 아까운 재능을 낭비했다.

그는 불성실하다는 오명을 얻으며 삶이 붕괴되었다. 웹스터가 말했듯이, 마음으로 느끼지 못한 거짓 동정심이나 성실한 이미지를 꾸며대도 소용없다. 그것은 통하지 않는다. 진실이 없는 말은 울림을 주지 못하는 공허한 메아리에 불과하다. 인디애나주의 연설가 앨버트 J. 베버리지는 이렇게 말했다.

"사람들의 가장 심오한 감정, 그들의 성격에서 가장 큰 영향력을 갖는 것은 종교적 요소다. 이는 자기 보호의 심리만큼 본능적이고 본질적인 힘으로, 사람의 지성과 성격을 형성한다. 설익은 사고로 남에게 큰 영향을 주고자 하는 사람은 우선 청중들과 이 위대하고 분석하기 어려운 공감의 유대부터 형성해야 한다."

링컨은 사람들과 공감했다. 그에게 화려한 언변은 없었다. 그를 '웅변가'라고 부르는 사람은 없었다. 더글러스 판사와의 논쟁에서도 상대방의 노련함, 유연함, 웅변술과 비교되었다. 사람들은 더글러스를 '작은 거인'이라고 부르고, 링컨은 '정직한 에이브'라고 불렀다.

더글러스는 매력적이었고, 활기와 열정이 있었다. 하지만 그는 양립할 수 없는 가치들 사이에서 위험한 줄타기를 했고, 원칙보다 책략을, 정의보다 편익을 우선시했다. 이로 인해 그는 몰락을 자초했다.

링컨은 어땠을까? 그가 말할 때는 어떤 진솔한 향기가 느껴졌으며, 이는 그의 말에 힘을 더해주었다. 사람들은 그의 정직성, 성실함, 그리고 그리스도 같은 성품을 느낄 수 있었다. 법률 지식 면에서 그를 능가하는 사람은 많았지만, 링컨만큼 배심원들에게 영향력을 발휘하는 사람은 드물었다. 그는 자신에게 유리한 방향으로 일을 끌고 가기보다는, 정의와 불변의 진리를 수호하는 일에 수천 배 더 관심을 가졌다. 그리고 사람들은 그의 말에서 그러한 진심을 충분히 느낄 수 있었다.

경험을 전하라

청중들의 신뢰를 얻는 두 번째 방법은 자신의 직접적인 경험을 전하는 것이다. 이 방법은 매우 효과적이다. 만약 당신이 의견을 말하면 사람들은 의문을 제기할 수도 있다. 어디서 들은 이야기나 책에서 읽은 내용을 말한다면 중고품 같다는 느낌을 받을 것이다. 하지만 자신의 체험, 깊은 울림과 진실성이 담긴 이야기는 사람들의 흥미를 끌고 신뢰를 얻는다. 청중들은 그 특정 주제에 관해서는 당신을 권위자로 인정할 것이다.

제대로 소개받아라

많은 연설자들이 제대로 소개받지 못해 청중의 관심을 빨리 끌지 못하는 경우가 많다.

'소개'를 의미하는 인트로덕션(Introduction)은 인트로(Intro, 안으로)와 듀서(Ducere, 이끌다)라는 두 개의 라틴어에서 온 말이다. 따라서 소개는 청중을 주제의 핵심 안으로 이끌고 가서 이야기를 듣고 싶다는 충동을 일으켜야 한다. 소개는 연설자와 관련된 중요 사실들, 즉 그가 해당 주제를 논하기에 적합한 인물임을 증명하는 사실 속으로 청중을 인도해야 한다. 다시 말하자면, 소개는 청중에게 주제를 '팔고' 연설자를 '팔아야' 한다. 그것도 가능한 짧은 시간 내에 해야 한다.

연설자로서는 그렇게 소개받아야 마땅하지만, 현실이 과연 그럴까? 열에 아홉은 그렇지 못하다. 대부분 소개는 빈약하고, 참을 수 없을 만큼 허술한 경우가 많다. 언젠가 나는 이름값을 해야 마땅한 어느 유명 연설자가 아일랜드 시인 W. B. 예이츠를 소개하는 것을 들은 적이 있다. 예이츠는 자신의 시를 낭송하기로 되어 있었다. 예이츠는 그보다 3년 전에 문학인에게 최대의 영예인 노벨 문학상을 받았지만, 그 자리에 있던 청중들 가운데 그 상과 그 상의 의미를 알고 있는 사람은 분명 10퍼센트도 안 되어 보였다. 따라서 그를 소개할 때 다른 무엇보다 그 두 가지는 언급해야 했다. 하지만 그 의장이란 사람은 이를 무시한 채 신화와 그리스 시에 대해서만 이야기를 늘어놓았다. 그는 부지불식간에 자기 자신의 지식과 자부심을 청중에게 드러내고 싶어 했던 것이다. 그 의장은 국제적으로 유명했고 남에 의해 소개받은 경험은 많았지만, 자신이 남을 소개하는 데는 영 형편없었다. 그 정도의 경력을 가진 사람이 실수를 한다면 다른 사회자는 어떻겠는가?

그럼 이 문제를 어떻게 극복해야 할까? 겸손한 자세로 사회자에게 자신을 소개하는 데 참고가 될 만한 몇 가지 사실을 알려줘도 괜찮은지 물어보라. 그는 감사하게 당신의 제안을 받아들일 것이다. 그러면 당신이 소개받을 때 언급되었으면 하는 것들, 당신이 해당 주제에 대해 이야기할 만한 위치에 있음을 드러내는 내용들, 그리고 청중이 알아야 할 간단한 사실과 당신의 발언을 의미 있게 해줄 정보들을 전해주어라. 물론 한 번 듣고 그친다면, 그 사회자는 반은 잊어버리고 나머지 절반도 뒤죽박죽 기억할 것이다. 따라서 그가 당신을 소개할 때 참고할 수 있도록 한두 문장으로 정리한 내용을 전해주는 게 좋다. 과연 그가 당신의 바람대로 그 내용을 참고할까? 물론 그러지 않을 수도 있지만, 더 이상은 어쩔 수 없다.

푸른 풀과 히코리 나무의 재

어느 가을에 나는 뉴욕 YMCA 여러 곳에서 대중 연설 강좌를 하고 있었다. 뉴욕에서 유명한 판매 조직 한 곳의 스타급 영업 사원이 이 강좌에 참석했는데, 어느 날 저녁 그는 자신이 씨앗이나 뿌리 없이 푸른 풀을 자라게 했다는 터무니없는 이야기를 했다. 그의 말에 따르면, 새로 쟁기질한 땅 위에 히코리 나무의 재를 뿌렸더니 놀랍게도 푸른 풀이 자랐다는 것이다! 그 풀이 돋아나게 한 것은 바로 히코리 나무의 재라고 그는 굳게 믿고 있었다.

나는 그의 연설에 대해 평하면서 그런 주장이 정말 사실이라면 그는 백만장자가 될 거라고 웃으며 말해주었다. 씨앗 비용을 엄청나게 절감할 수 있을 테니 말이다. 또한 그럴 경우 그는 역사상 가장 뛰어난 과학자로 기록되어 절대 잊히지 않을 것이라고 말했다. 지금까지 그 누구도 생명이 없는 것에서 생명을 만들어내는 기적을 일으킨 적은 없다고 지적하기도 했다.

그의 주장은 너무나 터무니없고 명백한 오류였기 때문에 나는 모든 이야기를 조용히 전했다. 내가 말을 마치자 그 강좌를 듣던 다른 수강생들도 그의 주장이 터무니없다고 생각했지만, 그는 결코 자신의 생각을 굽히지 않았다. 그는 자신이 살아 있다는 사실만큼이나 자신의 생각을 철석같이 믿었다. 그는 자리에서 일어나 자신이 틀리지 않았다고 거듭 주장했다. 자신은 어떤 이론을 강의하는 게 아니라 자신의 경험을 전하는 것이라고 말했다. 그는 자신의 말에 확신이 있었다. 그는 최초의 발언에 살을 붙여가면서 추가적인 정보와 증거를 제시했고, 그의 목소리에서는 진실과 정직성이 묻어나왔다.

나는 그의 주장이 옳고 진실일 수 있는 가능성은 극히 낮다고 거듭 말했다. 그러자 그는 화를 내며 5달러 내기를 제안했고, 미국 농무성에 물어 판결을 받아보자고 했다.

그 결과 수강생 몇 명은 그의 주장에 동조하게 되었다. 나는 놀라며 그들에게 어떻게 그의 주장을 믿게 되었는지 물었다. 그들은 그에게서 엿본 진지함과 자기 생각에 대한 믿음 때문이라고 답했다. 이게 그들이 그의 말을 믿은 이유였다.

진지함, 이는 특히 일반 대중에게는 믿을 수 없을 정도로 큰 힘을 발휘한다. 독립적인 사고 능력을 가진 사람은 드물다. 마치 에티오피아의 황옥처럼 귀하다. 반면 우리 모두는 감정과 정서가 있으며, 연설가의 감정에 영향을 받는다. 만일 연설가가 진심을 담아 말한다면, 허허벌판에 뿌려진 재에서 푸른 풀이 돋아났다고 말해도 믿을 사람들이 있을 것이다. 심지어 뉴욕의 세련되고 성공한 기업인들 중에서도 추종자를 찾을 수 있을 것이다.

청중의 관심과 신뢰를 얻고 나면 진짜 작업이 시작된다. 이제 세 번째 단계는 사실을 진술하고, 당신의 주장이 지닌 장점을 청중에게 이해시키는 것이다.

당신 주장의 장점을 이해시켜라

이것이 연설의 핵심이자 본질이다. 여기에 대부분의 시간을 사용해야 한다. 이제 당신은 명확성에 대해 12장에서 배운 모든 내용, 감동과 확신을 주는 법에 대해 13장에서 배운 내용을 적용해야 한다.

철저한 준비가 빛을 발하는 것도 여기에서다. 빈약한 준비는 여기서 뱅쿼의 유령(셰익스피어의 《멕베스》에 등장하는 유령—옮긴이)처럼 튀어나와 당신을 비웃을 것이다. 전쟁터에 비유하면 이곳이 최전선이라고 할 수 있다. 포슈 원수는 이렇게 말했다. "전쟁터에서는 연구할 시간이 없다. 이미 알고 있는 것을 적용해야 할 뿐이다. 그러므로 분명히 알고, 그 아는 바를 신속하게 활용해야 한다."

이 부분에서는 주제에 대해 실제로 언급할 수 있는 것보다 훨씬 더 많이 알고 있어야 한다. 《거울 나라의 앨리스》에 등장하는 백기사는 여행을 떠나기 전에 발생할 수 있는 모든 일에 대비한다. 그는 쥐들이 괴롭힐 것을 걱정해 쥐덫을 준비했고, 길을 잃은 벌떼를 만날 것을 대비해 벌통도 마련했다. 만약 백기사가 대중 연설도 그렇게 준비했다면 커다란 성공을 거뒀을 것이다. 엄청난 양의 정보로 그를 방해하는 반대를 모두 압도할 수 있었을 것이다. 그는 자신이 말할 주제를 잘 파악하고 철저하게 계획해 실패의 가능성을 차단했을 것이다.

패터슨 식 반대 의견 대처법

만약 기업인 그룹을 상대로 영향력 있는 제안을 하고자 한다면, 당신만 그들을 이해시키려 해서는 안 되고 그들도 어떤 생각을 하고 있는지 당신에게 설명하도록 만들어야 한다. 그들이 어떤 생각을 하고 있는지 알아야만 엉뚱한 과녁을 겨냥하는 꼴을 면할 수 있다. 그들이 자신의 생각을 표현하게 하고, 당신은 그들의 반대 의견에 성실히 답하라. 그러면 상대는 좀 더 마음이 너그러워져서 당신의 말을 받아들일 것이다. 〈시스템 매거진〉에 실린 그의 기사를 통해 내셔널 캐시 레지스터 사의 초대 사장인 존 H. 패터슨이 이런 상황에 대처한 방식을 소개하면 다음과 같다.

"우리 회사는 금전등록기의 가격을 올려야 했다. 하지만 대리점과 영업 담당자들은 반대하며, 가격을 그대로 두지 않을 경우 영업에 큰 지장이 있다고 주장했다. 나는 그들 모두를 데이턴으로 불러들여 회합을 가지며 직접 회의를 주도했다. 내 뒤쪽 단상 위에는 커다란 종이 한 장이 붙어 있었고, 기록할 사람을 옆에 세워두었다.

나는 사람들에게 가격 인상에 반대하는 이유를 물었다. 그러자 의견이 기관총처럼 쏟아져 나왔다. 나는 기록자에게 사람들의 의견을 큰 종이에 적도록 했다. 첫날은 회의 내내 반대 의견을 모으는 데만 시간을 보냈다. 나는 그들에게 의견을 제시하라고만 할 뿐 아무것도 하지 않았다. 모임이 끝나고 의견을 종합해보니 반대 이유가 100여 개에 달했다. 나올 수 있는 모든 이유가 그들 앞에 있었고, 그들의 마음에는 어떤 변화도 허용하지 않겠다는 결론이 나 있는 듯 보였다. 1차 회의는 그렇게 마무리되었다. 다음 날 아침, 나는 그 반대 의견들 하나하나를 지적하면서 왜 그 의견들이 부적절한지 도표와 말로 설명했다. 사람들은 모두 수긍했다. 왜 그랬을까? 반대 의견이 모두 분명히 제시되었고, 토론은 그에 집중되었다. 해결되지 않고 남은 것은 하나도 없었다. 우리는 그 자리에서 모든 것을 해결한 것이다.

하지만 나는 논쟁을 통해 문제를 해결하는 것만으로는 충분하지 않을 거라고 판단했다. 대리점 사원들의 모임은 참석자 모두가 새로운 의욕으로 충만한 채 끝나야 하는데, 논쟁을 하다 보면 등록기 자체와 관련된 문제들이 토론 과정에서 희석될 수 있다. 이런 일은 절대 일어나선 안 되었다. 일종의 극적인 마무리가 필요했다. 나는 회의 종료 직전에 100명의 사람들이 한 사람씩 무대를 행진하게 했다. 각자 깃발을 한 개씩 들었고, 그 깃발에는 최신 기종의 금전등록기 부품이 하나씩 그려져 있었다. 마지막 사람이 무대를 가로지를 때, 전원이 다시 모여 완벽한 기계를 구성하며 마무리했다. 모임은 대리점 사람들의 환호 속에 끝났다."

욕망과 욕망이 싸우게 하라

이 방법의 네 번째 단계는 사람을 행동하게 하는 동기에 호소하는 것이다. 이 세상의 모든 것들은 우연에 의해서가 아니라 불변의 인과 법칙에 의해 움직인다.

"세상은 질서 있게 만들어졌고, 원자는 조화를 이루며 행진한다."

지금까지 일어났고, 앞으로 일어날 모든 일들은 그전에 일어난 어떤 일의 논리적이며 불가피한 결과이며, 앞으로도 그럴 것이다. 또한 이와 동시에 그 뒤에 일어날 어떤 일의 논리적이고 불가피한 원인이기도 하며, 앞으로도 그럴 것이다. 이 원칙은 메디아 인들이나 페르시아 인들의 법처럼 변하지 않는다.

지진과 요셉의 화려한 코트, 기러기 울음소리와 질투심, 찐 콩과 베이컨 요리의 가격, 코이누르 다이아몬드, 그리고 시드니의 아름다운 항구가 진실이듯 이 법칙도 어김없는 진리다. 동전 투입구에 동전을 넣으면 한 통의 껌이 나오는 것처럼 엄연한 사실이다. 이를 알고 있으면, 왜 미신이 어리석은지 확실히 이해할 수 있다. 테이블에 열세 명이 둘러앉아 주문을 외운다거나, 거울이 깨진다고 해서 불변의 자연법칙이 조금이라도 멈춰지거나 바뀌거나 영향을 받겠는가?

우리가 행하는 의식적이고 의도적인 모든 행동을 일으키는 원인은 무엇인가? 욕망이다. 이에 해당하지 않는 사람들은 정신병원에 갇힌 사람들뿐이다. 우리를 움직이게 하는 것은 많지 않다. 우리는 매시간, 매일 밤낮 몇몇 아주 적은 수의 욕망에 의해 지배된다.

이 모든 것이 의미하는 것은, 우리가 이 동기들이 무엇인지 알고, 그에 호소할 수 있는 능력이 있다면 엄청난 힘을 갖게 된다는 사실이다. 현명한 연설자는 바로 이것을 하려고 한다. 하지만 이를 모르는 미숙한 연설자는 맹인처럼 어디로 가는지도 모른 채 길을 더듬는다.

예를 들어 어떤 아버지가 어린 아들이 몰래 담배를 피워온 사실을 알게 되었다고 가정하자. 아버지는 당장 담배를 끊으라고 아들을 꾸짖으면서 담배가 건강에 해롭다고 경고한다. 하지만 아들은 건강에는 관심이 없고, 담배의 맛과 담배를 피우는 데서 느끼는 스릴을 즐긴다고 해보자. 그러면 어떻게 될까? 아버지의 경고는 아무런 소용이 없을 것이다. 왜 그럴까? 아버지에게는 아들의 주요 행동 동기를 이해하고 이용하는 지혜가 없었기 때문이다. 아버지는 자신의 동기에 따라 움직였을 뿐, 아들의 심리는 전혀 이해하지 못했던 것이다.

그런데 그 아들이 학교 육상부에 들어가서 100미터 달리기 대회에 출전하려 하며, 운동에서 실력을 쌓고 싶어 한다고 하자. 그러면 아버지는 자신의 생각만 늘어놓을 게 아니라, 흡연이 아들의 꿈을 이루는 데 큰 장애가 될 거라고 차근차근 말하는 게 나을 것이다. 그러면 아버지는 언성을 높이지 않고, 더 약한 욕망을 더 강한 욕망과 충돌시키는 현명한 방법으로 아들에게 원하는 행동을 이끌어낼 수 있을 것이다. 세계 최대 스포츠 행사의 하나인 옥스퍼드-캠브리지 대학 조정 경기에서도 비슷한 상황이 벌어진다. 경기에 참가하는 선수들은 훈련 기간에 스스로 흡연을 중단한다. 경기에서 이기는 것에 비교할 때 다른 욕망은 부차적인 것이기 때문이다.

오늘날 인류가 직면한 가장 심각한 문제 중의 하나는 해충과의 전쟁이다. 몇 년 전, 정부는 일본 정부의 제안으로 워싱턴 호숫가의 조경을 위해 벚나무를 수입해 심었는데, 이때 오리엔탈 과일 나방이 함께 들어오게 되었다. 이 나방은 점점 수가 늘어나더니 동부 여러 주의 과일 작황을 위협했다. 살충제 살포도 별 효과가 없자, 정부는 일본에서 또 다른 곤충을 들여와 그 나방을 잡아먹게 하는 방법을 택했다. 농업 전문가들은 한 해충이 다른 해충과 충돌하게 만드는 전략을 쓴 것이다.

다른 사람의 행동을 유도하는 데 능숙한 사람도 비슷한 방법을 이용해 하나의 동기가 다른 동기와 대립하게 한다. 이런 방법은 상식적이고 분명한 방법처럼 보여 보편적으로 사용된다고 생각하기 쉽지만, 실상은 전혀 그렇지 않다. 이 방법이 제대로 활용되지 못하고 있다고 생각되는 경우가 많다.

예를 들어보자. 내가 어느 도시의 정오 만찬에 참석했을 때의 일이다. 인근 도시의 골프장에서 경기에 참가할 사람을 모집했는데, 신청자가 많지 않았다. 골프장 사장은 낙담했다. 자신이 후원하는 행사가 물거품이 되어버리고 체면이 상할 판이었다. 그래서 많은 사람이 참석해주길 호소했지만, 그의 태도와 말은 적절하지 않았다. 그는 많은 사람들이 참석하길 바란다는 자신의 소망을 전달할 뿐이었다. 그런 식으로는 사람들에게 어필할 수 없었다. 그는 사람의 마음을 기술적으로 다루지 못하고, 그저 자신의 감정만 풀어놓았을 뿐이었다. 담배 피우는 아들에게 화난 아버지처럼 그는 상대방의 욕망을 전혀 고려하지 못했다.

그럼 어떻게 해야 했을까? 그는 남에게 얘기하기 전에 자신에게 상식적으로 이렇게 물었어야 했다. '왜 좀 더 많은 사람들이 골프 행사에 참석하지 않는 걸까? 아마 시간을 낼 수 없는 사람도 있겠고, 기차 요금이나 기타 비용에 부담을 느껴 참석하지 않으려는 것일지도 모른다. 이 문제를 어떻게 해결해야 할까? 이런 식으로 설득하는 것이 좋겠다. 레크리에이션은 시간 낭비가 아니다. 피로를 풀지 못하고 6일을 일하는 것보다 좋은 컨디션으로 5일 일하는 것이 훨씬 능률적이다. 물론 다들 아는 사실

이지만 다시 일깨워 주는 게 좋겠다. 이 행사에 참여하는 많지
않은 비용을 아끼는 것보다 더 중요한 것이 있다는 사실도 지적
해야겠다. 그리고 이 행사에 참여하는 것은 건강과 즐거움에 투
자하는 것이라고 일러줘야겠다. 또 그들의 상상력을 자극해 골
프장을 걸어다니는 모습, 얼굴에 불어오는 시원한 바람, 발밑의
푸른 잔디를 떠올리게 하고, 무더운 도시에서 돈 몇 푼 벌기 위
해 허덕이는 사람들을 측은하게 느끼도록 해야겠다.'

이렇게 하는 것이 단순히 '여러분이 참석해주시면 감사하겠
습니다'라고 말하는 것보다 훨씬 효과적이지 않겠는가?

우리의 행동을 결정하는 욕망

그렇다면 우리의 행동을 지배하고, 사람다운 행동을 하게 만
드는 기본적인 욕망은 무엇일까? 이 기본적인 욕망을 제대로
이해하고 이용하는 것이 성공에 중요하다면 상세히 들여다보
고 분석해보자. 지금부터는 그 욕망에 대해 살펴볼 것이다. 당
신의 머릿속 깊숙한 곳에 그 의미가 분명히 각인될 것이다.

사람을 움직이게 하는 가장 강한 동기 가운데 하나는 이익을
추구하는 욕망이다. 오늘 아침에도 수백만의 사람들이 애써 잠
을 몰아내고 아침 일찍 일어나게 된 동기는 바로 이것이다. 이
욕망은 새벽의 단잠과 침대의 푹신함보다 더 강하다. 누구나 다
알고 있는 이 욕구의 강한 힘에 대해 더 말할 필요가 있겠는가?

그런데 돈에 대한 욕구보다 더 강한 것이 있으니 바로 자기
보호 욕구다. 건강과 관련된 온갖 주장들은 이에 기초하고 있

다. 예를 들어 도시 광고에서 건강에 좋은 기후를 선전하고, 식품 회사가 자기 제품의 순도와 기력 충전 효과를 강조하고, 약장수가 자신의 만능약이 치료해줄 수많은 질병을 나열하며, 낙농업자 조합이 우유는 비타민이 풍부하고 꼭 필요한 식품이라 주장하고, 금연협회의 연설자가 담배의 3퍼센트는 니코틴이고, 니코틴 한 방울이면 개 한 마리를 죽일 수 있으며, 여덟 방울이면 말 한 마리를 죽일 수 있다고 위협하는 주장들은 우리의 근원적인 욕망에 호소하고 있는 것이다.

이 욕망에 대한 호소력을 조금 더 강하게 하려면 개인적 차원의 문제로 끌어내려라. 예를 들어 암이 증가 추세에 있다는 사실을 단순히 통계 자료로 이야기하는 데 그치지 말고 청중들과 직접 연계시켜라. 이런 식으로 말이다. "이 방에는 30명의 사람들이 있습니다. 의학적 통계에 따르면, 여러분 모두가 마흔다섯 살까지 산다고 할 경우 여러분 중 세 분은 암으로 사망할 것입니다. 누가 그분이 될지 궁금하네요. 앞에 앉은 이분일지, 그 뒤에 계신 분일지, 아니면 저쪽에 앉아 계실 분일지 말입니다."

돈을 추구하는 욕망만큼 강한 것은 남에게 인정받고자 하는 욕구다. 많은 사람들에게 이 욕망은 돈을 추구하는 욕망보다 강하다. 달리 말하자면 이는 자부심이며, 나를 지탱해주는 힘이자, 어떻게 보면 나 자신이다.

자부심! 그 이름으로 얼마나 많은 범죄가 저질러졌던가? 오랜 세월 중국에서는 많은 소녀들이 참을 수 없는 고통의 비명을 지르면서도 자발적으로 전족(纏足)의 풍습을 따랐다. 그들이 발을 묶어 자라지 못하게 한 이유는 그들의 자부심 때문이었다. 이 순간에도 중앙아프리카의 일부 지역에서는 수천 명의 원주민 여성들이 입술에 나무 원반을 끼고 있다. 믿기 힘들겠지만, 이 원반은 음식을 담는 접시 크기만 하다. 이런 풍습을 가진 부족의 소녀들은 여덟 살이 되면 입술의 바깥쪽을 찢고 그 안에 원반을 끼워 넣는다. 어느 정도 시간이 지나면 먼저 끼워 넣은 원반을 더 큰 것으로 교체한다. 마지막에는 이 무지막지한 장식품이 들어갈 공간을 만들기 위해 치아를 제거하기도 한다. 이로 인해 그녀들은 정확한 발음을 할 수 없게 되고, 사람들은 그들의 말을 알아듣지 못한다. 그들이 이런 참혹한 고통을 견뎌내는 이유는 더 아름답게 보이기 위해서고, 남에게 칭찬받고 스스로를 높이 평가하며 자신의 자부심을 만족시키기 위해서다.

이곳 멜버른, 몬트리올 혹은 클리블랜드에 사는 우리는 그 정도는 아니다. 하지만 자존심을 자기 내면의 최고 신으로 떠받드는 것은 본질적으로 그들과 다르지 않다. 따라서 사람들의 자부심에 호소하는 것은 잘만 하면 T.N.T.에 맞먹는 위력을 발휘한다.

당신이 왜 이 강좌를 듣는지 자문해보라. 어느 정도는 남에게 더 잘 보이고 싶어서인가? 감동적인 연설에서 오는 내적 만족을 위해서인가? 대중 연설가의 자연스러운 덕목인 힘과 리더십과 명성에 대한 자부심을 느끼고 싶어서인가?

어느 통신 판매 잡지의 편집인은 최근 한 강연에서 영업 서신에 담을 수 있는 온갖 호소 중에서도 가장 효과적인 것이 자부심과 이익에 대한 호소라고 말했다.

링컨은 이 자부심을 추구하는 동기에 호소해 소송에서 이긴 적이 있다. 1847년 테이즈웰 카운티 법정에서의 일이었다. 케이스라는 사람이 스노우라는 이름의 형제에게 멍에 맨 소와 쟁기를 각각 두 개씩 판매했다. 스노우 형제가 미성년자였음에도 케이스는 그들이 제시한 200달러짜리 공동 어음을 받았다. 하지만 어음 만기일이 되자, 그에게 돌아온 것은 현금이 아닌 조롱뿐이었다. 그래서 그는 링컨을 고용해 사건을 법정으로 가져갔다. 스노우 형제는 자신들이 미성년자이며, 케이스도 그 사실을 알면서 어음을 받았다고 주장했다. 링컨은 그들의 주장과 미성년자 보호법의 유효성을 모두 인정했다. "맞습니다. 저도 그렇게 생각합니다." 상대의 주장을 순순히 인정하는 것으로 보아 그는 마치 소송을 완전히 포기한 듯 보였다. 하지만 변론 차례가 오자 링컨은 12명의 배심원에게 이렇게 말했다.

"배심원 여러분, 여러분은 이 소년들이 그들의 인격에 이런 수치와 불명예의 오물을 뒤집어쓴 채 인생을 시작하게 하실 생각인가요? 인격에 대한 최고 심판자는 이런 글을 남겼습니다.

'오, 하나님, 무릇 인간의 선한 이름은 그 영혼의 귀한 보석입니다.

내 지갑을 훔치는 자는 쓰레기를 훔친 것일 뿐입니다. 그것은 사실 아무것도 아닙니다. 한때 내 것이었지만 그의 것이 되었고, 또 다른 수천 명의 노예였을 뿐입니다.

하지만 나에게서 선한 이름을 훔치는 자는 자신을 풍요롭게 하지는 못하면서 나를 진정으로 가난하게 만드는 도둑입니다.'"

그러고 나서 링컨은 만약 상대 변호사가 지각 없이 부추기는 행동만 하지 않았어도 그 소년들이 그런 죄를 짓지 않았을 거라고 주장했다. 그는 법을 다루는 고상한 직업이 정의를 장려하기보다 파괴하는 데 사용될 수 있다며 상대 변호사를 비난했다. 그는 계속해서 말을 이어나갔다. "자, 배심원 여러분, 이제 저 소년들을 세상에 제대로 내보내는 것은 여러분에게 달려 있습니다." 이런 말을 듣고도 배심원들이 명백한 잘못을 보호하기 위해 자신의 이름과 영향력을 빌려줄까? 그들이 자신의 이상에 충실한 사람들이라면 그렇게 할 수 없으리란 것을 링컨은 알고 있었다. 링컨은 그들의 자부심에 호소했고, 배심원단은 따로 자리를 마련해 논의할 필요도 없이 그 자리에서 빚을 갚아야 한다는 평결을 내렸다.

링컨은 정의를 사랑하는 배심원들의 감정에도 호소했던 것이다. 사람들은 거의 모두 정의감을 갖고 태어났다. 우리는 거리에서 작은 아이가 큰 아이로부터 괴롭힘을 당하는 것을 보면, 작은 아이 편에 서게 된다.

인간은 감정의 존재이며, 편안함과 즐거움을 갈망한다. 우리는 커피를 마시고, 비단 양말을 신고 극장에 가며, 바닥이 아닌 침대에서 잠을 잔다. 그것들이 좋다고 논리적으로 사고했기 때문이 아니라 그저 편하기 때문에 한 선택이다. 그러므로 당신의 목적이 사람들의 편안함과 즐거움을 높여준다는 것을 알려

주어라. 이로써 그들을 행동하게 하는 동기를 강하게 자극할
수 있다.

시애틀이 미국의 도시들 가운데 사망률이 가장 낮으므로, 그
곳에서 태어난 아이는 오래 살 가능성이 높다고 광고한다면 어
떤 동기에 호소하는 것일까? 이는 '애정'이라는 동기다. 이 동
기는 아주 강한 힘을 갖고 있어서 인간 행동의 상당 부분이 이
동기에서 추진력을 얻는다. 애국심 역시 애정과 감정의 동기에
기반하고 있다.

다른 동기에 대한 호소가 실패했을 때는 때때로 감정에 대
한 호소가 행동을 이끌어내기도 한다. 뉴욕 시의 유명한 부동
산 경매인 조세프 P. 데이도 이를 경험했다. 그는 감정에 호소
해 일생에서 가장 큰 거래를 성사시켰다. 그의 이야기는 다음
과 같다.

"전문 지식이 판매의 전부는 아닙니다. 제 생애 최대의 거래
를 성사시킬 때, 저는 전문 지식은 전혀 사용하지 않았습니다.
저는 브로드웨이 71번지에 있는 미국 철강 회사 건물을 매각
하기 위해 게리 판사와 협상 중이었습니다. 저는 거래가 다 끝
났다고 생각해서 그 건물에 사무실을 둔 게리 판사를 찾아갔는
데, 그는 차분하고 단호하게 이렇게 말했습니다.

'데이 씨, 이 근처에 좀 더 현대적인 건물 하나가 있는데, 그
곳이 우리 목적에 더 잘 맞는 것 같아요. 마무리가 참 잘된 건물
이죠. 이 건물은 당신도 알다시피 너무 낡았어요. 동료들 몇몇
도 여러 면에서 그 건물이 저희에게 더 적합하다고 하더군요.'

500만 달러짜리 계약이 날아갈 참이었습니다. 저는 잠시 말 없이 있었고, 게리 판사도 더 이상 말을 잇지 않았습니다. 그는 이미 결정을 내린 것 같았습니다. 만일 그때 핀이라도 바닥에 떨어졌다면 폭탄 터지는 소리처럼 들렸을 겁니다. 저는 그에게 대답 대신 이렇게 물었습니다.

'판사님이 뉴욕에 처음 오셨을 때, 어느 사무실에 처음 계셨나요?'

'바로 여기요. 아니면 건너편 방이던가.'

'이 철강 회사가 창업된 곳은 어디였죠?'

'물론 여기 있는 사무실들이죠.' 그는 생각에 잠긴 것 같았어요. 그러더니 곧 스스로 말을 이었습니다. '우리 젊은 간부들 몇몇이 여기보다 좋은 사무실에서 일했던 적이 있었습니다. 그들은 여기 있는 낡은 가구들이 마음에 들지 않았던 모양입니다. 하지만 지금 그들은 이곳에 없습니다.'

이렇게 해서 매매가 성사됐습니다. 그다음 주에 정식으로 계약을 했죠. 물론 저는 그들이 고려했던 건물이 어떤지 알고 있었고, 두 건물의 구조적인 장점도 비교할 수 있었습니다. 하지만 그렇게 했다면 게리 판사는 건축의 본질적인 문제를 놓고 저와 논쟁을 했겠죠. 저는 대신 감정에 호소했던 것입니다."

종교적인 동기

우리에게 큰 영향을 미치는 또 다른 동기가 있다. 이를 종교적 동기라고 칭하면 어떨까? 종교적이라고 이름 붙인 이유는 정통적인 숭배나 어느 특정 종파의 교의와 관련되어 있기 때문이 아니다. 그보다는 그리스도가 가르쳤던 아름답고 영원한 진리들(정의, 용서, 자비, 그리고 남을 섬기고 이웃을 자기 몸같이 사랑하기)과 관련된 것이기 때문이다.

사람은 누구나 남에게 혹은 자신에게조차 내가 친절하지 않고, 아량이 넓지 않으며, 마음씨가 나쁘다고 여겨지길 원치 않는다. 따라서 누군가 이런 심리를 건드려 호소하면 우리는 쉽게 마음이 움직인다. 그런 호소에 반응하는 마음씨는 고귀한 영혼을 나타내며, 우리는 그런 품성을 가진 데 대해 자부심을 느낀다.

C. S. 워드는 오랫동안 국제 YMCA위원회 사무관으로 일하면서 협회 건물 건립을 위한 기금 모금 활동에 자신의 모든 시간을 바쳤다. 내가 지역 YMCA를 위해 1000달러 수표를 발행한다고 해도 그게 나의 보호 수단이 되거나 나의 재산이나 권력이 향상되는 것도 아니다. 그럼에도 많은 이들이 그런 일에 동참하는 이유는 고상하고 정의롭고자 하는 욕망, 또 남에게 도움이 되고 싶은 욕망 때문이다.

북서부 지역의 어느 도시에서 모금 운동을 하면서 워드는 교회나 사회운동과는 담을 쌓고 살아온 어느 유명 기업인에게 연락했다. 과연 그 기업인이 일주일 동안 자신의 사업을 제쳐두고 YMCA 건물 기금 모금 활동에 참여할까? 전혀 가능성이 없어 보였다. 그런데 신기하게도 그는 모금 운동 개회식에 참석하기로 했다. 그리고 워드가 그의 고귀한 정신과 이타주의에 호소한 데 마음이 움직여 일주일 동안 열정적으로 모금 활동에 나섰다. 그동안 불경스런 언행으로 악명 높았던 이 사업가는 불과 일주일도 되기 전에 모금 운동의 성공을 기원하는 사람으로 바뀐 것이다.

한번은 사람들이 제임스 J. 힐을 찾아가 북서부 지역 철도 노선을 따라 YMCA를 설립하자고 한 적이 있었다. 이를 위해서는 상당한 자금이 필요했다. 힐을 이익만 추구하는 사업가라고 생각한 그들은 어리석게도 돈에 대한 욕망을 자극하는 방향으로만 그를 설득하려고 했다. 그들은 YMCA 협회가 근로자들의 행복하고 만족스러운 삶에 도움이 될 뿐 아니라 그의 재산 증식에도 기여할 것이라고 말했다.

그러자 힐은 이렇게 대답했다. "여러분은 제가 YMCA를 설립하는 데 협조하고 싶은 진정한 동기를 아직 언급하지 않으시는군요. 올바른 일을 하는 데 힘이 되고 싶은 욕망과 기독교인다운 인격을 기르고 싶은 욕망 말입니다."

국경 지역의 영토를 둘러싼 해묵은 분쟁으로 인해 1900년에 아르헨티나와 칠레는 전쟁 직전까지 갔다. 이 문제를 피로 해결하기 위해 두 나라는 전함을 건조하고, 무기를 비축하고, 세금을 늘렸을 뿐 아니라, 그 밖의 여러 분야에서 어마어마한 비용을 들였다. 그러던 차에 1900년 부활절에 아르헨티나의 한 주교가 그리스도의 이름으로 간절히 평화를 호소했고, 이어서 안데스 산맥 너머 칠레 주교가 이 메시지에 답했다. 그들은 마을을 돌아다니며 평화와 형제애를 호소했다. 처음에 그들을 따르던 무리는 여성뿐이었지만, 나중에는 전 국민이 이 호소에 마음이 움직였다. 평화를 위한 국민들의 여론과 탄원으로 인해 결국 두 나라 정부는 타협하고 서로의 군대를 감축시켰다. 국경 지역 요새를 철거하고, 총기를 녹여 청동 그리스도 상을 만들었다. 오늘도 고고한 안데스 산정 높은 곳에는 십자가를 든 이 평화의 예수 상이 분쟁의 근원지였던 국경 지역을 굽어보며 우뚝 서 있다. 이 조각상의 받침대에는 이런 글이 있다.

"이 산들이 무너져 먼지가 된다 해도 칠레와 아르헨티나 공화국 국민들은 그리스도의 발아래에서 맺은 엄숙한 서약을 잊지 않으리라."

종교적 감정과 신념에 대한 호소는 이처럼 커다란 효과를 발휘한다.

행동을
이끌어내는 방법

1. 관심을 유도하라.

2. 신뢰를 얻어라. 이를 위해서는 성실하고, 제대로 소개받고, 특정 주제에 관해 말할 자격을 갖추고, 직접 경험을 통해 습득한 내용을 전해야 한다.

3. 전하고자 하는 사실을 진술하고, 당신이 내놓은 제안의 장점을 청중에게 납득시키며, 그들의 이의 제기에 답하라.

4. 인간을 움직이게 만드는 동기들, 즉 이득을 추구하는 욕망, 자기 보호, 자부심, 즐거움, 정서, 애정, 그리고 정의, 자비, 용서, 사랑 같은 종교적인 이상의 동기에 호소하라.

이런 방법들을 현명하게 사용하면 업무적으로나 개인적으로 큰 도움이 될 것이며, 영업 서신이나 광고 문안을 작성하고 사람들과 협의해 일을 처리하는 데도 큰 보탬이 될 것이다.

이 책을 쓴 나는 지금껏 설명해온 방법을 성공적으로 적용했는가?

1. 나는 인간성을 효과적으로 다루는 일의 중요성을 강조하고, 그것을 할 수 있는 과학적인 방법이 있으며, 그에 관해 살펴보겠다고 말함으로써 당신의 관심을 끌었는가?

2. 나는 이 시스템이 상식의 법칙에 기초하고 있다고 말했고, 스스로 이 방식을 사용했으며, 수천 명의 다른 사람들에게도 가르쳤다고 말함으로써 당신의 신뢰를 얻었는가?

3. 나는 사실들을 명백하게 진술하고, 이 방법의 작동 원리와
   장점에 대해 당신을 납득시켰는가?

4. 나는 이 방법을 사용함으로써 당신이 더 큰 힘과 이익을
   얻게 되리라는 사실을 납득시켰는가? 이 글을 읽은 후에
   당신은 이 방법대로 해보려고 노력할 것인가? 다시 말해
   나는 당신이 실천할 수 있도록 동기를 유발했는가?